Der Autor wurde 1950 in Erfurt geboren. Er studierte in Weimar Bauingenieurwesen und schloss das Studium 1977 mit der Promotion ab. Danach war der Autor bis zum Eintritt in den Ruhestand im Jahr 2015 in einem Erfurter Planungsbüro tätig.

Seit mehr als 40 Jahren beschäftigt sich der Autor mit romanischer und vorromanischer Kunst sowie mit der Geschichte des frühen Kirchenbaus vom frühchristlichen Kirchenbau bis zum Kirchenbau des 13. Jahrhunderts.

Veröffentlichungen des Autors zum Thema:

"Frühe Kirchenbauten in Mitteldeutschland. Alternative Rekonstruktionen der Baugeschichten"
2. überarbeitete und ergänzte Auflage
Im Anhang: *Frühe Geschichte Mitteldeutschlands - Versuch einer Rekonstruktion*
2019, 302 S., BoD-Books on Demand, Norderstedt
ISBN: 9783749454624

"Der frühchristliche Kirchenbau - das Produkt eines Chronologiefehlers. Versuch einer Neueinordnung mit Hilfe der HEINSOHN-These"
Im Anhang u. a. *Exkurs: Die Erschaffung der karolingischen und ottonischen Baukunst*
2017, 280 S., BoD - Books on Demand, Norderstedt
ISBN: 9783848256686

"Das Heilige Grab in Gernrode - alles klar, oder? Eine alternative Baugeschichte"
Im Anhang *Exkurs: Die "Reliquienkammer" in der Ostkrypta der Stiftskirche in Gernrode*
2018, 60 S., BoD-Books on Demand, Norderstedt
ISBN: 9783746097381

"Die ottonischen Kirchen St. Servatii, St. Wiperti und St. Marien in Quedlinburg. Eine notwendige Revision"
2018, 104 S., BoD-Books on Demand, Norderstedt
ISBN: 9783752824902

Michael Meisegeier

Frühe Kirchenbauten in Deutschland - alle zu früh datiert

Kirchenbau ohne Karolinger, Ottonen, Salier und Staufer

Herstellung und Verlag: BoD – Books on Demand, Norderstedt.
ISBN: 9783749483129

Inhaltsverzeichnis

Vorbemerkungen

Es scheint unter den Mediävisten und Kunsthistorikern Konsens zu herrschen über die früh- und hochmittelalterliche Geschichte und Kunstgeschichte. Auf die Karolinger folgten die Ottonen, welche von den Saliern in der Herrschaft abgelöst wurden. Nach den Saliern sind es die Staufer, die die Geschicke Mitteleuropas und nicht nur dort bestimmten. Zwangsläufig ist die Kunstgeschichte diesem Bild gefolgt. Der karolingischen Renaissance folgt die ottonische Renaissance, dieser folgt die Kunst und Architektur der Salier und die der Staufer.

Während traditionell die Kunst der Karolinger und Ottonen als vorromanisch gilt, bestimmen die Salier und Staufer die Romanik.

Es gibt unzählige Publikationen zur karolingischen Kunst und zu Karl dem Großen als prominentesten Vertreter der Karolingerzeit, z. T. prächtig ausgestattet und reich bebildert.

Neben ihren vielen anderen vorzüglichen Eigenschaften sind Karl der Große und seine Nachfolger auf dem Thron als großzügige Bauherrn in die Geschichte eingegangen. Nach ILLIG [1996, 205] nennt die Statistik 544 Großbauten für die Zeit Karl des Großen und seiner beiden Nachfolger Ludwig I. und Lothar I., also von trad. 768-855, davon 27 Kathedralen, 100 Königspfalzen und 417 Klöster. ILLIG [ebd., 208] zitiert BRAUNFELS: "Von allen diesen Bauten hat man nur 215 archäologisch untersucht, nur von einem Bruchteil von diesen sind Reste erhalten. Die Werke, die ganz oder doch in wesentlichen Teilen noch stehen, lassen sich fast an den zehn Fingern aufzählen".

Eine große Schar von Wissenschaftlern hat sich mit den Karolingern und ihrer Geschichte befasst. Ihre Arbeiten füllen sicher ganze Bibliotheken. Werden dadurch die Karolinger fassbarer?

Die ottonische Kunst und Architektur kommt nicht ganz so spektakulär daher. Die Kunst der Ottonen ist erst seit etwa

Mitte des vergangenen Jahrhunderts durch die Veröffentlichung von JANTZEN "Ottonische Kunst" eine eigene Kunstepoche. JANTZENs Sichtweise hat sich zumindest auf dem Gebiet der Baukunst nicht so richtig durchgesetzt.

Die Ottonen herrschten traditionell von 919 bis 1024. Keines der von JANTZEN betrachteten Kirchenbauten reicht wirklich vor die Jahrhundertmitte des 10. Jh. zurück.

Der so genannte ottonische Kirchenbau beginnt auch bei JANTZEN so richtig erst ab der Jahrtausendwende und verschmilzt nahtlos mit dem frühromanischen Kirchenbau. Eine stilistische Abgrenzung zur frühen Romanik ist eigentlich nicht möglich, was übrigens auch für die karolingische Kunst und Architektur zutrifft.

Schon für GRODECKI "Universum der Kunst. Die Zeit der Ottonen und Salier" gehört die Architektur der Ottonen und Salier zusammen.

UNTERMANN erwähnt den Begriff "ottonische Kunst bzw. Architektur" gar nicht. Bei den sächsischen Bauten des 10. Jh. spricht er aber von ottonischen Kirchen.

Doch ist in der Wissenschaft Konsens ohne jede Bedeutung, da Wissenschaft keine demokratische Einrichtung ist, in der die Mehrheit Recht hat.

Dieses Bild bekommt mit ILLIG einen ersten Riss. ILLIG kam bei der Ausarbeitung seiner so genannten Phantomzeitthese letztendlich zu dem Schluss, dass es Karl den Großen und seine Zeit nie gegeben hat. Bis heute vertritt ILLIG seine These, die die Zeit von 614 bis 911 als Phantomzeit ansieht und ersatzlos streicht. ILLIG streicht die Karolinger vor 911 komplett und belässt nur die westfränkischen Karolinger von 911 bis 987 in der Geschichte. Reale Bauten, die traditionell dieser Zeit zugeordnet werden, datiert er entweder vor 614 bzw. nach 911.

Es ist offensichtlich, dass die Architektur- und Kunstgeschichte der Geschichte folgt. Gibt es eine Geschichte, so weisen die

Kunsthistoriker ihr auch eine Kunstgeschichte zu, auch wenn diese Zuweisung oft ziemlich problematisch ist.

Was passiert aber, wenn sich herausstellt, dass die Geschichte falsch ist? Ein genauerer Blick auf die Geschichte des frühen und hohen Mittelalters lohnt.

Wenn die Geschichte falsch ist?

ARNDT schreibt in seinem bemerkenswerten Buch "Die wohlkonstruierte Geschichte" von der "Fiktionalität eines wesentlichen Teils der Pippiniden- und Karolinger-Geschichten" [ARNDT 2015, 100]. Er sieht die Merowinger und die Karolinger "nach derselben Schablone gestrickt" und betitelt seinen Abschnitt zur Karolingerzeit mit der Frage: "Sind die Karolinger nur ein Double der Merowinger?" [ebd., 98]. Während die Herrscherliste der Merowinger zwar offensichtliche Manipulationen aufweist, jedoch zumindest bis 584 evtl. noch einschließlich Dagobert I. (605-639) einen realen Kern erkennen lässt, scheinen die Herrscherlisten der Karolinger und der ihnen folgenden Ottonen, Salier und Staufer im Wesentlichen frei konstruiert zu sein. ARNDT sieht von 768 bis 1493 ein geschlossenes System, das während der Herrschaft Karl V. (1520-1556) "entworfen wurde, oder zumindest in wesentlichen Teilen erweitert wurde" [ebd., 71f].

Seit etwa 2013 wird die von Gunnar HEINSOHN erarbeitete These der radikalen Verkürzung der traditionellen Chronologie des ersten Jahrtausends auf ca. 300 Jahre in einem kleinen Kreis diskutiert.

HEINSOHN, der seine These vorwiegend stratigraphisch begründet, sieht die Zeitabschnitte der Jahre 1 - 230 in Westrom und 290 - 520 in Ostrom bzw. Byzanz sowie Anfang 8. Jh. - 930 im Norden und Nordosten zeitgleich. Er sieht jeweils am Ende dieser Zeitabschnitte, d. h. um 230 in Westrom, um 520 in Byzanz und um 930 im Norden/Nordosten eine größere Naturkatastrophe, die derzeit als drei einzelne Katastrophen erscheinen, die jedoch für ihn eine globale Naturkatastrophe darstellen.

HEINSOHN gibt auf der Webseite "www.q-mag.org/gunnar-heinsohns-latest.html" unter dem Artikel "The Creation of the First Millenium" eine Kurzvorstellung seiner Hauptthesen.

Weiterhin ist eine 70-seitige englische Kurzfassung des rund 700-seitigen deutschen Manuskriptblocks von WIE LANGE WÄHRTE DAS ERSTE JAHRTAUSEND? unter http://www.q-mag.org/gunnar-heinsohn-the-stratigraphy-of-rome-benchmark-for-the-chronology-of-the-first-millennium-ce.html zu finden.

Ich möchte an dieser Stelle nicht weiter auf die HEINSOHN-These, die ich prinzipiell für zutreffend erachte, eingehen. Das habe ich bereits in meinen früheren Veröffentlichungen getan, z. B. [MEISEGEIER 2017, 12ff] und [MEISEGEIER 2019, 252ff].

Die HEINSOHN-These setzt die weströmische Antike (0-230), die byzantinische Spätantike (290-520) und unser Frühmittelalter (700-930) zeitgleich. Es resultiert daraus zwangsläufig auch folgende chronologische Beziehung 230 = 520 = 930. Das wäre auch das Jahr der von HEINSOHN gesehenen globalen Naturkatastrophe.

Zur Entstehung dieses Chronologiephänomens hier nur so viel dazu: Anscheinend gab es im ersten Jahrtausend zwei Veränderungen in der Chronologie der Ereignisgeschichte. (Diese Überlegung, die ich noch heute für zutreffend erachte, stammt ursprünglich von BEAUFORT im Zusammenhang mit der Diskussion der HEINSOHN-These.)

Eine erste mit der allgemein bekannten, mit dem Namen Dionysius Exiguus verbundenen Einführung der Zeitrechnung nach Christi Geburt unter Justinian I. im 6. Jh., bei der wahrscheinlich die weströmische Antike gegenüber der Spätantike um 284 Jahre in die Vergangenheit verschoben wurde. Etwa ein Jahrhundert später erfolgte eine nochmalige Korrektur des Zeitpunktes der Geburt Christi. Byzanz wähnte sich nicht im 7. Jh. n. Chr., sondern bereits im 11. Jh. n. Chr., womit eine weitere Verschiebung der gesamten bisherigen Ereignisgeschichte in die Vergangenheit um 418 Jahre stattfand. Initiator kann nur das byzantinische Kaiserhaus gewesen sein. Diese zweite Verschiebung blieb offenbar nach außen unbemerkt, genauso ist ihr Motiv unbekannt (Byzanz hatte sicher kein Interesse daran, diese Verschiebung wem auch immer bekannt zu machen. Wer hätte sie sonst publik machen können?). Mit dieser zweiten Verschiebung entstand unsere aktuelle Zeitrechnung nach u. Z., die nach meiner Auffassung jedoch erst mit den Kreuzzügen nach Europa kam, also frühestens im 12. Jh., und die erst in der Folgezeit sukzessive übernommen wurde.

Die in Schriftzeugnissen, welche traditionell vor dem 12. Jh. bis weit In das 12. Jh. hinein datlert sind, auftauchenden A.D.-Datierungen sind bestenfalls Rückrechnungen, also keine originalen Datierungen, i. d. R. jedoch konstruierte, d. h. erfundene Datierungen.

An der Peterskirche in Erfurt gibt es eine in die Außenwand eingemeißelte Pestinschrift mit einer A.D.-Datierung 1382. Diese A.D.-Datierung dürfte eine originale A.D.-Datierung sein. Eine heute verschwundene Altarweiheinschrift in der ehemaligen Erfurter Peterskirche besaß die A.D.-Datierung 1351. Woanders kann es durchaus noch ältere originale A.D.-Datierungen geben.

In der Andreaskirche in Verden existiert die Grabplatte des Iso von Wölpes mit einer A.D.-Inschrift 1231 (Selbstverständlich kann die Grabplatte auch viel später gefertigt worden sein).

Der Vatikan datierte regelmäßig erst ab 1431 Urkunden "nach Christi Geburt" [ILLIG]. Die späte Übernahme durch Rom könnte an der Abneigung Roms gegenüber dieser oströmischen Datierung liegen. Letztendlich kam man jedoch nicht umhin, diese ebenfalls zu verwenden, wenn auch nach langem Zögern.

Durch diese Verschiebungen sind in der heutigen Chronologie Leerjahre oder Phantomjahre entstanden, d. h. Jahre ohne reale Ereignisgeschichte. Das sind einmal die 284 Jahre vor 525 (Dionysius Exiguus) und die 418 Jahre vor Mitte des 11. Jh.

Diese wurden nachträglich bzw. im Zusammenhang mit der Schaffung der Chronologie im 16. Jh. mit "Geschichte" gefüllt.

Die erste mit der realen Geschichte des spätantiken Byzanz, die jetzt um 284 Jahre zu Westrom versetzt erscheint, und die zweite mit frei erfundener Geschichte, sowohl in Byzanz als auch in Mittel- und Westeuropa.

Die Ereignisgeschichte der weströmischen Antike bis ca. 230/40 und der Spätantike bis ca. 600 sind in zeitgenössischen Quellen einigermaßen glaubhaft überliefert. Die Quellenlage für die weströmische Antike und die Spätantike lässt sicher kein pauschales Verwerfen der Ereignisgeschichte zu. Sie bleibt von mir im Prinzip unberührt. Die Zeitgleichheit von Antike, Spätantike und Frühmittelalter erfordert jedoch zum Verständnis der Ereignisgeschichte eine Vereinbarung zur Korrektur der Datierung.

Hilfsweise kann man sich vorstellen, dass im antiken Westrom, in Byzanz und im Norden/Nordosten (West- und Mitteleuropa) unterschiedliche, zueinander versetzte Zeitrechnungen bzw. Datierungen existierten.

Ich belasse die weströmisch-antike Datierung bis ca. 230/40 n. Chr. unverändert in der Chronologie und setze diese fort mit dem Jahr 940 u. Z. Die dazwischen liegende Zeit von ca. 700 Jahren sehe ich als Leerzeit oder Phantomzeit. Die reale spätantike Ereignisgeschichte (von Diokletian bis Maurikios bzw. Phokas?) ordne ich der Zeit vor 230/40 bzw. der Zeit nach 940 zu, wobei ich für die Trennung das Jahr ca. 520 (wegen 230/40 = 520) gewählt habe. Das Frühmittelalter von ca. 700 bis 940, das eigentlich parallel zur Antike stattfand, lasse ich ganz außen vor, da ich die überlieferte Ereignisgeschichte dieser Zeit für nicht real, d. h. erfunden halte, womit keine Ereignisgeschichte zuzuordnen ist. Aus der HEINSOHN-These folgt unausweichlich, dass chronologisch auf die römische Antike unmittelbar das Mittelalter folgt.

Insbesondere für unsere Geschichte ist darüber hinaus zu beachten, dass die spätantike Datierung von den mit Justinian I. zeitgleich im Frankenreich herrschenden Merowingern übernommen wurde. Die Merowinger datierten bis zu ihrem Ende spätantik. Von der zweiten Verschiebung blieben sie jedoch unberührt, da ihre Herrschaft vorher endete.

Im ehemals merowingischen Herrschaftsgebiet kam es stellenweise durch die Fortführung der spätantiken Datierung zu einer Überschneidung mit der Datierung nach u. Z. (A. D.), wobei die traditionelle Forschung auch die spätantike Datierung als A.D.-Datierung missverstand bzw. noch missversteht.

Damit haben wir den Umstand zu konstatieren, dass in Mittel- und Westeuropa alle drei Datierungen, d. h. die antike weströmische durch die Römer in Gallien und Germanien, die spätantike durch die Merowinger und natürlich die Datierung nach u. Z. vorkommen. Damit kommen die Historiker bis heute nicht klar.

Nun ergibt sich zwangsläufig die Frage, wie die Ereignisgeschichte im Norden und Nordosten, wozu das Gebiet des heutigen Deutschland gehört, bis 930 verlief? Die nächste Frage, wie die Geschichte danach?

HEINSOHN sieht die Richtigkeit der überlieferte Ereignisgeschichte auch für das Frühmittelalter. Für ihn gehört die überlieferte Geschichte mit den Karolingern und frühen Ottonen, d. h. die Zeit von 700 bis 930, die in der Antike (0-230), wenn auch nicht ganz 1:1.

Die das frühmittelalterliche 8. und 9. Jh. bevölkernden Karolinger werden damit für ihn Zeitgenossen der römischen Antike. Die überlieferte Karolingergeschichte einschließlich Karl den Großen sieht er als "plausibel" an. Dass wir die karolingischen Bauten noch nicht gefunden haben, soll seiner Meinung daran liegen, dass bisher nicht in der Antike gesucht wurde.

Wenn auch außerhalb seiner These, hält er die überlieferte Ereignisgeschichte ab 930 (Ottonen, Salier und Staufer) für i. W. zutreffend.

BEAUFORT, der HEINSOHN im Prinzip folgt, formuliert in seinem Aufsatz "Wer waren die Karolinger?" (2014): "Aus Sicht der Heinsohnthese ist anzunehmen, dass die rheinfränkischen Herrscher als Karolinger zu identifizieren sind." Ihre Herkunft sieht er in Herstal/Jupille nordöstlich von Lüttich gelegen. Jupille, heute ein Ortsteil von Herstal, ist der

Legende nach der Geburtsort von Pippin dem Kurzen und Karl dem Großen.

Durch die HEINSOHN-These kommt die Herrschaft der Merowinger, nach Korrektur der spätantiken Datierung in u. Z., in das 10./11. Jh. Die Herrschaft der Merowinger endete mit dem Tod König Dagoberts I. im Jahr 639 = 1057 (Dagobert I. war der letzte wirkliche Merowingerkönig. Die Könige nach ihm sind fiktiv. Nach einem Vorschlag von BEAUFORT, dem ich folge). Da bleibt kein Platz mehr für irgendwelche Karolinger und Ottonen.

ARNDT zeigt zwar auf, dass die gesamte Geschichte von 768 bis 1493 konstruiert ist, lässt sich jedoch nicht darüber aus, wie es zu diesem Konstrukt kam und wie die reale Geschichte verlaufen ist bzw. sein könnte.

Nach meiner Auffassung irren bzgl. der wahren Ereignisgeschichte des Frühmittelalters sowohl HEINSOHN als auch BEAUFORT. Ich halte die überlieferte Ereignisgeschichte des Frühmittelalters als auch die des anschließenden Hochmittelalters für ein Konstrukt, d. h. i. W. für frei erfunden.

Ich arbeite im Weiteren aus rein praktischen Gründen konsequent mit den Katastrophenjahren 238, 522 und 940 und den Differenzjahren der spätantiken Datierung zur weströmisch-antiken Datierung von -284 Jahren bzw. zur heutigen Datierung nach u. Z. von +418 Jahren, auch wenn andere Autoren, die mit der HEINSOHN-These arbeiten, andere Jahreszahlen für die Katastrophe und die Differenzjahre verwenden. So sieht z. B. BEAUFORT neuerdings als Katastrophenjahre die Jahre ca. 253/ca. 537/ca. 937 und als Differenzjahre 284 Jahre bzw. 400 Jahre. Für mein spezielles Anliegen spielt die jahrgenaue Datierung eine untergeordnete Rolle.

Wie entstand das Konstrukt des frühen und hohen Mittelalters?

In [MEISEGEIER 2019, 14ff] habe ich die folgende These formuliert:

Sämtliche überlieferten Schriftquellen, die traditionell der Zeit zwischen ca. 600 und dem fortgeschrittenen 12. Jh. zugeordnet werden, sind Fälschungen bzw. Pseudepigraphen. D. h. es gibt es keine zeitgenössischen Schriftquellen der Karolinger, Ottonen, Salier und Staufer.

Der Grund ist nach meiner Meinung der zeitweilige Verlust der Schriftkultur nach dem Untergang des Weströmischen Reiches, wobei außerhalb des ehemaligen römischen Herrschaftsbereichs, z. B. im Osten Deutschlands, eine solche sowieso nie bestand.

Frühestens ab dem fortgeschrittenen 12. Jh., eher sogar später, begann man "Geschichte" rückwirkend zu schaffen. Zentren der "Geschichtsschreibung" und der Fälschungen waren die im Schreiben geübten Klöster, sozusagen eine neue Arbeitsbeschaffungsmaßnahme und Geschäftsmodell für Mönche und Nonnen bzw. der den Klöstern vorstehenden Äbte und Äbtissinnen. Verschiedene Klöster taten sich dabei besonders hervor, wie St. Denis und Corvey.

Es kam es zu einem massenhaften Fälschen von Urkunden und anderen Dokumenten, i. d. R. zum nachträglichen Nachweis von vorhandenen Besitz und alten Rechten.

Mit Pseudepigraphen wie Alkuin, Einhard als angeblicher Nachfolger als Leiter der Hofschule Karls des Großen mit seiner *Vita Karoli Magni*, Widukind, Thietmar etc. wurde Geschichtsschreibung "nachgeholt".

Die in den angeblich "zeitgenössischen Geschichtswerken" vermittelte Ereignisgeschichte war weitestgehend frei erfunden.

Es wurde die scheinbar 418 Jahre dauernde geschichtslose Zeit zwischen den Merowingern des 6./7. Jh. und der damaligen Gegenwart mit konstruierter Geschichte gefüllt.

Nach meiner Auffassung überlagerten sich hier zwei Phänomene. Zum einen die Verschiebung der Zeitrechnung zwischen den spätantik datierenden Merowingern und u. Z. und zum anderen die völlige Abwesenheit von Schriftzeugnissen zwischen dem Ende der Merowinger und dem späten 12. Jh.
Dass zwischen dem Ende der Merowingerzeit im Jahr 1057 und dem 12. Jh. in Wirklichkeit nur ca. 100 Jahre lagen, war den Verfassern der "Geschichtswerke" zum Zeitpunkt der Abfassung vermutlich nicht bewusst.

Der früh- und hochmittelalterliche Abschnitt der konstruierten Geschichte reicht nach ARNDT von 768 (Besteigen des Königsthrons durch Karl den Großen) bis 1313 (Tod Heinrich VII.). Er wurde mit den konstruierten Herrscherdynastien der Karolinger, Ottonen, Salier und Staufer aufgefüllt. Der Anschluss nach unten an die Realgeschichte der Merowinger, deren Ende mit König Dagobert I. († 639 = 1057 u.Z.) markiert ist, wurde durch eine Verlängerung der Merowingerherrschaft mit weitgehend herrschaftsunfähigen Merowingerkönigen bis 768 hergestellt.

Die Fortführung des Systems nach 1313 bis 1493 ist im Zusammenhang mit dem gewählten Thema nicht relevant.

Mit der Schaffung der Chronologie im 16. Jh. wurde die erfundene "Geschichte" fest in die Chronologie integriert. Möglicherweise gehören diese Vorgänge auch zusammen.
Das heißt konkret: Es gibt keine Realgeschichte der Karolinger, der Ottonen, der Salier und der Staufer, und damit kann es auch keinen karolingischen, ottonischen, salischen bzw. staufischen Kirchenbau gegeben haben.

Und damit hat ARNDT natürlich recht, indem er auf seiner Webseite formuliert: "Karl der Große, Otto der Große und Friedrich Barbarossa - alles nur Märchen wie Rotkäppchen und König Drosselbart!" [https://www.historyhacking.de/ geschichtsanalytik/medi%C3%A4vistik/]

Bei den Ottonen sieht es ähnlich aus. Für die Zeit der Ottonen gibt es eine, wenn auch relativ geringe Anzahl an Schriftquellen, in denen die Orte oder auch die Bauten selbst erwähnt werden. Das sind insbesondere die Chroniken zur Ottonengeschichte wie z. B. die Sachsenchronik von Widukind, die Chronik des Thietmar von Merseburg sowie *Gesta Oddonis* der Hrotsvith von Gandersheim. Sie gelten der etablierten Wissenschaft als zeitgenössische Quellen und haben für sie einen absoluten Wahrheitswert.

Merkwürdig ist nur, dass verschiedene, dort berichtete Ereignisse mit den archäologischen Untersuchungsergebnissen nicht in Einklang zu bringen sind. Anzuführen ist hier die vergebliche Suche nach dem Grab Heinrichs I. in Quedlinburg oder die vergebliche Suche nach dem Moritzkloster und der ottonischen Pfalz in Magdeburg oder die vergebliche Suche nach der ersten Marienkirche in Memleben, in der Otto I. aufgebahrt gewesen sein soll, sowie der dortigen ottonischen Pfalz. Genauso wie für Quedlinburg zahlreiche Besuche der späteren Ottonen - insbesondere immer zu den Osterfeierlichkeiten schriftlich „bezeugt" sind, weswegen Quedlinburg als „wichtigste Pfalz der ersten Liudolfinger", als Osterpfalz angesehen wird, obwohl dort die baulichen Voraussetzungen vor der Jahrtausendwende gar nicht vorhanden waren.

Berichten die vermeintlich zeitgenössischen Quellen doch nicht die Wahrheit? Betreffend Widukind ist es nach FAUßNER [ANWANDER zu FAUßNER 23f] erwiesen, dass die Sachsenchronik eine Fälschung des 12. Jh. durch Wibald (1098-1158), Abt von Stablo und Corvey, ist. Nach FRANZ ist neben der Sachsenchronik Widukinds auch die Chronik Thietmars zweifelsfrei durch Wibald im 12. Jh. geschaffen worden. Sowohl die Sachsenchronik als auch die Chronik Thietmars dienten Wibald dazu, "seinen Urkundenreihen einen Halt, einen geschichtlichen Kontext zu verleihen." [FRANZ, 239]
So sind von den schon nicht sehr zahlreichen so genannten zeitgenössischen Quellen zwei weitere für unsere Kenntnis

der Ottonenzeit als solche ausgefallen. Von FAUßNER sind schon Werke wie die *Gesta Oddonis* der Hrotsvith von Gandersheim, die *Vita brunonis* von Ruotger, das *Ottonianum* von Heinrich II. und andere als Werke Wibalds benannt worden [ILLIG 2007, 410]. Und es gab nicht nur die Fälscherwerkstatt Wibalds.

Die damals konstruierte Geschichte ist bis heute Gegenstand ernsthafter Forschung der Historiker.

Wann wurde die Karolingerlegende geschaffen?

Interessant ist vielleicht noch, wann die karolingische Geschichte kreiert wurde?

ARNDT [2014] liefert hierzu einen interessanten Ansatz:
Die Genealogie der Karolinger hat offensichtlich in der mittelalterlichen französischen Geschichte ihren Ursprung:
Der König (REX) und Kaiser (IMP AVG) Karl I. von Valois (1270-1325), der Stammvater aller französischen Könige von 1328-1589, auch der Große genannt, entspricht nach ARNDT Karl dem Großen.
Sein Großonkel, Karl von Anjou (1227-1285), wäre das Modell für Karl Martell.
Es gibt noch mehr Gemeinsamkeiten: So hieß die Urgroßmutter von Karl I. Blanche und kam aus Spanien. Die Großmutter von Karl dem Großen soll Blancheflor aus Spanien gewesen sein.
Weiterhin hieß der Vater von Karl I. Philipp (III., der Kühne), ebenso sein ältester Sohn. Der Vater von Karl dem Großen hieß Pippin wie auch sein ältester Sohn.
Wenn Karl I. von Valois das Vorbild für Karl den Großen der Geschichtsschreibung ist, kann diese nicht vor dem 14. Jh. entstanden sein, eher noch etwas später im 15./16. Jh.

Auch bei den späteren Ottonen gibt es eine verwunderliche Übereinstimmung. Der Sachsenherzog Otto IV. (geb. 1175/76, gest. 1218, von 1209-1218 angeblich dt. Kaiser), dessen Vater Heinrich (der Löwe) hieß und Herzog von Sachsen war und dessen Mutter Mathilde hieß und eine englische Königstochter war. Dieselbe Konstellation haben wir bei den Ottonen mit Heinrich I., seiner Gattin Mathilde und deren Sohn Otto I., dem Großen.

ARNDT untersucht das Aufkommen des Namens "Karl" unter den europäischen Herrschernamen. Er geht davon aus, dass Karl der Große die Namensgebung beeinflusst haben muss. Ihn wundert das späte Aufkommen des Namens nach den Karolingern. Nach ARNDT taucht der Name Karl nach den Karolingern erstmals wieder im 13. Jh. bei Karl I. von Anjou (1226-1285, König von Sizilien) aus der französischen Kapetinger-Dynastie auf [20], danach erst wieder im 14. Jh. mit Karl IV. (geb. 1316) [27].

Wie sieht es in der bildenden Kunst mit Darstellungen von Karl dem Großen aus?
Die "sogenannte Statuette Karls des Großen" im Louvre soll um 860/70 entstanden sein. Nach VOLBACH stellt die Statuette einen karolingischen Fürsten dar, doch handelt es sich wahrscheinlich nicht um Karl den Großen [HUBERT/PORCHER/VOLBACH, 355]. Ich teile weder die Zuschreibung noch die Datierung.
Die lebensgroße Stuckskulptur im Kloster St. Johann in Müstair (Schweiz), angeblich entstanden zwischen 800 und 1165, soll den Stifter Karl den Großen darstellen [Wikipedia].
"... die mehrfach ergänzte romanische Statue Karls des Großen, errichtet wohl von dem ... Churer Bischof Egino, nachdem Kaiser Rotbart 1165/66 den Herrscher durch seinen Gegenpapst kanonisieren ließ." [MÜLLER, 10] Nach meiner Meinung stellte die Skulptur ursprünglich den wirklichen Stifter dar und könnte um 1160 entstanden sein. Sie wurde jedoch nachträglich (15./16./17.Jh.?) zu einer Königsdarstellung umgearbeitet.

Von Albrecht Dürer ist eine original datierte Darstellung aus dem Jahr 1510 bekannt, auf die ARNDT hinweist [ARNDT 2014].

Im 1521 erschienenen Erstdruck der Biographie Karls des Großen ("Vita Caroli Magni") von Einhard ist eine weitere original datierte Abbildung Karls des Großen zusammen mit Kaiser Karl dem V. überliefert. [ARNDT 2015, 21]

"Beim gemeinen Volk ist Karl der Große aber offensichtlich erst im 17. Jahrhundert angekommen. Eine wachsende Beliebtheit des Namens Karl kann nämlich erst seit dieser Zeit festgestellt werden. Und dies, obwohl es seit Jahrhunderten üblich war, daß bei der Namensvergabe Namen von Herrschern und Heiligen einen hohen Stellenwert hatten und nach offizieller Geschichte Karl der Große sowohl ein berühmter Herrscher als auch ein Heiliger war. Z.B. findet man unter den 1000 Studenten der Universität Köln im 14. und 15. Jahrhundert keinen einzigen Karl [Bach, S. 351]." [ARNDT 2014]

Es scheint, dass erst Anfang des 16. Jh. sich die Karolingerlegende etabliert hatte.

"Somit wäre die von H. Illig seinerzeit aufgeworfene Frage "Hat Karl der Große je gelebt?" sowie die damit zusammen hängende Frage, wem dann die ihm derzeit zugeordneten Überreste gehören sollen, beantwortet. Die Krone und das Schwert von Karl dem Großen sind ja schon seit langem als Fälschungen entlarvt bzw. als einer anderen Zeit zugehörig befunden worden. Das Wenige, was an Gebäuden überhaupt noch in Frage kommt, kann der Römerzeit bzw. dem Hoch- bis Spätmittelalter zugeordnet werden, wie schon andere Autoren ausführlich erörtert haben. Was die Münzen betrifft, so ist die Einordnung in die Zeit des 13./14. Jahrhunderts naheliegend und schlüssig ... Mit den "Grandes Chroniques de France", des entscheidenden mittelalterlichen Werkes zur französischen Geschichte, wurden dann die Quellen für diese Zeit zusammengestellt." [ARNDT 2014]

Geschichte ohne Karolinger, Ottonen, Salier und Staufer

Wenn die traditionelle Geschichte vom 7. Jh. bis zum 12./13. Jh. konstruiert wurde, d. h. frei erfunden ist, wie verlief die reale Ereignisgeschichte?

Zunächst kann man den Zeitraum stark eingrenzen. Wie oben ausgeführt, wurde im 7. Jh. in Byzanz die Uhr vorgestellt auf das 11. Jh. Das sind 418 Jahre, in denen keine reale Ereignisgeschichte stattgefunden hat.

Mit dieser Verschiebung gelangen die Merowinger, die traditionell in das 6./7. Jh. datieren, in das 10./11. Jh.

In die Herrschaft der Merowinger fiel die globale Naturkatastrophe (Überschwemmung?, um 940), die die noch verbliebenen Reste der römische Kultur endgültig weitgehend zerstörte. Die gesellschaftliche Entwicklung war jedoch in den ehemaligen Römergebieten schon lange vorher eingebrochen. Mit dem Abzug der Römer aus den germanischen Gebieten in der zweiten Hälfte des 2. Jh. (trad. 5.Jh.) endete auch die arbeitsteilige, komplexe römische Wirtschaft. Diese hatte schon vorher durch die Einfälle und Raubzüge der germanischen Stämme schwer gelitten. Die Bauwerke und die Infrastruktur wurden von den nachfolgenden Germanen zwar weiter genutzt, aber verfielen zusehends, da die neuen Herren nicht in der Lage waren, diese instandzuhalten bzw. instandzusetzen. Das politische Ende Westroms (trad. 476 = 192 weströmisch/antik) war dagegen sicher kaum spürbar.

Natürlich waren die nichtrömischen Gebiete aufgrund des niedrigeren Entwicklungsstandes der Gesellschaft davon weniger betroffen. Das Ausbleiben von zahlreichen nützlichen Gebrauchsgütern, die aus den römischen Gebieten eingeführt wurden, dürfte auch in diesen Gebieten schmerzlich gewesen sein. Die etwa 60/70 Jahre spätere Naturkatastrophe erledigte nur den Rest. Der Neuanfang war fast ein wirklicher Neuanfang.

Konkret herrschten die Merowinger im Frankenreich bis zum Tod König Dagoberts I. im Jahr 639, das durch die

Verschiebung dem Jahr 1057 u. Z. entspricht. König Dagobert I. dürfte der letzte reale Merowingerherrscher gewesen sein. Die traditionell ihm folgenden merowingischen Herrscher bis zur Herrschaftsübernahme durch die Karolinger sind konstruiert.

Damit ist die zu betrachtende Zeit reduziert auf die relativ kurze Zeitspanne von 1057 bis zum 12./13. Jh. Gleichzeitig sind automatisch die Karolinger und Ottonen aus der Chronologie eliminiert.

Nach meiner Überzeugung blieb das Ostfrankenreich nach dem Ende der Merowinger ohne Zentralgewalt.

Die Territorialfürsten, die schon unter der Herrschaft der Merowinger erstarkt waren, nutzten die Vakanz der Königsmacht zu ihrem Vorteil. Das Königsgut wurde dem eigenen Besitz zugeschlagen.

Nach einem bis dahin andauernden Konzentrationsprozess sind Mitte des 14. Jh. die in der Goldenen Bulle aufgeführten Kurfürsten (die Erzbischöfe von Trier, Köln und Mainz, der König von Böhmen, der Pfalzgraf bei Rhein, der Herzog von Sachsen und der Markgraf von Brandenburg) die mächtigsten Territorialherren auf dem Gebiet des ehemaligen fränkischen Teilreichs Austrasien und der bis dahin hinzugewonnenen Gebiete.

Die traditionelle Geschichte kennt ebenfalls eine königs- und kaiserlose Zeit in den Jahren um 1250, dem Ende der Staufer, bis 1273, der Wahl Rudolf I. zum römisch-deutschen König - das so genannte Interregnum.

Die herrschenden Zustände während des Interregnums sind bei Wikipedia nachzulesen: "Während des Interregnums versuchten die Bischöfe und Fürsten, ihre Ansprüche und Territorien zu vergrößern. So unterdrückten sie andere mindermächtige Adelige, bekämpften das städtische Bürgertum und rissen widerrechtlich Reichslehen an sich, außerdem führten sie Zölle, neue Steuern und sogar Regalien aller Art ein, um ihren persönlichen Reichtum zu vergrößern. Auch der niedere Adel, allen voran das Rittertum, stand den Großen in nichts nach, auch wenn seine Methoden weniger subtil waren. Das Raubrittertum entstand. Niemand konnte dieser Verwilderung des deutschen Adels Einhalt gebieten; die Gerichte und Reichsbehörden waren machtlos, das Faustrecht, das Recht des Stärkeren, setzte sich allgemein durch."

Nach meiner Auffassung währte das Interregnum auf dem Gebiet des ehemaligen merowingischen Austrasiens oder Ostfrankenreichs nicht nur ca. 23 Jahre, sondern dauerte von 1057, dem Tod Dagoberts I. und Ende der Merowingerdynastie, vermutlich bis 1314, dem Beginn der Herrschaft König Ludwig IV. ("der Bayer"), also ganze 257 Jahre.

Zu ergänzen ist, dass es das römisch-deutsche Kaisertum von den Ottonen bis zu den Staufern nach meiner Auffassung nie gab. Genauso sind die Romzüge wie die gesamte Rompolitik der römisch-deutschen Kaiser freie Erfindung. Sie hat es nie gegeben.

Die Kirche

Die traditionelle Forschung schreibt die Begründung der römischen Reichskirche Kaiser Theodosius I. (trad. 379-95) zu, wogegen die neuere Forschung, u. a. auch BEAUFORT, eher Justinian I. diesbezüglich als Protagonisten sieht. Ich habe ich mich der neueren Forschungsmeinung angeschlossen, wonach Kaiser Justinian I. (trad. 527-565) den Katholizismus zur Reichsreligion erhob und die römische Reichskirche begründete. In [MEISEGEIER 2017, 9ff] habe ich dazu etwas mehr ausgeführt.

Der Katholizismus war damals eine von mehreren nebeneinander existierenden christlichen Glaubensgemein-schaften. Die korrigierten Herrscherdaten von Justinian I. sind 945-983, d. h. er herrschte im späten 10. Jh. Alle anderen christlichen Glaubensrichtungen erklärte Justinian danach für ketzerisch bzw. arianisch.

Im Prinzip gleichzeitig übernahmen sowohl das Frankenreich als auch Sachsen den Katholizismus als verbindliche Religion für ihre Herrschaftsgebiete und begründeten ihre ursprünglich vermutlich völlig eigenständigen Landeskirchen. Diese sofortige Übernahme des Katholizismus durch die Franken als auch durch die Sachsen ist mit ihrem Status als *foederati* nachvollziehbar.

Diese Landeskirchen kannten anfangs noch keine Oberherrschaft eines Papsttums, welches sich erst etwas später herausbildete. Diese erste, frühe Kirchenorganisation war das Eigenkirchenwesen. Ihre Gliederung entsprach der Gliederung der feudalen Gesellschaft in Lehnsherren und Vasallen, an oberster Stelle der König. Die adligen Grundherrn hatten das Recht, Kirchen zu gründen und zu betreiben, was sich zu einem relativ lukrativen Geschäftsmodell entwickelte, wobei die Religion meist nur Mittel zum Zweck war. Für die kirchliche Aufsicht wurde das Herrschaftsgebiet in Bistümer unterteilt und Bischöfe eingesetzt, die jedoch keinerlei wirkliche Befugnisse hatten.

Diese Situation fand das sich in der ersten Hälfte des 11. Jh. herausbildende Papsttum vor. Als Keimzelle des Papsttums sehe ich das Patriarchat Rom, eines der fünf von Justinian I. im 10. Jh. gegründeten Patriarchate zur Organisation der Reichskirche neben Konstantinopel, Alexandria, Jerusalem und Antiochia. Wikipedia: "Die Patriarchate waren untereinander ranggleich und standen zueinander in einer festen Ehrenordnung, deren Spitze Rom mit den Gräbern der Apostel Petrus und Paulus als Primus inter pares bildete." Nach meiner Auffassung ist die Ranggleichheit mit dem Vorrang von Rom eine spätere Interpretation der römischen Kirche. Das Patriarchat Konstantinopel, wo sich die Residenz Justinians I. befand, dürfte die Vorherrschaft zunächst innegehabt haben. Wollte die römische Kirche die Herrschaft über die Christen im Westen ausüben, musste sie sich zuerst von diesen Fesseln befreien. Im sogenannten Streit um den Ostertermin ging es in Wirklichkeit um die Befreiung aus dieser Vormundschaft. Dieser Befreiungsschlag gelang letztendlich 1054 mit der Trennung von Ost- und Westkirche. Erst danach hatte die römische Kirche, deren Bischof jetzt als Papst "firmiert", den Rücken frei, um sich um die Belange im beanspruchten Herrschaftsbereich zu kümmern.

Wollte das Papsttum seinen Anspruch, das Oberhaupt der Kirche im Westen zu sein, verwirklichen, so musste es diese vorangegangene Entwicklung stoppen und eine neue Kirchenorganisation installieren, in deren Hierarchie das Papsttum in oberster Position stand. Natürlich ging das nicht konfliktlos vonstatten. Diese Auseinandersetzung ist als Investiturstreit in die Geschichte eingegangen, der allgemein von 1076 bis 1122 datiert. Der desolate Zustand der Kirche infolge der weitgehend ökonomischen Ausrichtung des Eigenkirchenwesens spielte dem Papsttum in diesem Streit als Argumentationshilfe in die Hände.

Von der römischen Kirche wurde ein ganzes Maßnahmenpaket eingesetzt. Neben der ideologischen Auseinandersetzung (Investiturstreit) erfolgte die Gründung von Klöstern, die der Benediktinerregel folgten und die nicht mehr dem Bischof unterstellt waren, sondern direkt der römischen Kirche. Möglicherweise hatte diese Aktion ihren Ausgang in Cluny. Die traditionelle Geschichte stellt dieses Vorgehen als Reform bestehender Klöster dar, wobei ich in Cluny III die eigentliche Gründung des Benediktinerordens sehe (vielleicht das erste Kloster im ehemaligen Frankenreich), das an der Stelle einer schon bestehenden Kirche (Cluny I und II) errichtet wurde.

Kurze Zeit später wurden weitere neue Orden gegründet, denen abweichende Regeln des Zusammenlebens zugrunde lagen und die ebenso direkt Rom unterstellt waren. Damit untergrub man die bestehende Kirchenhierarchie.

Eine weitere Maßnahme zur Infiltration war die Schaffung von Erzbistümern, ein vom Papst verliehener Ehrentitel (Residierende Erzbischöfe erhielten vom Papst ein über die Schulter zu tragendes Band, das Pallium.).

Ich sehe die Erhebung einzelner Bistümer zu Erzbistümern in der 1. Hälfte des 12. Jh.

Mit dem Ende der Merowingerherrschaft fiel im Frankenreich der König, das bisherige Kirchenoberhaupt, ersatzlos weg. Die Bistümer waren sozusagen herrenlos geworden, was diesen kaum missfallen haben dürfte, obwohl die Einflussnahme des Königs auf die "Geschäfte" der Bischöfe sicher gering war.

In diese "Lücke" sprang das Papsttum ein, vermutlich mit attraktiven Angeboten seitens Rom.

Ich sehe als eines der ersten, vielleicht das erste Erzbistum in Magdeburg, sozusagen als Einfallstor in die bestehende Bistumslandschaft.

Die Altbistümer Mainz, Köln und Trier wollten sicher auch in den Genuss der "römischen" Privilegien kommen und folgten nicht viel später. Eines dieser Privilegien war vermutlich die Erlaubnis zur Gründung von Suffraganbistümern. So sehe ich die Bistumsgründung in Würzburg als Suffraganbistum des Erzbistums Mainz im 12. Jh. (1161?).

Das dürfte den Durchbruch für das Papsttum bedeutet haben.

Vielleicht bemerkenswert ist, dass in Sachsen kein Erzbistum entstand. Die Bemühungen des Bischofs von Hildesheim (Azelin-Dom) schlugen letztendlich fehl. Die Altbistümer Hildesheim und Halberstadt wurden keine Erzbistümer. Sachsen hatte vermutlich noch sein kirchliches Oberhaupt in Person des sächsischen Königs/Herzogs, der natürlich kein Interesse hatte, Kompetenzen nach Rom abzutreten. Das Erzbistum Magdeburg war kein aus einem Altbistum erwachsenes Erzbistum. Es entstand sozusagen außerhalb der sächsischen Kirchenorganisation.

Am Ende konnte sich das Papsttum weitestgehend durchsetzen. Im Jahre 1179 wurde das Eigenkirchenrecht der Laien in ein Patronatsrecht umgewandelt (Wikipedia). Das war das Ende des Eigenkirchenwesens, da nach dem Patronatsrecht der Zehntanteil des Grundherrn nunmehr dem Bischof zufiel.

Zur Durchsetzung der kirchlichen (päpstlichen) Interessen bis nach ganz unten erfolgte ebenfalls im 12. Jh. die Einführung des Pfarrsystems.

Meine Sicht der Entstehung des Papsttums im 11. Jh. widerspricht scheinbar der schriftlichen Überlieferung, z. B.

dem *Liber Pontificalis*. Der *Liber Pontificalis* ist eine chronologisch geordnete Sammlung von Biographien der Päpste (Wikipedia) und entstand nach traditioneller Auffassung in seiner ersten Ausgabe um 530 mit Felix III. (526-530) als letzten Papst.

"Der Liber Pontificalis wurde im 6. Jahrhundert in mehreren Stufen aktualisiert und ab dem 7. Jahrhundert mehr oder weniger regelmäßig nach dem Ableben eines Papstes aktualisiert. Der ältere Text bricht im 9. Jahrhundert mit dem Pontifikat von Stephan V. (Papst) ab. Eine Neuredaktion des Buches begann im 12. Jahrhundert durch Kardinal Boso." (Wikipedia)

Den *Liber Pontificalis* in seiner ersten Ausgabe halte ich für eine weitgehend zuverlässige Quelle. Der o. a. Widerspruch lässt sich leicht auflösen. Mit der Verschiebung der Antike zuerst um 284 Jahre und dann noch einmal um 418 Jahre in die Vergangenheit (in Summe 702 Jahre) wurde auch die Auflistung der Päpste mit verschoben, da der *Liber Pontificalis* bereits in der Antike beginnt (nach Wikipedia ist Anterus 235/236 "der erste historisch eindeutig gesicherte Bischof von Rom"). Da der *Liber Pontificalis* keine direkten Jahreszahlen aufführt, sondern nur die Päpste und die Dauer der Pontifikate, wurde der gesamte Block verschoben. Die heute bekannten Datierungen der Pontifikate in der Papstliste sind später erfolgt. Die tatsächlichen Datierungen der Pontifikate - bezogen auf unsere gültige Chronologie - erhält man, indem man jeweils 702 Jahre hinzuzählt. Damit endet die erste Ausgabe des *Liber Pontificalis* im Jahr 1232.

ARNDT hat sich u. a. auch mit dem *Liber Pontificalis* befasst. Er kommt zu dem beachtenswerten Ergebnis, "dass die Papstliste von 685-1455 AD ganz offensichtlich aus Kopien vorangegangener Abschnitte sowie Konstruktionen besteht" [ARNDT 2015, 194]. Nach ihm scheint der Teilabschnitt 314-532 der von Fälschungen am wenigsten betroffene zu sein. Davor und danach sieht ARNDT eindeutige Indizien für eine "Konstruktion".

Die Päpste des 4. Jh. und großen Kirchenbauten Roms wie die Laterankirche und Alt-St.Peter (traditionell Anfang 4. Jh.) gelangen damit in das 11. Jh. (siehe dazu [MEISEGEIER 2017]).

Frühe Kirchenbauten alle fehldatiert

Ich erinnere noch einmal an HEINSOHN, der mit seiner These behauptet, dass die weströmische Antike von 0-230, die byzantinische Spätantike von 290-520 und das Frühmittelalter im "Norden und Nordosten" von 700 bis 930 zeitlich parallele Zeitabschnitte sind.

D. h. zwangsläufig, dass das Jahr 230 weströmisch = 520 spätantik = 930 frühmittelalterlich (= u. Z.) ist.

Konvertiert man die spätantike Datierung in u. Z. gelangt z. B. die Herrschaft Justinians I. in die zweite Hälfte des 10. Jh.

Wie ich bereits in meinen früheren Publikationen (siehe z. B. [MEISEGEIER 2017]) ausgeführt habe, sehe ich die Entstehung des monumentalen Kirchenbaus erst nach der Erhebung des Katholizismus zur Reichsreligion und der Begründung der Reichskirche durch Justinian I. in der zweiten Hälfte des 10. Jh.

Im Frankenreich und in Sachsen gründeten sich daraufhin die fränkische bzw. sächsische Landeskirche. Einen ersten Kirchenbau im Frankenreich bzw. in Sachsen kann es damit kaum vor der Jahrtausendwende gegeben haben, womit der generelle Beginn des Kirchenbaus nahe an die Romanik rückt.

Damit sind natürlich zu allererst die Bauten der Karolinger und die der Ottonen von der Falschdatierung betroffen, da ihre traditionellen Gründungsdaten vor der Jahrtausendwende liegen.

Ich gehe sogar noch weiter. Nach meiner Auffassung sind alle Bauten, die traditionell bis etwa Mitte des 12. Jh. datiert sind, vermutlich ebenfalls infolge der Streckung der frühen Kirchenbaugeschichte bis zurück in das 8. Jh. fehldatiert.

Da das Zeitfenster des frühen Kirchenbaus um drei Jahrhunderte in die Vergangenheit gestreckt wurde, wurden die Bauten, die in diese drei Jahrhunderte datiert sind, dem Zeitraum des tatsächlichen Kirchenbaus entzogen. Damit wurde der Denkmälerbestand künstlich ausgedünnt, womit zwangsläufig die Beurteilung dieser architektonischen Phase zumindest eingeschränkt wurde.

Meines Erachtens sind von diesem Phänomen die Frühromanik und die Hochromanik betroffen.
Die Phase der Spätromanik sehe ich dagegen weniger beeinträchtigt. Die architekturhistorische Entwicklung ab der späten Romanik, d. h. ab etwa 1160/70, bis in die Gegenwart erscheint mir einigermaßen schlüssig. Hier sehe ich keinen Korrekturbedarf. Möglicherweise hat das Wiederaufleben der Schriftkultur ein Überdecken der realen Kirchenbaugeschichte in dieser späten Phase ein Stück weit verhindert.
Die Folge ist natürlich, dass sämtliche reale Bauten bzw. Bauphasen, Umbauten, etc., die traditionell vor dem Jahr 1000 eingeordnet sind, in die Zeit nach 1000 müssen. Davon sind sämtliche "karolingische und ottonische Kirchen" betroffen. Weiterhin sind alle Bauten, die traditionell der Zeit zwischen 1000 und 1160/70 zugeordnet sind, hinsichtlich ihrer Datierung zu überdenken.

Traditionelle Datierungen

Die Frage stellt sich, ob die traditionellen Datierungen der Kirchenbauten bei der Neueinordnung in die Kirchenbaugeschichte ab 1000 hilfreich sind?

Leider ist eine Umrechnung der traditionellen Datierungen wie ich sie für die frühchristlichen Kirchen und die spätantiken einschließlich merowingischen Bauten vorgeschlagen habe (siehe [MEISEGEIER 2017]) weder bei den karolingischen noch den ottonischen noch den salischen Datierungen möglich, da ihnen keine realen Datierungen zugrunde liegen. Sie basieren auf der konstruierten (erfundenen) Geschichte.

Konkrete Baunachrichten gab es in der frühen Zeit nicht. Wirkliche Baugeschichte war damals völlig uninteressant. So stammt z. B. die erste Baunachricht für die Stiftskirche in Gernrode erst aus dem 15. Jh.

Erst das 19./20. Jh. interessierte sich für die eigentliche Baugeschichte der Kirchenbauten. Den Bauforschern damals blieb kaum eine andere Möglichkeit der erfundenen Geschichte konkrete Bauten bzw. Bauphasen zuzuordnen.

Letztendlich bedeutet das, dass die traditionellen Datierungen der Kirchenbauten völlig wertlos für die wirkliche Baugeschichte sind. Nicht einmal eine zeitliche Abfolge der Bauten lässt sich aus ihnen ableiten.

Eine neue Romanik?

Obwohl die vorgeschlagene Neueinordnung zahlreicher Bauten unser Bild von der Romanik sicher klarer werden lassen, ist die Architektur- und Kunstepoche der Romanik nicht grundsätzlich neu zu sehen.

Für ihre Untergliederung und zeitliche Eingrenzung möchte ich jedoch einen alternativen, von der traditionellen Einordnung abweichenden Vorschlag unterbreiten:

ca. 1000 - ca. 1080	Vorromanik
ca. 1080 - ca. 1130	Frühromanik
ca. 1130 - 1160/70	Hochromanik
1160/70 - ca. 1250	Spätromanik

Als Phase der Vorromanik sehe ich die Suche nach einem Bautypus. In dieser Phase gibt es noch keinen festen

Bautypus, keine festgelegte Raumform der Krypta, keine Bauskulptur. Der Heiligenkult beschränkt sich noch auf die Präsentation von Ganzkörperreliquien.
Die Kirchen dieser Phase sind ausschließlich Eigenkirchen. Die Kirchenorganisation, das Eigenkirchenwesen der fränkischen bzw. sächsischen Landeskirche, kennt noch keinen Einfluss der römischen Kirche, des Papsttums. Streng genommen sind die ersten Kirchen unter merowingischer Herrschaft (bis 1057) entstanden, also merowingische Kirchen.

In der Frühromanik festigt sich der Bautypus der Basilika mit zunehmenden Einfluss Roms. Es ist die Zeit des Investiturstreits und die beginnende Verdrängung des Eigenkirchenwesens durch die römische Kirche.
Ich vermute, dass jetzt aufgrund des Mangels an verfügbaren Ganzkörperreliquien eine Beschränkung auf Reliquien-Partikel erfolgte, die in Reliquiaren im Hochchor präsentiert werden.

In der hochromanischen Phase hat sich die römische Kirche durchgesetzt. Das Eigenkirchenwesen wurde zunehmend durch das Patronatsrecht abgelöst. Es ist der Beginn der Entwicklung der Bauskulptur (Kapitelle, Tympana, Portale, Kreuzigungsdarstellungen). Ausstattung der Räume mit figürlicher Wandmalerei.

In der Spätromanik erfolgte eine Weiterentwicklung in allen Bereichen (Bauskulptur, Raumgefüge, Struktur, etc.). Dieser Phase gehören die monumentalen Kreuzigungsdarstellungen an, z. B. auch das Gero-Kreuz im Kölner Dom. Übrigens wurde vor Kurzem das Gero-Kreuz von ILLIG schon um ein Jahrhundert verjüngt und neu um 1070 datiert (ILLIG: Das Gero-Kreuz - aus 10., 11.oder 12. Jh.? [http://www.zeitensprünge.de/?p=411#more-411]), womit er jedoch immer noch weitere einhundert Jahre daneben liegt.

Ausgewählte Kirchenbauten

Einige wenige prominente, angeblich karolingische, ottonische bzw. salische Bauten sollen nachfolgend etwas näher betrachtet werden. In meinem Buch zum frühchristlichen Kirchenbau [MEISEGEIER 2017, 158ff] hatte ich mich bereits zu verschiedenen Kirchenbauten mit vermeintlich frühchristlichen Wurzeln geäußert, so zum Dom und der Liebfrauenkirche, der so genannten Doppelkirchenanlage, in Trier, zu St. Severus in Boppard, St. Viktor in Xanten, St. Johannis in Mainz mit der vielleicht erhellenden Baugeschichte des Doms in Mainz und zum Dom in Worms. Die frühen Kirchenbauten in Mitteldeutschland, wie z. B. die Dome zu Halberstadt und Magdeburg, die Michaelskirche in Rohr, St. Cyriakus in Gernrode, die angeblich ottonischen Kirchen in Quedlinburg, das für die Forschung so rätselhafte Memleben, u. a. habe ich bereits in [MEISEGEIER 2019] behandelt. Ich würde hier auf eine Wiederholung verzichten wollen.

Einige der folgenden Beiträge wurden bereits vor der Konzeption des Buches von mir ausgearbeitet, wodurch sich möglicherweise einige Wiederholungen mit den einleitenden Abschnitten ergeben. Ich habe trotzdem aus Gründen der Arbeitsersparnug auf eine völlige Überarbeitung verzichtet. Ich bitte um Nachsicht.

Beginnen möchte ich mit dem karolingischen Bau an sich, der angeblichen Pfalzkapelle Karls des Großen in Aachen.

Aachen, so genanntes karolingisches Oktogon - ein oströmischer Anfang?

Aachen soll ab 794 ständige Residenz Karls des Großen gewesen sein. "Die ersten Baumaßnahmen Karls sind allerdings weder konkret zu benennen noch zu datieren. Möglicherweise erfolgten Neu- und Umbauten bereits vor der Reichsversammlung 798." [IMHOF/WINTERER, 126]
Das karolingische Oktogon, ehemals fälschlich als Pfalzkapelle bezeichnet, soll von 796 bis 804 errichtet worden sein. Ein Brief Alkuins von 798 erwähnt Säulen im Inneren.

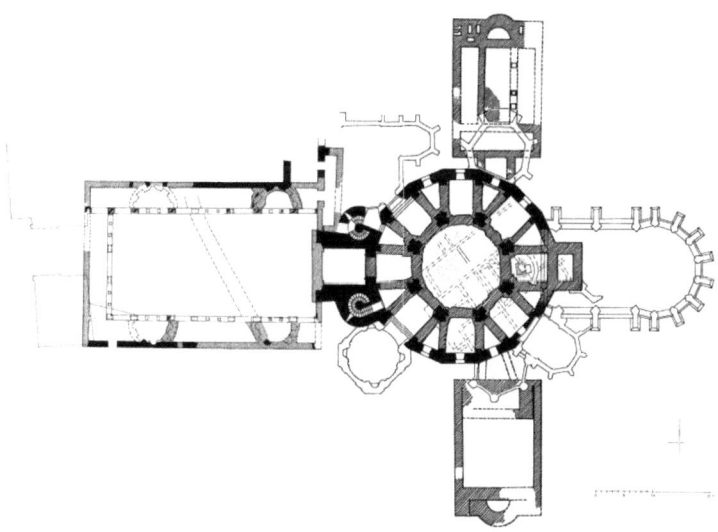

Aachen, Pfalzkapelle, Grundriss aus [JACOBSEN/ SCHAEFER/SENNHAUSER, 15]

Die bedeutenden Aachener Reliquien sollen 799 überführt worden sein. Sie werden seit 1238 und 1349 regelmäßig der Öffentlichkeit präsentiert.

Die legendäre Weihe durch Papst Leo III. soll 804/805 stattgefunden haben. Diese Information entstammt einer Quelle des 12. Jh.

Die traditionellen Baudaten sind sämtlich konstruiert und liefern nichts zur tatsächlichen Baugeschichte.

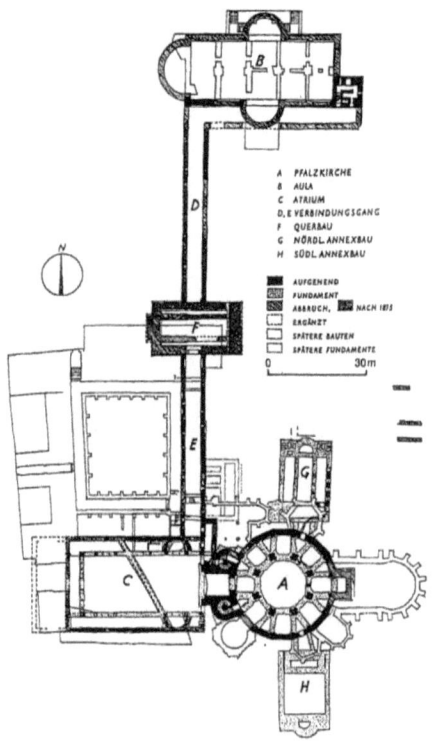

Aachen. Pfalzbezirk. Bestand 1964. Entnommen aus [BINDING, 65]

Friedrich I. Barbarossa soll sich sehr um Aachen, Karl den Großen und das Oktogon bemüht haben. So soll er die Heiligsprechung von Karl den Großen 1165 veranlasst haben, 1166 Aachen das Stadtrecht sowie Markt- und Münzrecht verschafft haben und 1165/1170 den Radleuchter im Oktogon gestiftet haben. Ab 1171 soll er den ersten Stadtmauerring errichtet haben.

Da Barbarossa wie die anderen früh- und hochmittelalterlichen Kaiser ein Konstrukt ist, kann die Zuschreibung dieser Aktivitäten zu Barbarossa nicht zutreffen.

Die Inschrift auf dem Barbarossaleuchter ist diesbezüglich zwar eindeutig, "Friedrlch, katholischer Kaiser des Heiligen Römischen Reiches ..." [Wikipedia], aber mit Sicherheit nicht zeitgenössisch.

"Als sicher gilt, dass die Werkstatt des Leuchters maasländisch orientiert ist. Wann die imposante Edelschmiedekunst (in der zweiten Hälfte des 12ten Jahrhunderts) von Friedrich Barbarossa gestiftet wurde, ist historisch unbestimmt.

Die Lichtkrone nimmt mit ihren sechzehn Türmen die Architektur des Oktogons auf.

Der Barbarossaleuchter befindet sich nicht mehr im Originalzustand. Seinen Urzustand gibt vage ein Kupferstich aus dem Jahre 1620 wieder. Über Jahrhunderte hinweg erfuhr der mächtige Leuchter Zerstörungen. Ursprünglich vereinte er eine Fülle meisterlicher Techniken (die sich z. B. im Reichtum seiner Ornamente widerfanden)." [Aachener Stadtgeschichte: Der Barbarossaleuchter im Aachener Dom. 24.03.2012 http://www.aachen-stadtgeschichte.de/der-barbarossaleuchter -im-aachener-dom/]

Die Inschrift stammt zweifellos aus deutlich späterer Zeit und ist kein Beleg für einen Kaiser Barbarossa bzw. seine Beteiligung an dem Radleuchter. Unabhängig davon ist die Datierung des Leuchters 1165/1170 vermutlich zutreffend.

Nach Wikipedia soll Aachen damals auch Reichsstadt geworden sein, was jedoch zu verneinen ist. Nach Wikipedia: "Als Freie und Reichsstädte wurden seit dem 15. Jahrhundert jene weitgehend autonomen Stadtgemeinden des Heiligen Römischen Reiches bezeichnet, die im Städtekollegium des Reichstags vertreten waren." Die Kategorie "Reichsstadt" gehört also in das Spätmittelalter und hat mit Barbarossa nicht zu tun. Eine "Reichsstadt" setzt die Existenz des Reichs voraus, das ich jedoch im Früh- und Hochmittelalter als Konstrukt ansehe.

In den archäologischen Resten um den Katschhof glaubt man die Pfalzanlage Karls des Großen identifizieren zu können, bestehend aus der Pfalzkapelle (Oktogon) mit Atrium und ihren Annexbauten sowie der so genannten Königshalle (Aula Regia) und einen Verbindungsgang zwischen Königshalle und Oktogon, welche scheinbar baulich als auch funktionell im Zusammenhang errichtet wurden.

Die Gebäude der so genannten Pfalzanlage sind fast exakt in Ost-West-Richtung orientiert und weichen damit um ca. 32° von der Orientierung des römischen Straßennetzes ab.

Pfalzkapelle (Oktogon)

Normalerweise sind nur die Kirchenbauten mein Thema. Da wir es aber bei dem Aachener Baukomplex mit einer in der Vorstellung der Bauhistoriker einzigartigen Anlage zu tun haben, möchte ich hier auch auf die scheinbar zugehörigen Bauten kurz eingehen.

Der Bau wurde unmittelbar in den Resten einer römischen Thermenanlage gegründet. Die Fundamente reichen ca. 5 m tief.

Das dürfte für eine nachkatastrophische Errichtung der Bauten sprechen, d. h. nach 940. Die römischen Thermen wurden in der Katastrophe zerstört und mit nicht tragfähigem Schwemmmaterial überdeckt, weswegen die Fundamente so tief gegründet werden mussten.

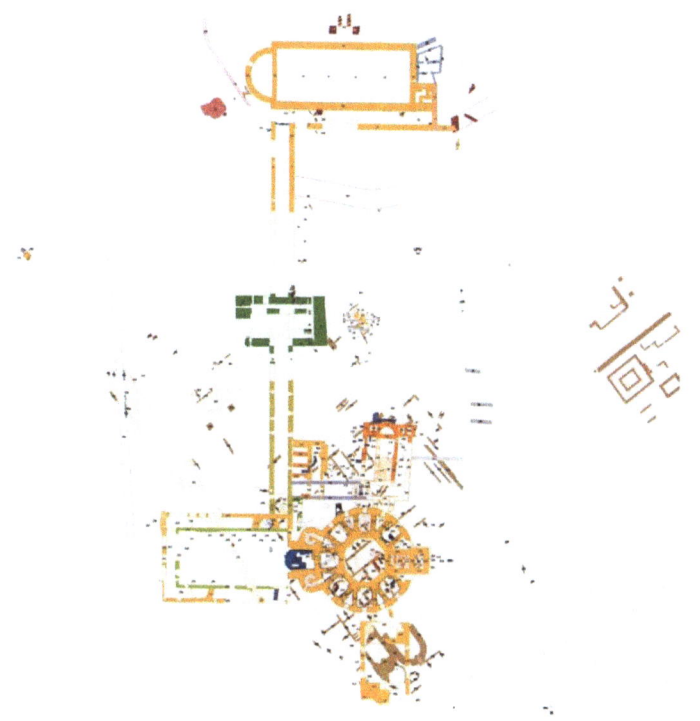

Phasenplan der Befunde zwischen Dom und Rathaus von der Römerzeit bis ins Hochmittelalter. Entnommen aus [KRÜCKEN, 134]

Ob das Oktogon einen Vorgängerbau besaß, muss hier offen bleiben. BINDING erwähnt einen unter dem Oktogon ergrabenen Rechteckraum mit einer weiten Apsis, den er für eine Kirche hält. Es ist aber auch möglich, dass der Raum und die Apsis zu der Thermenanlage gehören. OSWALD [OSWALD/SCHAEFER/SENNHAUSER, 15] hält sich dazu ziemlich bedeckt. SCHAEFER hält einen vorkarolingischen Vorgängerbau für wahrscheinlich, wobei nach CÜPPERS die

Apsis zu einer Umbauphase der Thermen gehört [JACOBSEN/SCHAEFER/SENNHAUSER, 15].

Undenkbar wäre es nicht, dass in der ersten Hälfte des 11. Jh. zuvor ein bescheidener Kirchenbau errichtet wurde und man sich kurze Zeit später für einen monumentalen Neubau entschied. Doch scheint sich der Rechteckraum auf dem Niveau der Thermenanlage befunden haben, das nach meiner Auffassung im 11. Jh. nicht mehr vorhanden war.

Um das Aachener Oktogons ist im Kreis der Chronologiekritiker eine sehr kontroverse Diskussion geführt worden bzw. wird noch geführt. HEINSOHN sieht in dem Bau einen antiken, vorkatastrophischen Bau. ILLIG sieht dagegen die Errichtung nicht vor 1100 bzw. sogar nicht vor 1140.

Für HEINSOHN ist klar, dass dieser Komplex die Pfalz von Karl dem Großen war. Damit geht er diesbezüglich konform mit der traditionellen Auffassung. Abweichend sieht er Karl den Großen und damit die Pfalzanlage jedoch in antiker Zeit, d. h. im 2. Jh.

ILLIG rückt die so genannte Pfalzkapelle in seiner Publikation "Aachen ohne Karl den Großen" in das 12. Jh. Er begründet diese Datierung mit den am Bauwerk angetroffenen Techniken, die erst zu dieser Zeit erfunden wurden bzw. in Gebrauch kamen. Er sieht in dem Bauwerk einen Kirchenbau, eine Stiftskirche, ohne das Thema weiter zu vertiefen. Die Bauherrnschaft und die Funktion des Ensembles Königshalle/Marienkirche spricht er nicht an.

Auch ich halte den Zentralbau unzweifelhaft für eine Kirche. Dass in Aachen ein Memorialbau für Karl den Großen errichtet wurde - wie ich früher irrtümlich annahm [MEISEGEIER 2017, 223ff], ist auszuschließen, da die Legende um Karl den Großen zur von mir gesehenen Bauzeit noch nicht geboren war.

Wann wurde der Bau errichtet? Die Zeitspanne der Errichtung sehe ich zwischen um 1000, dem generellen Beginn des

Kirchenbaus im Frankenreich, und 1165/1170, dem Jahr der Anfertigung des so genannten Barbarossaleuchters.

Als Vorbild für die Aachener Oktogon gilt traditionell San Vitale in Ravenna.
Die Wahl von San Vitale in Ravenna als Vorbild lässt m. E. eine Eingrenzung des immerhin ca. 170 Jahre umfassenden Zeitraumes zu.
San Vitale ist nach meiner Auffassung der erste Kirchenbau in Ravenna, ursprünglich ein Memorialbau für Kaiser Justinian I., errichtet noch im 10. Jh., fertiggestellt vielleicht Anfang des 11. Jh. (siehe [MEISEGEIER 2017, 109ff]).
San Vitale sehe ich als einen der wenigen Kirchenbauten der Phase 1 an, d. h. errichtet noch unter der Bauherrnschaft Ostroms. Diese Phase 1, die durch die Errichtung von Zentralbauten gekennzeichnet war, endete relativ schnell, etwa um 1000. Danach wurden Kirchenbauten in Italien, jetzt Basiliken, nur noch unter der Bauherrschaft der römischen Kirche errichtet (Phase 2).
Meine These der zweiphasigen Entwicklung des Kirchenbaus in Italien habe ich in [MEISEGEIER 2017, 20ff] dargelegt.

Als der Bau der Aachener Kirche anstand, hatte sich die römische Kirche noch nicht von der Ostkirche emanzipiert. Der römische Vorzeigebau (Alt-St.Peter) war noch nicht fertiggestellt. Rom war vielleicht auch noch nicht die maßgebende Instanz für den Aachener Bauherrn.
Erst nach der Loslösung von Byzanz (1054) wurde die römische Kirche im Bereich der fränkischen und der sächsischen Landeskirche aktiv.
Das würde bedeuten, dass die Konzeption und sicher auch Teile der Ausführung vor bzw. um die Mitte des 11. Jh. zu datieren sind. Die Fertigstellung kann sich dann durchaus bis in das 12. Jh. hingezogen haben, z. B. für die Kuppel mit den geschmiedeten Eisenankern.
Damit bin ich mit meiner Datierung nahe bzw. konform mit der von ILLIG vorgeschlagenen Datierung für das Oktogon.
Im 11. Jh. war das Eigenkirchenwesen die Kirchenorganisation der fränkischen Landeskirche. Das

Eigenkirchenwesen wird erst im Verlauf des 12. Jh. (1179) durch das Patronatsrecht abgelöst. Damit war der Gründungsbau mit Sicherheit zunächst eine Eigenkirche.

Doch wer war der Bauherr (Eigenkirchenherr)? Es ist klar, Karl der Große als auch Barbarossa kommen nicht in die engere Wahl. Die Zuschreibung zu Karl dem Großen erfolgte erst deutlich später, vermutlich im 16. Jh.
Ich denke nicht, dass ein feudaler Grundherr diesen Komplex errichtet hat. Für mich kommt eher Aachens aufstrebende Bürgerschaft infrage.
Nach meiner Vermutung wurde der Bau als repräsentative Eigenkirche der Aachener Bürgerschaft gegründet.

Der Westbau gehörte sicher zur ursprünglichen Lösung und diente mit seinen beiden Treppenspindeln dem Zugang zum Emporengeschoss. Mit seinem quadratischen Mittelbau, begleitet von zwei Treppentürmen, ist er ein Ende des 11. Jh. häufiger vorkommender Bautypus.

Annexbauten und Atrium

Gleichzeitig und im Bauzusammenhang mit dem Oktogon sind die Annexbauten im Norden und Süden und das Atrium errichtet worden. Die Annexbauten waren jeweils zweigeschossig mit Zugängen vom Erdgeschoss und dem Emporenumgang. Sie dürften notwendigen Nebenfunktionen gedient haben, wie Taufe, Sakristei, Schatzkammer, Raum für Privatmessen etc. In einem Zentralbau war die Anordnung solcher Räume im Inneren kaum möglich. Ihre Errichtung passt in die allgemeine Entwicklung. So entstehen im 12. Jh. solche Räume nachträglich in anderen Kirchen, z. B. in Gernrode und der Stiftskirche in Quedlinburg.

Das Atrium ist Ende des 11. Jh./Anfang des 12. Jh. kein Novum. Die rekonstruierten Konchen im Atriumumgang erachte ich jedoch für etwas merkwürdig.

Königshalle (Aula Regia)

Es wird allgemein angenommen, dass die so genannte Königshalle, auch als Aula Regia bezeichnet, und das Oktogon einer einheitlichen Planung entstammt.
Bis auf dieselbe Ost-West-Orientierung wie das Oktogon und vielleicht der Achsabstand von fast exakt 150 m weist m. E. nichts darauf hin.
Die Nord-Süd-Achsen beider Bauten sind versetzt und haben keinen erkennbaren Bezug zueinander.
Nach meiner Auffassung entstammen die so genannte Königshalle und das Oktogon keiner einheitlichen Planung. Es waren zunächst zwei unabhängige Bauten. Der Verbindungsgang belegt zwar einen funktionalen Zusammenhang, ist aber m. E. zugleich Beleg dafür, dass den beiden Bauten kein gemeinsames Konzept zugrunde lag. (siehe unten)

Zur Bauzeit: Römischer Ursprung ist sicher auszuschließen, da die Achsrichtung von der römischen Limitation abweicht.
Die so genannte karolingische Königshalle wurde nach Aussage der Aachener Stadtkonservatorin Monika Krücken in eine spätrömische Wehranlage (Spitzgraben/Mauer) gebaut. Weiterhin verweist sie auf die Nutzung von vorhandenen Werkstein (Spolien) für die angeblich karolingischen Bauten, z. B. für die Marienkirche und für die Königshalle [MONUMENTE April/2014].

Damit dürfte der Bau in nachrömischer Zeit entstanden sein, d. h. nach dem Abzug der Römer. "Das Ende der Römerherrschaft in Aachen fällt in die Zeit Kaiser Gratians (375-383)." [BINDING, 67] Das wäre korrigiert 91-99 (siehe [MEISEGEIER 2019, 252ff]). Das erscheint mir deutlich zu früh. So wurden Köln und Trier erst Ende des 2. Jh. endgültig aufgegeben [ebd., 265f].
Die neuen Herrscher waren zunächst die Rheinfranken, bis diese 225 (trad. 509) von den Merowingern abgelöst wurden. Die Franken nutzten die vorhandenen römischen Bauten. Zum

anderen dürften sie für solche komplexen Baumaßnahmen weder das Können noch die Infrastruktur besessen haben.
Ich gehe von einer etwa zeitgleichen Errichtung von Oktogon und so genannten Königshalle in der 2. Hälfte/ Ende des 11. Jh. aus.

Eine Grabung am Marienturm des Rathauses hat ergeben, "dass hier aufgehendes karolingisches Mauerwerk vorhanden ist, welches ehemals oberirdisch eine Art Sockelgeschoss der Königshalle bildete. In frühmittelalterlicher Zeit gab es hier ein deutlich tieferes Laufniveau als bisher angenommen, welches sich auf ca. 2,50 Meter unter dem heutigen Marktpflaster bemisst." [MONUMENTE April/2014]

Die Erhöhung des Laufniveaus auf das heutige erfolgte erst in spätmittelalterlicher Zeit im Zusammenhang mit dem Bau des neuen Rathauses 1349.

Über die Zweckbestimmung des Baus kann nur spekuliert werden. Die Bezeichnungen "Königshalle" oder auch "Aula Regia" kennzeichnen definitiv nicht die wirkliche Nutzung. Diese Bezeichnungen sind den märchenhaften Quellen und der überbordenden Phantasie der Historiker geschuldet.
Die so genannte Königshalle war vermutlich der Vorläufer des späteren Rathauses. Da der Ort Aachen damals noch unbefestigt war - die erste Stadtmauer wird erst ab 1171 errichtet -, wurde dieses "Rathaus" als Wehrbau errichtet.

Während das Hauptgeschoss als Ratssaal fungiert haben könnte, könnten im Sockelgeschoss städtische Nebenfunktionen untergebracht gewesen sein, z. B. Gefängnis, Tresor, Waffenkammer, etc.
Die "Apsiden" im Norden und Süden dienten der repräsentativen Gestaltung des Ratssaales und darüber hinaus der besseren Verteidigung der Langseiten des Gebäudes. Der Granusturm dürfte als Treppenturm errichtet worden sein. Im Erdgeschoss befand sich eine Abortanlage für die dringenden Bedürfnisse der Ratsherren, Gäste, Bedienstete, etc. Da der Ratssaal kaum mehrgeschossig

gewesen sein dürfte, sind möglicherweise an der Ostseite Emporen vorhanden gewesen für die Bürger bzw. Besucher.

Der eigentliche Vorgänger des heutigen Rathauses soll das Mitte des 13. Jh. errichtete so genannte "Grashaus" gewesen sein. Dieses Gebäude war aber möglicherweise nur während der Bauzeit des neuen Rathauses (Baubeginn 1330, Fertigstellung 1349) das Ausweichobjekt.

Verbindungsgang

Zwischen dem "Rathaus" und dem Oktogon gab es einen Verbindungsgang (Nach den Untersuchungen der Archäologen wurde der Mittelbau später errichtet.). BINDING [81] vermutet einen hölzernen Vorgänger östlich des steinernen Verbindungsganges, wofür es aber offenbar keinen archäologischen Beleg gibt.
Der massive, 4,70 m breite, zweigeschossige Verbindungsgang war im Untergeschoss mit einer Tonne überwölbt und nur durch schlitzartige Öffnungen belüftet, das Obergeschoss war flachgedeckt und besaß Fenster auf der Westseite.
Der Fußboden des Obergeschosses lag 29 cm über dem der Königshalle und 71 cm tiefer als der des Obergeschosses der Pfalzkapelle [BINDING, 83]. Damit ist die Konzeption klar. Das Untergeschoss war nur der konstruktive Unterbau ohne eine besondere Nutzung. Dieser musste die Höhendifferenz des Sockelgeschoss der so genannten Königshalle bzw. der Empore auf der Oktogonseite überbrücken.

Neuere Grabungen haben ergeben, dass ehemals eine diagonal verlaufende Straße den Katschhof durchtrennt hat, die bis ins 14. Jh. existiert hat [https://www.ulla-thoennissen.de/sites/www.ulla-thoennissen.de/files/zeitungsartikel_az_kiwanis7.12.pdf].
Die diagonal verlaufende Straße könnte der römischen Limitation entsprochen haben, damit also römischen Ursprungs sein.

Die Durchführung im Bereich des Untergeschosses dürfte kein Problem gewesen sein.

Der Verbindungsgang wurde in der Mitte durch einen ebenfalls zweigeschossigen Querbau oder Mittelbau unterbrochen. Er soll einer späteren Bauphase angehören. Möglicherweise wurde er nachträglich eingefügt.

Offenbar rätselt die Forschung immer noch über dessen Funktion ([BINDING, 83] und [MONUMENTE April/2014]), dabei liegt diese doch auf der Hand. Es handelt sich schlicht und einfach um Treppenabgänge, sozusagen Notabstiege. Ob das gewölbte Untergeschoss darüber hinaus noch eine Nebenfunktion erfüllte, z. B. als Lager, ist in diesem Zusammenhang sekundär.

Ein prominentes Beispiel für einen solchen Übergang existiert heute noch in Rom. Das ist der Passetto di Borgo, 1277 errichtet. Er diente den Päpsten als Übergang (und als Fluchtweg) zwischen dem Vatikan und der Engelsburg.

Ähnliche gedeckte Verbindungsgänge sind uns u. a. aus Mainz bekannt, dort zwischen der Johanniskirche und dem Dom (dort Paradiesgang genannt, wurde im 17. oder 18. Jh. abgebrochen), und aus Augsburg, dort zwischen der Kirche St. Johann und dem Dom. Beide Dombauten datieren in das 12. Jh., d. h. die Verbindungsgänge können nur gleichalt oder jünger sein.

Der Verbindungsgang knickt an der so genannten Königshalle nach Osten ab und führt bis zum Granusturm. Im Süden endete der Verbindungsgang am Ostende des nördlichen Atriumumgangs, jedoch oberhalb des Atriums, weshalb ein gesonderter Verbindungstrakt erforderlich war, um den nördlichen Treppenturm des Westbaus des Oktogons zu erreichen.

Bei einer einheitlichen Planung wäre mit Sicherheit eine bessere Lösung entstanden.

Nach meiner Ansicht sind die Bauten zwar etwa zeitgleich entstanden, jedoch nicht im Zusammenhang geplant worden.

Ergänzende Bemerkungen

Der Vorschlag zur Bauherrnschaft des Aachener Bürgertums ist sicher etwas gewöhnungsbedürftig. Man muss sich jedoch darüber im Klaren sein, dass ein solcher Bau aus dem ausgehenden 11. bzw. Anfang des 12. Jh. nirgendwo sonst erhalten ist. Wir wissen also so gut wie nichts über derartige Bauten.

Da sich das Städtebürgertum allgemein eigentlich erst im Verlauf des 11. Jh. herausbildete, dürfte Aachen eines der frühesten Belspiele für das Repräsentationsstreben des Städtebürgertums darstellen. Die verbreitete Vorstellung von der freien Reichsstadt Aachen schon im 12. Jh. könnte ein Hinweis auf die Abwesenheit eines Grundherrn für das Gebiet der Stadt sein.

Natürlich ist weder Otto I. noch irgendein anderer Herrscher im Oktogon gekrönt worden. Die Königskrönungen insgesamt hat es in Aachen nie gegeben. Sie sind wie die gesamte Reichsgeschichte bis ins 16. Jh. ein Konstrukt.

In scheinbarem Widerspruch zu der vorgeschlagenen späten Bauzeit steht, dass der Westchor des Essener Münsters, traditionell ein Bau um die Mitte des 11. Jh., eine Nachbildung des Aachener Oktogons sein soll. Der Westchor wird den Baumaßnahmen unter Äbtissin Theophanu (1039-1058) zugeschrieben. Äbtissin Theophanu ist eine frei erfundene Person.
Eines dürfte klar sein: die traditionelle Geschichte des Stifts vor Mitte des 12. Jh. und damit auch die frühe Baugeschichte der Damenstiftskirche sind konstruiert. Die karolingische und ottonische Baugeschichte des Essener Münsters ist ausschließlich den gefälschten Quellen zu "verdanken".

Angeblich gibt es eine Weiheinschrift, die die Forschung jedoch verunsichert. "Trotz der umfangreichen Baumaßnahmen aber ist nur das Weihedatum der Krypta mit

dem 9. September 1051 durch eine Schrifttafel an einem Westpfeiler der Krypta-Ostwand festgehalten." [SÖLTER, 9]
Die Inschrift-Tafel in der Krypta ist eindeutig eine spätere Zutat. Originale AD-Datierungen, d. h. AD-Datierungen kommen kaum vor dem 14. Jh. vor (siehe oben: *Wenn die Geschichte falsch ist?*). Das aufgeführte Jahr 1051 ist erfunden und hat mit der realen Baugeschichte nichts zu tun. Die Datierung 1051 für die erhaltene Krypta ist deutlich zu früh. Ich halte eher eine Errichtung um 1100 für realistisch. Die Außenkrypta wurde nachträglich an den bereits stehenden Chor angebaut, vermutlich in der ersten Hälfte des 12. Jh.
Der Westbau dürfte um 1080/1100 errichtet worden sein. Er entsprach mit seinem etwa quadratischen, mehrgeschossigen turmartigen(?) Hauptraum, begleitet von zwei Treppentürmen, einer zwischen 1000 und 1100 typischen Westbaulösung.
Eine weitere Bautätigkeit wird um 1140-50 erschlossen [OSWALD/SCHAEFER/SENNHAUSER, 73]. Dieser Bautätigkeit dürfte der grundlegende Umbau des Westbaus zuzuordnen sein. Vermutlich erhielt erst jetzt der Westbau die Innengestaltung in Anlehnung an das Aachener Oktogon. Offenbar war die repräsentative Innenraumgliederung das Motiv für die Übernahme im Essener Münster.

OSWALD zum Westbau: "Der Westbau Ib (gemeint ist der Westbau von um 1080/1100 - MM) dürfte eher als eine - nicht fertiggestellte - unmittelbare Vorstufe des bestehenden, in der Zeit der Äbtissin Theophanu errichteten Westchores anzusehen sein." [OSWALD/SCHAEFER/SENNHAUSER, 75]
Der Autor sieht dagegen eher eine spätere, gesonderte Baumaßnahme. Nur weil OSWALD an der Bauherrnschaft von Äbtissin Theophanu, der angeblichen Enkelin Kaiser Otto II., für den Westchor festhalten will, muss er eine "Vorstufe" kreieren.
Es gibt noch einen Bau, der als Nachfolgebau der Aachener Marienkirche gilt. Das ist die Abteikirche Ottmarsheim im Elsass. Traditionell wird ihre Bauzeit von 1020-1030 gesehen. Im Jahr 1030 soll Rudolf von Altenburg in Ottmarsheim das Benediktinerinnenkloster gestiftet haben. Die Weihe soll 1049 erfolgt sein.

Bei Grabungen im Inneren in den 80er Jahren des vorigen Jahrhunderts wurden ältere Gräber gefunden, die man einem Vorgängerbau zuordnet. "Anfang des 13. Jh. wurde die westliche Vorhalle zum Turm aufgestockt und Teile der Außenwände restauriert." [Wikipedia]

Auch hier sind die traditionellen Daten von Stiftung und Weihe frei konstruiert. Der bestehende Bau ist sicher ein Bau aus der ersten Hälfte des 12. Jh.

Dass das Aachener Oktogon kaum Nachahmer gefunden hat, hat m. E. mehrere Gründe. Der wichtigste Grund: Ein von der Ostkirche herrührender Bautyp kam für einen Bau der römischen Kirche grundsätzlich nicht infrage.
Zum anderen ist der Zentralbautyp für den in der Westkirche praktizierten Gottesdienst nicht sonderlich geeignet, da eine klare Trennung zwischen Klerikern und den Laien schwer herzustellen war. Darüber hinaus waren die Anforderungen an die Bauausführenden infolge der Gewölbekonstruktionen und komplizierten Struktur relativ hoch.

Literatur

Binding, Günther (1997/1998): Die Aachener Pfalz Karls des Großen als archäologisch-baugeschichtliches Problem. In: ZAM Zeitschrift für Archäologie des Mittelalters, Jahrgang 25/26, 1997/98, Seite 63-85, Rheinland-Verlag GmbH, Köln

Imhof, Michael / Winterer, Christoph (2013): Karl der Große. Leben und Wirkung, Kunst und Architektur. Michael Imhof Verlag Petersberg

Jacobsen, Werner / Schaefer, Leo / Sennhauser, Hans Rudolf (1991): Vorromanische Kirchenbauten. Katalog der Denkmäler bis zum Ausgang der Ottonen. Nachtragsband., München

Krücken, Monika (2018): Das Projekt "Rathaus und Pfalzenforschung" in Aachen. http://www.archimaera.de ISSN: 1865-7001urn:nbn:de:0009-21-47115Juli 2018#7 "Dialog"S. 127–137

Meisegeier, Michael (2017): Der frühchristliche Kirchenbau - das Produkt eines Chronologiefehlers. Versuch einer Neueinordnung mit Hilfe der HEINSOHN-These. BoD Norderstedt

Meisegeier, Michael (2019): Frühe Kirchenbauten in Mitteldeutschland. Alternative Rekonstruktionen der Baugeschichten. 2. überarbeitete und ergänzte Auflage. BoD Norderstedt

Oswald, Friedrich / Schaefer, Leo / Sennhauser, Hans Rudolf (1990): Vorromanische Kirchenbauten. Katalog der Denkmäler bis zum Ausgang der Ottonen, München (unveränderter Nachdruck der Ausgabe von 1966-1971)

Sölter, Walter (1984): Der Essener Dom. Rheinische Kunststätten Heft 265. 2. Auflage

- (2014): Forschungen zur Aachener Kaiserpfalz. Interview mit der Stadtkonservatorin Monika Krücken. In: Monumente. Magazin für Denkmalkultur in Deutschland. Magazin der Deutsche Stiftung Denkmalschutz, April 2014

Augsburg, Dom Mariä Heimsuchung - ursprünglich ein gewesteter Bau

Die frühe Geschichte von Augsburg, wie sie im Internet zu finden ist:

"Die Römersiedlung Augsburg, also das Lagerdorf, ... entstand zwischen 8 v. Chr. und 37 n. Chr. ... Sicher ist, dass im Zeitraum von 8/5 v. Chr. bis 15/16. n. Chr. am Zusammenfluss von Lech und Wertach im heutigen Augsburger Stadtteil Oberhausen ein Militärlager bestand. Vermutlich wurde es aber wegen eines Hochwassers aufgegeben.

Ab 46/47 n. Chr. war der bedeutende Militärplatz Augusta Vindelicum durch die römische Staatsstraße Via Claudia Augusta mit Oberitalien verbunden. Spätestens um 70 n. Chr. ist das Militärlager Oberhausen auf jeden Fall aufgegeben worden. Die Zivilsiedlung entwickelte sich dennoch weiter und löste Cambonunum (Kempten) als Hauptstadt der unter Kaiser Tiberius gebildeten Provinz Rätien ab.
Schon um 121 war diese Siedlung so groß geworden, dass Augusta Vindelicum von Kaiser Hadrian das munizipale Stadtrecht erhielt und sich offiziell "Municipium Aelium Augustum" nannte. ... Bald nach der Stadterhebung folgten unruhige Zeiten. ...
259/260 kam es zum Einfall der Juthungen und Semnonen. Auch Augsburg wurde überfallen. Wie stark die Stadt damals zerstört wurde, ist allerdings bis heute nicht geklärt. Trotz allem entwickelte sich während des 2. und 3. Jahrhunderts ein blühendes Gemeinwesen mit Forum, Tempeln, Bädern und einer Markthalle. ... Im 3. und 4. Jahrhundert führten die Kaiser Diokletian und Konstantin Reformen im römischen Imperium durch, die zur Teilung der Provinz Raetien führten (294 n. Chr.). Augusta Vindelicum blieb die Hauptstadt der "Raetia Secunda", ... Im 4. und 5. Jahrhundert blieb Aelia Augusta als Hauptstadt der Provinz Raetia secunda in unveränderter Größe bestehen. Die römische Verwaltung endete in Aelia Augusta erst um die Mitte des 5. Jahrhunderts. 450 n. Chr. eroberten die Alemannen die Stadt ohne sie zu zerstören."
[https://www.augsburgwiki.de/index.php/AugsburgWiki/ DasRoemischeAugsburg]

Die eingangs erwähnten unruhigen Zeiten sind die Germaneneinfälle in der 2. Hälfte des 2. Jh. Die danach aufgeführten Ereignisse sind spätantike Datierungen, die zu korrigieren sind. So dürfte der Einfall der Juthungen und Semnonen vor der Zeitenwende stattgefunden haben, weswegen in Augsburg keine Zerstörungen aufgetreten sein können. Die Kaiser Diokletian und Konstantin gehören an den Anfang des 1. Jh., die Teilung der Provinz Raetien fand im Jahr 10 n. Chr. statt. Die römische Verwaltung endete nach der Mitte des 2. Jh., vermutlich durch die Einnahme der Stadt durch die Alemannen. Die Alemannen wurden um 496/497 (korrigiert 212/213) von den Merowingern besiegt. Damit dürfte Augsburg Anfang des 3. Jh. fränkisch geworden sein.

Das römische Augsburg war zur Zeit der alemannischen Besiedlung vermutlich noch intakt, zumindest nicht zerstört. Die Zerstörung des römischen Augsburgs dürfte erst der Katastrophe von 238 = 940 zuzurechnen sein. Die nicht der römischen Liquidation folgende Erweiterung der Stadt außerhalb des römischen Kerns ist sicher die alemannische Besiedlung zwischen der 2. Hälfte des 2. Jh. und der o. a. Katastrophe. Erst in der Nachfolge der Katastrophe wird das in Trümmern liegende römische Augsburg mittelalterlich überbaut, u. a. mit dem Dombezirk.

Entsprechend traditioneller Geschichte ist Augsburg "... wohl seit der Christianisierung Roms Bischofssitz, wobei erst ab 738 ein historischer Bischofssitz gesichert ist." [https://augsburg.bayern-online.de/diestadt/kultur/ geschichte/] Über eine frühchristliche Gemeinde in Augsburg ist m. W. nichts bekannt. Die fränkische Landeskirche wurde erst um die Jahrtausendwende formiert. Augsburg wurde m. E. dem Bistum Mainz unterstellt. Mit der Erhebung des Bistums Mainz zum Erzbistum in der 1. Hälfte des 12. Jh. hatte Mainz das Recht Suffraganbistümer zu gründen. Vermutlich wurde in diesem Zusammenhang Augsburg zum Suffraganbistum erhoben. Das Jahr 738 dürfte spätantik sein und korrigiert dem Jahr 1156 entsprechen. Von Mainz wurden etwa um dieselbe Zeit die Suffraganbistümer Erfurt und Würzburg (beide 1161) gegründet. Der Dombezirk liegt im Norden der Stadt innerhalb der ehemaligen römischen Stadtgrenzen.

Auch erst nach der Katastrophe, also ab der 2. Hälfte des 10. Jh., formiert sich aus der ansässigen Bevölkerung das Volk der Bajuwaren, der späteren Bayern.

Wikipedia zu Bajuwaren: "Vermutlich entstanden die Bajuwaren als Gemisch verschiedener Völker. Nicht in einer großen Wanderung, sondern in einzelnen Schüben besiedelten sie das Land zwischen Donau und Alpen. Dort wuchsen die verschiedenen Zuwanderer zu jenen Bajuwaren zusammen, die von Jordanes 551 in seiner Gotengeschichte und kurz danach auch von dem Dichter Venantius Fortunatus beschrieben wurden. Beide Quellen berichten übereinstimmend, dass östlich der Sueben bzw. östlich des Lechs das Land *Baiuaria* liegt. Die Einwohner von *Baiuaria* werden Baibari bzw. Baiovarii genannt. In der Folge bildete sich das Volk der Bajuwaren, das 551 erstmals genannt wurde. Archäologische Funde und eine neue Interpretation der Quellen lassen immerhin den Schluss zu, dass die Bajuwaren weniger germanische als romanische Wurzeln hatten. Die römische Bevölkerung zog nicht ganz ab, auch die Strukturen des römischen Reiches bestanden fort, was im Übrigen auch viele lateinische Sprachreste in den bayerischen Mundarten zu bestätigen scheinen. Vermutlich haben sich die Bajuwaren in einem Verschmelzungsprozess aus verschiedenen Gruppen gebildet – aus elb- und ostgermanischen Kleinstämmen, keltischer Urbevölkerung, ansässigen Römern, alemannischen, fränkischen und thüringischen, ostgotischen und langobardischen Flüchtlingen sowie Nachkommen germanischer und anderer Söldner der dort früher stationierten römischen Grenztruppen. In der modernen Forschung ist jedenfalls von einer geschlossenen Einwanderung und Landnahme eines quasi fertigen Volkes keine Rede mehr. Es wird von einer Stammesbildung der Bajuwaren im eigenen Land, also dem Land zwischen Donau und Alpen, ausgegangen."

Die erstmalige Nennung der Bajuwaren 551 ist wieder spätantik und entspricht dem Jahr 969.

Nachrichten zum Dombau in den Schriftquellen

Im Katalog der Denkmäler der vorromanischen Kirchenbauten sind die wichtigsten Nachrichten zum Dombau und die zugehörigen Quellen aufgelistet [OSWALD, 28f].

- Unsichere Nachrichten über Dombauten der Bischöfe Zeiso (um 690-710) und Simpert (um 800-807). Erste urkundliche Erwähnung 823.

- Nach Vita Udalrici von Bischof Ulrich (923-974) nur Baumaßnahmen an der Krypta aus den Anfängen seiner Amtszeit überliefert.

- Durch Bischof Heinrich I. (973-992) Erneuerung des Kirchendachs nach Vita Udalrici.

- 994 Einsturz der Kirche nach Annales Augustani, nach Überlieferung aus dem 11. Jh. (Miracula S. Adelheidis) nur des Westteils.

- Nach Annales Augustani 995 Beginn des Neubaus durch Bischof Liutolf (988-996). Liutolf ist der erste Bischof, der im Dom begraben wurde.

- Nach Abtskatalog von St. Ulrich und Afra durch Bischof Heinrich II.: "Novam fecit ecclesiam s. dei genitricis Mariae cum porticibus et atrio et palacio"

- Domweihe 1065 (Annales Augustani)

- 1075 Bauzeit der Türme (Quelle des 16. Jh.)

Die Baugeschichte in der Fachliteratur

Nach [OSWALD/SCHAEFER/SENNHAUSER, 28f]:
Die Westteile (Querschiff, Apsis und Cripta interior) einheitlich und älter als das Langhaus. Cripta interior stilistisch passend

zu Baubeginn 995. Baufortgang nach einheitlichem Plan bis 1065, mit Ausnahme der Cripta anterior. Ungewöhnliche Stellung der Türme wegen Atrium und Lage der Haupteingänge.

Nach [JACOBSEN/SCHAEFER/SENNHAUSER, 33]:
Vor dem frühromanischen Dom vier Vorgängerbauten auf den Resten römischer profaner Bebauung, wobei weder Bau I noch Bau II bzgl. des Typus zu identifizieren sind.
Bau III nach Estrich (100-110 cm unter heutigem Boden) in den romanischen Seitenschiffen bereits eine dreischiffige Basilika (?), mit den Abmessungen des frühromanischen Langhauses.
Bau IV eine dreischiffige Anlage. Nord-Süd-Wand zwischen den romanischen Türmen im Bereich des Mittelschiffs mit halbkreisförmiger Nische in der Mittelachse (Krypta-Ostwand?). Zugehöriger Estrich ca. 65-70 cm unter dem Bodenniveau des romanischen Langhauses. Estrichfläche östlich mit gleicher Höhenlage. Bauliche Gestaltung dazu unbekannt. Wegen Nischenmauer vermutlich ottonische Entstehung. Entweder die Wiederherstellung Ulrichs oder die Wiederherstellung Liutolfs nach Brand 994.

Der frühromanische Dom dreischiffig mit Westquerhaus und Westapsis und Krypta. Apsidialer Ostschluss des Mittelschiffs. Hinweise auf Erneuerung unter Bischof Sintpert (ca. 778-807) vielleicht auf Reorganisation der Diözese zu beziehen.
Der Dom unter Bischof Hiltin (909-23) und Bischof Ulrich (923-974) wurde offenbar im Zuge der Ungarneinfälle zerstört. Ulrich musste die von ihm errichtete Krypta nach Einsturz erneuern. Wiederherstellung des Doms durch Bischof Ulrich oder Nachfolger (Nachricht einer Dacherneuerung durch Bischof Heinrich I. (973-992).

Baumaßnahmen durch Bischof Liutolf 995 vielleicht nur Wiederherstellung der 994 eingestürzten Kirche. 996 wird Bischof Liutolf im Dom bestattet.

Unter Bischof Heinrich II. (1047-1063) völliger Neubau zu erschließen. Dieser Bau mit dem heute noch erhaltenen Westchor 1065 durch Bischof Embriko (1063-1077) geweiht.

Nach Wikipedia:
Erste nachweisbare Dombauten unter Bischof Wikterp und Bischof Sintpert. 805 Weihe der Bischofskirche. Erste Erwähnung des Mariendoms 822.

994 Einsturz des Westbaus, unmittelbar danach Neubau durch Bischof Liutold. Fertigstellung wohl schon 1006 mit Westchor, nördlichem Querhaus und Mittelschiff (Kern des heutigen Doms - Westquerhaus u. Mittelschiff)

Größere Baumaßnahmen unter Bischof Heinrich II., genaues Ausmaß unklar, sicher Veränderungen an einem vollständigen Bauwerk. Abschluss unter Bischof Embriko, Weihe des Hauptaltars im Westchor 1065

Nach Michael Andreas SCHMID (2013):
Bischof Simpert (†807) und Bischof Ulrich (†973) in der Nähe des vermeintlichen Grabes der hl. Afra beigesetzt, nicht im Dom. Venantius Fortunatus (6. Jh.) berichtet über Pilger beim Grab der Märtyrerin Afra.

"Allerdings bietet selbst die schriftliche Überlieferung keinen sicheren Hinweis auf kirchliche Verwaltungsstrukturen in Augsburg, wie man sie in einer römischen Provinzhauptstadt eigentlich erwarten dürfte."

Erst unter Bischof Simpert (778-807) karolingischer Dom, angeblich 807 geweiht, im 3. Jahrzehnt des 10. Jh. durch Brand schwer beschädigt. Wiederherstellung durch Bischof Ulrich (923-74).

994 Einsturz größerer Teile im Westen.

Naturwissenschaftliche Erkenntnisse an Bauhölzern belegen, dass der bis heute in wesentlichen Teilen bestehende Dom in nur wenig mehr als einem Jahrzehnt erbaut wurde. Nach Vollendung des Querhauses wurde umgehend das Langhaus errichtet, das schon 1005 weitgehend vollendet war. Baumaterial wurde zu einem Gutteil vom Vorgängerbau wiederverwendet.

Orientierung in manchen Punkten am Mainzer Dom von Erzbischof Willigis. Augsburg gehörte damals zur Kirchenprovinz des Erzbistums Mainz.

Die in der jüngeren Forschung angenommene jahrzehntelange Bauzeit und die Zuschreibung des Dom zu Bischof Heinrich II. in diesem Umfang offenbar nicht zutreffend. Die entsprechende Nachricht entstammt einer Chronik aus dem 13. Jh.

Möglicherweise die große Ostapsis durch Bischof Heinrich II. errichtet.

Nach Angelika PORST und Reinhold WINKLER (2011):
Bauphase 1:

Im Mauerwerk der Obergadenwände des romanischen Lang- und Querhauses wurden Gerüsthölzer festgestellt, die beim Bau eingesetzt wurden.

Die dendrochronologische Untersuchung des ältesten Gerüstholzes ergab ein Fälldatum Winter 999/1000 (Giebelwand des nördlichen Querhuases).

Das zweitälteste aus der nördlichen Obergadenwand des Langhauses mit Fälldatum Sommer 1003. Das drittälteste aus der südlichen Obergadenwand des Langhauses mit Fälldatum Winter 1003/1004.

Aus den Fälldaten kann geschlossen werden, dass der Dom nach dem Einsturz 994 neu gebaut wurde. Um die Jahrtausendwende dürfte das Querhaus gebaut worden sein, anschließend das dreischiffige Langhaus.

Die für die Amtszeit Bischof Heinrich II. (1047-1063) überlieferten Baumaßnahmen und die Weihe des Hauptaltars 1065 sind demnach auf eine eigene Baumaßnahme zu beziehen.

Bauphase 2:
betrifft nur Wandmalerei

Bauphase 3:
Obergadenwände des Langhauses im östlichen Drittel überformt.
Veränderungen eines intakten Zustandes, nicht Fortsetzung eines unterbrochenen Baus.
Ob bei dieser Baumaßnahme der Ostschluss der ottonischen Basilika insgesamt verändert wurde oder ob es sich lediglich um lokale Eingriffe handelt, kann durch die Befunde nicht geklärt werden.

Bauphase 4:
um 1178 - Zweites romanisches Dachwerk
Oberhalb des ottonischen Mauerwerks Aufmauerung mit romanisches Mauerwerk. Dachneigung des romanischen Dachwerks ca. 45° während das ottonische Dach eine Neigung von ca. 33° aufwies.
Dendrochronologisch wurde ein entsprechendes Gerüstholz datiert auf Fälldatum Winter 1175/76.
Zerrbalkenlage des gotischen Dachwerks über dem Mittelschiff besteht aus Hölzern mit Fälldatum Winter 1177/78.
Daraus ist zu schlussfolgern, dass das gesamte Dachwerk über dem Quer- und Langhaus im letzten Drittel des 12. Jh. ersetzt wurde. Die Zerrbalkenlage des Dachwerks von 1178 wurde dann beim Bau des heute vorhandenen gotischen Dachwerks (1461/62) wiederverwendet.

Vorschlag für neue Rekonstruktion der Baugeschichte

Sämtliche traditionelle Datierungen sind konstruiert. Sie sind für das Finden der tatsächlichen Baudaten unbrauchbar und können auch nicht umgerechnet werden wie die spätantiken Datierungen.

M. E. gibt es trotzdem eine Möglichkeit der Datierung. Der Ursprungsbau mit dem durchgehenden Westquerhaus und dem apsidial geschlossenen Westchor, also ursprünglich eine gewestete Kirche gleicht in seiner Konzeption auffällig anderen gewesteten Bauten, so z. B. dem Mainzer Dom (Willigisbau), der Ratgar-Basilika in Fulda, dem Azelin-Dom in Hildesheim sowie der Nordkirche auf dem Magdeburger Domplatz, die ich ebenfalls als gewesteten Bau rekonstruiere [MEISEGEIER 2019, 163ff].

Der Baubeginn aller dieser Bauten datiert nach meiner Auffassung um 1100 bzw. am Beginn des 12. Jh. Vorbild dieser Bauten ist Alt-St.Peter in Rom. Nach meiner Auffassung wurde Alt-St.Peter um 1018 begonnen und unter dem Pontifikat von Papst Liberius (trad. 352-366 = 1054-1068) fertiggestellt (siehe [MEISEGEIER 2017, 33ff]).

Mit der Aufnahme des Bautypus des römischen Baus signalisierten die Bauherrn ihr Bekenntnis zur römischen Kirche. Magdeburg und Mainz wurden dafür mit dem Titel Erzbistum "belohnt". Seit der zweiten Hälfte des 11. Jh. versuchte die römische Kirche den Fuß in die bestehende Kirchenorganisation hineinzubekommen. Diese bestehende Kirchenorganisation, die durch das Eigenkirchenwesen charakterisiert war, entstand ursprünglich aus der fränkischen Landeskirche, die jedoch seit dem Ende der Merowingerherrschaft (König Dagoberts I. † 639 = 1057) führerlos war.

Ob die Initiative, in Augsburg einen Bau "more romano" zu errichten von Mainz oder von Augsburg selbst ausging, ist unbekannt. Augsburg, das zum Erzbistum Mainz gehörte, konnte natürlich nicht ebenfalls Erzbistum werden.

Zurück zur Baugeschichte des Augsburger Doms. M. E. erfolgte der Baubeginn um 1100 bzw. Anfang des 12. Jh. Der Ursprungsbau war ein gewesteter Bau, mit durchgehendem Westquerhaus, Westapsis und Westkrypta. Im Osten war der Bau vermutlich zunächst gerade geschlossen. Zu diesem Bau dürfte der ca. 100-110 cm unter dem romanischen Fußboden angetroffene Estrich gehört haben. Das gebundene System ist an dem Ursprungsbau noch nicht konsequent realisiert, was möglicherweise ebenfalls für einen Baubeginn um 1100 sprechen könnte.

Die "Mode", gewestete Bauten zu errichten, erlosch ziemlich schnell. Schon in der fortgeschrittenen ersten Hälfte des 12. Jh. entsteht kein gewesteter Bau mehr. Offensichtlich hatte sich die Liturgie in der römischen Kirche gefestigt.

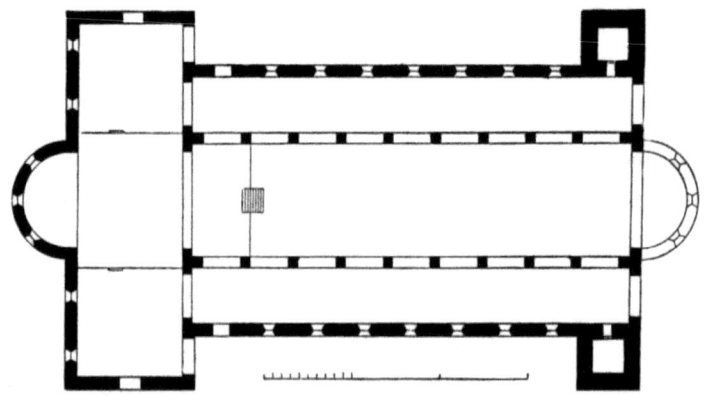

Augsburg, Dom. Grundriss nach DEHIO, modifiziert, d. h. ohne Nebenapsiden im Osten und ohne die Rekonstruktion von Westtürmen. Atrium im Osten nicht dargestellt.

Ich denke, dass noch vor Mitte des 12. Jh. eine Umkehrung der Orientierung des Baus erfolgte. Dazu wurde die Ostapsis errichtet und die Türme in Anlehnung an die vielfach andernorts ab 1100 errichteten Chorflankentürme errichtet. Da der ursprüngliche Osteingang durch die neue Apsis versperrt war, wurden südlich und nördlich der Apsis, also im Bereich der Seitenschiffe, Eingangsportale angeordnet (Zugang vom Atrium). Einem dieser Portale dürfte die erhaltene Bronzetür zuzuordnen sein. Die Bronzetüren in Hildesheim (Bernwardtür) [MEISEGEIER 2017, 260] und in Magdeburg (heute in Nowgorod [MEISEGEIER 2019, 178]) sind ebenfalls um die Mitte des 12. Jh. gefertigt worden. Für einen "richtigen" Umbau des Ostschlusses fehlten offensichtlich die Mittel. In diesem Zusammenhang dürfte der Fußboden auf das romanische Niveau erhöht worden sein. Die Fertigstellung des Baus sehe ich um die Mitte des 12. Jh.

Zu den Vorgängerbauten:

M. E. hatte der Dom an der heutigen Stelle keinen Vorgängerbau. Der Bau wurde auf den Resten der römischen Bebauung errichtet. Diese war in der Katastrophe um 940 zerstört worden. Die Fläche lag bis zur Errichtung des Doms im Prinzip brach. Das heißt jedoch nicht, dass in den römischen Resten gar keine Baumaßnahmen stattfanden. Die ehemaligen Bewohner mussten sich ja u. a. ein neues Obdach schaffen. Die von JACOBSEN dem Bau I zugeordneten Befunde könnten zu solchen kleineren Baumaßnahmen gehören.
Ich sehe in der Anfang des 19. Jh. abgerissenen Kirche St. Johann den Vorgängerbau des Doms. SCHAEFER und OSWALD datieren die dreischiffige Pfeilerbasilika (Gussmauerwerk, Ziegelsteine mit Eckquadern, z. T. römische Spolien) wegen der Überbauung eines Walls nach der Ungarnschlacht 955. JACOBSEN sieht diesen Bau möglicherweise erst im späten 11. Jh. Ich schließe mich JACOBSEN diesbezüglich an. Die Kirche St. Johann dürfte in der zweiten Hälfte des 11. Jh. errichtet worden sein. Da Augsburg vermutlich erst kurz vor der Mitte des 12. Jh. Bistum wurde, war St. Johann natürlich noch kein Dombau, vielleicht eine Eigenkirche des Erzbistums Mainz. Zur Kirche St. Ulrich und Afra, welche nach der Tradition ebenfalls in frühchristliche Zeit zurückreichen soll, siehe unten.

St. Johann hatte an derselben Stelle einen kleinen Vorgängerbau - einen Rechtecksaal mit Ostapsis, der möglicherweise unter Aufgabe der Apsis nach Osten erweitert wurde. Westlich dieses Baus wurde eine mehrmals umgebaute Taufanlage aufgedeckt. Ich datiere diesen ersten Bau in die erste Hälfte des 11. Jh.

Auffällig ist die Parallele zu Mainz, die von SCHMID bereits festgestellt wurde. Dort wurde vor wenigen Jahren (2014) in der Kirche St. Johannis der Vorgängerbau des Doms identifiziert. Bemerkenswert vielleicht dasselbe Patrozinium. Auch bei St. Johannis in Mainz sind römische Reste in den Bau einbezogen worden. Der Mainzer Dom steht ebenfalls auf Mauerresten aus römischer Zeit. Auch bemerkenswert, dass sowohl in Mainz als auch in Augsburg zwischen St. Johannis/St. Johann ein gedeckter Verbindungsgang zum eigentlichen Dombau bestand. (Siehe [MEISEGEIER 2017, 164ff])

St. Ulrich und Afra - außerhalb der römischen Siedlung über einem römischen Friedhof und im Süden am gegenüber liegenden Ende der damaligen Stadt liegend, scheidet m. E. als Vorgängerbau allein aufgrund der Lage aus. Die Tradition sieht zwar einen spätrömischen Kirchenbau, danach eine merowingische und noch eine karolingische Kirche, bevor 1064/71 diese einer frühromanischen Kirche Platz machen musste.

Die Archäologie kann diese Bauhistorie nicht bestätigen, obwohl sich JACOBSEN riesige Mühe gibt. Er rekonstruiert eine Cella memoria über dem Afragrab aus dem Anfang des 4. Jh. Einem Bau II ordnet er eine Mauer zu - angeblich die Südwand einer Kirche - , an der Gräber aus dem 7. Jh. angeordnet waren. Ein Bau III um 800 ist nur in den Schriftquellen vorhanden, an den jedoch ein Anbau erfolgt, die so genannte Ulrichsgruft. Der Anbau und etwas später noch ein nur aus den Quellen bekanntes Ulrichsoratorium sollen dann im 10. Jh. errichtet worden sein.

M. E. geben das die archäologischen Funde überhaupt nicht her. Bau I und Bau II sind für mich einfach römische Grabbauten, wie sie im Bereich römischer Nekropolen üblicherweise anzutreffen sind. Die jüngeren Befunde dürften zum frühromanischen Bau des 11. Jh. gehören.

Auch ist die Legende der hl. Afra problematisch. SCHIMMELPFENNIG hält die hl. Afra für eine "literarische Fiktion". Nach ihm wurde die Kirche auf dem einzigen bekannten Friedhof der Völkerwanderungszeit erbaut ohne das Grab zu kennen (Wikipedia). Die hl. Afra wurde angeblich 1064 heiliggesprochen. Dieses Datum ist konstruiert. Auch ich halte die hl. Afra für eine platzierte Legende, deutlich später kreiert. Ein passendes römisches Grab zu finden, war auf dem römischen Friedhof sicher nicht die schwierigste Aufgabe.

Merkwürdig ist die Bestattung der frühen Bischöfe einschließlich Bischof Ulrich (†973) auf dem römischen Friedhof in der Nähe des Afragrabs. Falls diese Bischöfe nicht fiktiv sind, was ich eher annehme, wären sie Bischöfe einer frühchristlichen Gemeinde in Augsburg. Das würde ihre Bestattung auf einem römischen Friedhof erklären. Das Bistum Augsburg gab es einfach noch nicht.

Über Bischof Ulrich (Udalrich) wissen wir aus der Vita s. Udalrici. Verfasser soll Gerhard von Augsburg sein, der angeblich ein Zeitgenosse Ulrichs war. Die Vita soll zwischen 983 und 993 verfasst worden sein. "Da Gerhard ... vieles als Augenzeuge miterlebt hat, kommt seiner Darstellung großer Quellenwert zu." [http://www.geschichtsquellen.de/repOpus _02408.html, 2016-09-05] Soweit ich die Angaben in der vorgenannten Quelle richtig interpretiere, scheint die älteste bekannte Ausgabe von 1595 zu sein. Ich erachte die Vita für ein Pseudepigraph aus deutlich späterer Zeit (frühestens 12./13. Jh. oder vielleicht erst 16. Jh.) mit nur geringem Realitätsgehalt.

Literatur:

Jacobson, Werner / Schaefer, Leo / Sennhauser, Hans Rudolf (1991): Vorromanische Kirchenbauten. Katalog der Denkmäler bis zum Ausgang der Ottonen. München, Nachtragsband

Meisegeier, Michael (2017): Der frühchristliche Kirchenbau - das Produkt eines Chronologiefehlers. Versuch einer Neueinordnung mit Hilfe der HEINSOHN-These. BoD - Books on Demand, Norderstedt

Meisegeier, Michael (2019): Frühe Kirchenbauten in Mitteldeutschland. Alternative Rekonstruktionen der Baugeschichten. 2. überarbeitete und ergänzte Auflage. BoD - Books on Demand, Norderstedt

Oswald, Friedrich / Schaefer, Leo / Sennhauser, Hans Rudolf (1966-1971): Vorromanische Kirchenbauten. Katalog der Denkmäler bis zum Ausgang der Ottonen. München

Porst, Angelika / Winkler, Reinhold (2011): Bauforschung im Dachwerk des Augsburger Domes. Neue Erkenntnisse zur Baugeschichte und zur frühen Ausmalung. In: DENKMALPFLEGE INFORMATIONEN Nr. 148 März 2011 des Bayerisches Landesamtes für Denkmalpflege.

Schmid, Michael Andreas (2013): Der Hohe Dom zu Augsburg Mariä Heimsuchung. Kunstverlag Josef Fink, Lindenberg im Allgäu

Corvey, St. Stephanus und St. Vitus - nichts Karolingisches, aber ein römisches "Westwerk"

815 soll eine Cella gegründet worden sein. 822 erfolgte Verlegung der Benediktinerabtei nach Höxter.
823 und 836 Translationen der Reliquien des hl. Stephanus und des hl. Vitus in die Kirche.
844 Weihe des Langhauses. Der Chor ursprünglich quadratisch in Breite des Mittelschiffs, Stollenkrypta und kleine Außenkrypta.
Unter Abt Adalgar (856-876) Erweiterung um einen langen Mönchschor mit Apsis und Chorumgangskrypta.

873-885 Errichtung des Westwerks, das zwischen 1146-1195 seine heutige Gestalt erhielt.

Das Langhaus und der Chor wurde im 17. Jh. durch einen Neubau ersetzt. Das so genannte Westwerk gilt heute als das Vorzeigeobjekt für die karolingische Baukunst.

Soweit die traditionelle Geschichte. Die Datierungen in das 9. Jh. sind der konstruierten Chronologie der Karolinger entlehnt und entbehren damit jeder Realität.

Wie KLABES nachgewiesen hat, ist das so genannte Westwerk im Kern ein ursprünglich römischer Bau, der im Zuge des Kirchenbaus als Westabschluss verwendet und umgebaut wurde.

Die Frage ist, wann der Anbau der Kirche und der Umbau des römischen Baus zum Westbau erfolgt sind?

Nach JACOBSEN war Bau I eine Basilika mit Rechteckchor und Winkelgangkrypta, westlichem Atrium und frei stehenden westlichen Vorbau [JACOBSEN/SCHAEFER/SENNHAUSER, 81]. Von diesem Bau I wurden die Ausbruchsgruben der Mittelschiffsbankette sowie Fundamentreste der Westwand (?) nachgewiesen. Die Seitenschiffswände wurden nur erschlossen, ihre genauer Verlauf ist unbekannt. Die Mittelschiffsbreite war ca. 10 m i. L.

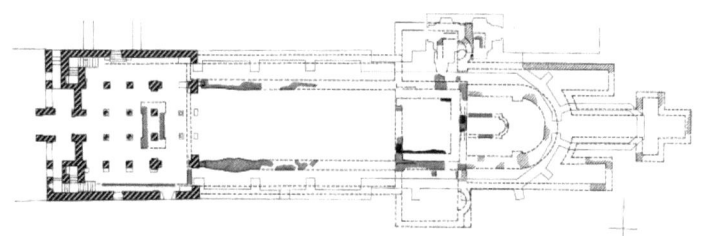

Corvey, St. Stephanus und St. Vitus, Grundriss aus [JACOBSEN/SCHAEFER/SENNHAUSER, 82]

63

Unmittelbar an das Langhaus schloss sich im Osten ein leicht querrechteckiger Chor an. Darin eingebaut eine Winkelgangkrypta. JACOBSEN rekonstruiert eine axiale Confessio mit Heiligengrab. In der Ostwand des Winkelgangs Durchgang zu einem kleinen, flachgedeckten Saalraum mit Ostapsis, dessen Estrich 64 cm unter dem Kryptaboden. JACOBSEN (fehl)datiert den Bau I in die erste Hälfte des 9. Jh. [ebd., 82f]

Dieser erste Bau war möglicherweise keine Basilika, sondern ein Saalbau. Die Winkelkrypta mit Heiligengrab verweist den Bau in die zweite Hälfte des 11. Jh. Die ergrabenen Fundamente der Westwand sind sicher fehlinterpretiert. Dieser Bau war an den bestehenden, ursprünglich römischen Bau angebaut. Die Fundamentreste gehören sicher zur notwendigen baulichen Anpassung an den Bestandsbau. Da JACOBSEN das Mittelschiff vor dem Westbau datiert, kann er die Fundamentreste zwangsläufig nicht richtig zuordnen.

Um 870 sieht JACOBSEN den Anbau eines neuen Chores mit Umgangskrypta und Querarmen (Bau Ia). Der Choranbau geringfügig gegenüber Bau I eingerückt und im Osten mit halbkreisförmiger Apsis geschlossen. Gleichzeitig die Querarme. Die Querarme waren vorher dem Umbau des 12. Jh. zugesprochen worden. Ob von einem Querhaus gesprochen werden kann oder nur niedrige kapellenartige Flügelbauten vorhanden waren, ist für JACOBSEN nicht klar. JACOBSEN sieht diesen Umbau vor dem so genannten Westwerk. "Der Estrich Ia zieht sich als Bodenerneuerung auch durch das gesamte Langhaus des Baues I und wird im Westen durch die östlichen Mauerzungen des Westwerkes (Bau Ib) durchschlagen, bestand also bei Baubeginn des Westwerkes bereits." [ebd., 83]
Eine weitere Fehlinterpretation durch JACOBSEN. Das beweist nur, dass die Mauerzungen, die zum Umbau des Westbaus gehören, später sind, nicht zwingend der gesamte Westbau.

Ich halte diesen Umbau für den Bau der ersten Hälfte des 12. Jh., womit die ursprüngliche Datierung der Querarme doch zutrifft. Die Umgangskrypta gehört für mich auch in das 12. Jh., wie z. B. die Umgangskrypten in Halberstadt [MEISEGEIER 2019, 61f] und Hildesheim.

Der Umbau des so genannten Westwerks, eigentlich des römischen Bauwerks zum Westbau, gehört zu dieser Bauphase. Seine traditionelle Datierung zwischen 1146-1195 dürfte zutreffen.

Literatur

Jacobson, Werner / Schaefer, Leo / Sennhauser, Hans Rudolf (1991): Vorromanische Kirchenbauten. Katalog der Denkmäler bis zum Ausgang der Ottonen. München, Nachtragsband

Klabes, Heribert (1997): Corvey. Eine karolingische Klostergründung an der Weser auf den Mauern einer römischen Civitas.

Meisegeier, Michael (2019): Frühe Kirchenbauten in Mitteldeutschland. Alternative Rekonstruktionen der Baugeschichten. 2. überarbeitete und ergänzte Auflage. BoD - Books on Demand, Norderstedt

Fulda, Dom - der fiktive Bonifatius ist unschuldig

Die Gründung soll 744 durch den Mönch Sturmius im Auftrag des Bonifatius erfolgt sein. Ein Privileg von Papst Zacharias 751 unterstellt das Kloster Rom. Im Jahr 791 Baubeginn eines monumentalen Neubaus, der so genannten Ratgarbasilika, unter Abt Baugulf (779-802), vollendet 819 unter Abt Eigil (818-822).

Der Neubau war eine doppelchörige Basilika mit Westquerhaus und zwei Krypten; in der Grundrissform eine deutliche Anleihe von Alt-St. Peter in Rom.
Die Weihe angeblich 819 durch den Erzbischof von Mainz.
819 sollen die Gebeine des Bonifatius in den Westchor transferiert worden sein.
Zwischen 968 und 973 soll das Atrium vergrößert worden sein.
Zwischen 1120 und 1157 wurden die Osttürme angeblich neu errichtet.

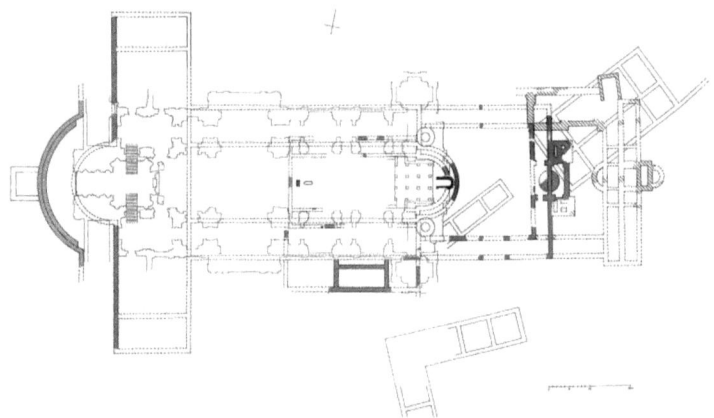

Fulda, Dom, Grundriss aus [JACOBSEN/SCHAEFER/ SENNHAUSER, 132]

Die Datierungen des 8. und 9. Jh. sind der konstruierten Karolingerchronologie erwachsen und liefern für den realen Bau keinen Hinweis.

Die Gründung durch Sturmius ist reine Legende.

Zu Bonifatius: Den angelsächsischen Missionar des 7./8. Jh., den so genannten "Apostel der Deutschen", wie ihn die Geschichtsbücher darstellen, hat es nie gegeben. Der Autor geht von der Nicht-Historizität des Bonifatius aus. Bonifatius ist eine von der Kirche geschaffene Legende. Die Briefe des Bonifatius als auch seine missionarischen Aktivitäten und natürlich sein Märtyrertod in Friesland sind freie Erfindungen im Zusammenhang mit der Kreation der Bonifatiuslegende, vermutlich des 12. Jh. Eine angelsächsische Mission hat nie stattgefunden. Papst Zacharias gehört nach ARNDT [197] zu dem Abschnitt der Jahre 685-752 des *Liber Pontificalis*, der den Abschnitt der Jahre 523-607 kopiert, d. h. die Päpste dieses Abschnittes sind konstruiert und nicht real.

Der Baubeginn der Ratgarbasilika könnte noch im 11. Jh. erfolgt sein. Die Errichtung von Alt-St. Peter datiert der Autor in die 2. Hälfte des 11. Jh. [MEISEGEIER 2017, 33ff].
Wegen der nicht zu übersehenden Abhängigkeit zu Alt-St. Peter kann der Fuldaer Dom auf keinen Fall vorher, frühestens etwa zeitgleich errichtet worden sein.
Der Dombau in Fulda gehört in die 1. Hälfte des 12. Jh. Der vermeintliche Neubau der Osttürme ist zugehörig zur ersten Errichtung der Kirche.

Ich sehe die Errichtung von gewesteten Kirchenbauten Ende des 11./Anfang des 12. Jh. in unserem Gebiet im Zusammenhang mit dem Bestreben der römischen Kirche ab etwa Mitte des 11. Jh., in die bestehende Kirchenorganisation der ursprünglich fränkischen Landeskirche einzudringen. Der Investiturstreit ist die äußere Erscheinungsform dieses Prozesses.
Die Akzeptanz der römischen Oberherrschaft erkaufte sich Rom durch entsprechende Privilegien, die sie den "Überläufern" zugestand, z. B. die Verleihung des Titels Erzbistum, die Übergabe besonderer Reliquien, etc.. Die "Überläufer" revanchierten sich mit Dombauten des Typus "more romano". So wurde in Mainz der so genannte Willigisdom errichtet. In Augsburg entstand ebenfalls ein gewester Bau. Auch die Nordkirche auf dem Magdeburger Domplatz zähle ich dazu. In Hildesheim wird der gewestete Azelinbau errichtet. Alle diese Bauten entstehen ab Ende des 11./ Anfang des 12. Jh. Die Ratgar-Basilika in Fulda reiht sich dort nahtlos ein.

Offensichtlich war die so genannte Ratgar-Basilika nicht der erste Bau an dieser Stelle. PLATZ hat sich zur Entwicklung der frühen Bauten an der Stelle des Fuldaer Doms geäußert: "Die Bauabfolge ließ sich ausgehend von den ältesten Befunden, die zum sogenannten Sturmiusbau zu rechnen sind, ermitteln. Der älteste Bau (Abb. 3a [blau]) war bereits eine dreischiffige Basilika mit sehr schmalen Seitenschiffen (Phase I). Der westlich daran anschließende, eingetiefte Bereich (Abb. 3a: [rot]) ist wohl als wenig jüngere Außenkrypta zu interpretieren (Phase Ia). Eine westliche Erweiterung des Sturmius-Baus, die die gleiche Mittelschiffbreite wie der erste Bau aufweist und daher als Verlängerung dieses Baus anzusprechen ist, überbaut die nördliche Mauerflucht dieser Außenkrypta und ist daher jünger (Abb. 3b [schwarz]).

Diese langgestreckte Basilika entstand, soweit sich die schriftlichen Quellen interpretieren lassen, in der Zeit Baugulfs im späten 8. Jahrhundert (Phase II), der Anbau des Querhauses (Abb. 3c [grün]), ebenfalls nach den Schriftquellen, durch Ratger (Phase III).

Die Bauten der Phasen I und II hatten jeweils Seitenschiffe, wobei deren lichte Weite mit 2,5 m beziehungsweise 3,6 m recht schmal zu nennen sind. Die Dimensionen von Mittelschiff und Querhaus waren mit ca. 10,9 m lichter Breite ebenfalls deutlich geringer als die von der alten Forschung angenommenen Maße.

Die Längenerstreckung der Basilika der Phase III von Apsis zu Apsis betrug ca. 94 m, ein Bau von beträchtlichen Ausmaßen. Ob am Nord- und Südende des Querhauses abgeschnürte Räume vorhanden waren, ist nach den archäologischen Untersuchungen mangels Befunden nicht gesichert. Unter beiden Apsiden gab es Krypten, wobei die östliche möglicherweise mit der vom Petersberg verwandt war, die westliche wohl als eine Art Vier-Stützen-Krypta zu rekonstruieren ist. Der guten schriftlichen Quellenlage zufolge wurden sie unter Hrabanus Maurus in den Ratger-Bau nachträglich eingebaut oder unter ihm fertiggestellt. Ebenfalls in die dritte Bauphase gehörend sind zwei Osttürme, die aber beide nach einem Brand im 11. Jahrhundert unter Verwendung älteren (Fundament-)Mauerwerks neu errichtet wurden (Abb. 3d [hellblau])."

Für die Datierung und Einordnung der Bauphasen ist er natürlich der traditionellen Auffassung gefolgt.

Ich möchte dem eine alternative Rekonstruktion entgegensetzen:

Der älteste Bau soll eine dreischiffige Basilika mit schmalen Seitenschiffen gewesen sein. Dass der sich westlich anschließende Bereich eine Außenkrypta gewesen sein soll, ist stark in Zweifel zu ziehen. Die vorliegenden Informationen lassen eigentlich keine Beurteilung zu. Eher ist aber an die Planung eines Westbaus zu denken, der vermutlich nicht zur Ausführung kam. Dieser älteste Bau dürfte in der zweiten Hälfte des 11. Jh. errichtet worden sein.

Die Phase II (nach PLATZ) ist vermutlich keine gesonderte Bauphase, sondern gehört einfach zur Phase III. Wie PLATZ schreibt, interpretiert er diese allein aus den Schriftquellen.

Die Bauphase III ist die Errichtung des gewesteten Baus, der so genannte Ratgar-Basilika. Möglicherweise erfolgte als Planänderung eine Verbreiterung der Seitenschiffe. Wie oben bereits ausgeführt, sehe ich deren Errichtung am Beginn des 12. Jh. Die Vier-Stützen-Krypta würde zu dieser Bauzeit stilistisch passen.

Vielleicht um die Mitte des 12. Jh. wurde die Orientierung der Kirche geändert. Offenbar wollte man wieder eine geostete Kirche. Der Ostchor mit der darunter befindlichen Krypta, m. E. eine Hallenkrypta, wurde errichtet.
Darüber hinaus wurden nördlich und südlich Chorflankentürme errichtet. Chorflankentürme entstehen generell erst ab ca. 1100. Die traditionellen Daten der Errichtung der Osttürme 1120 und 1157 könnten dazu in etwa passen.

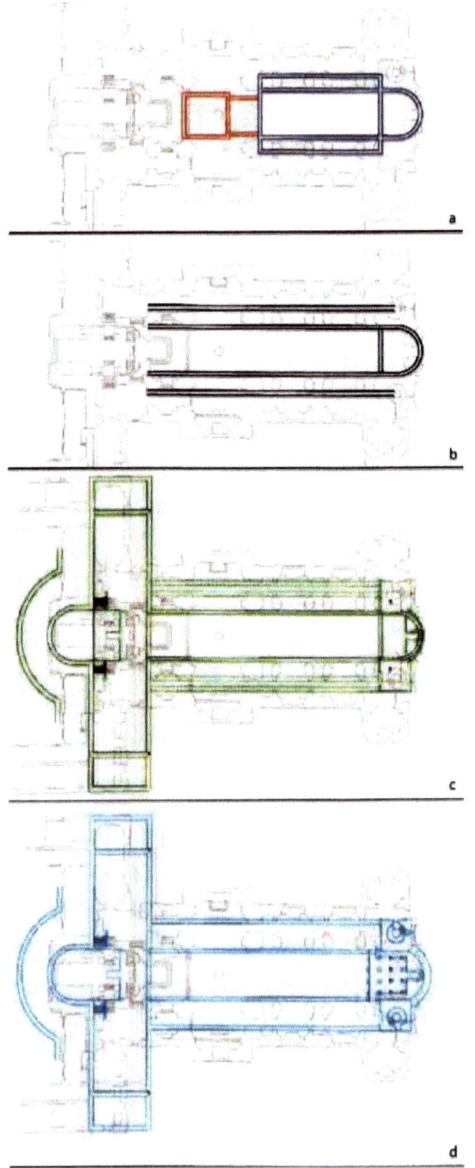

a

b

c

d

Literatur

Arndt, Mario (2015): Die wohlstrukturierte Geschichte: Eine Analyse der Geschichte Alteuropas. BoD Norderstedt

Jacobson, Werner / Schaefer, Leo / Sennhauser, Hans Rudolf (1991): Vorromanische Kirchenbauten. Katalog der Denkmäler bis zum Ausgang der Ottonen. München, Nachtragsband

Meisegeier, Michael (2017): Der frühchristliche Kirchenbau - das Produkt eines Chronologiefehlers. Versuch einer Neueinordnung mit Hilfe der HEINSOHN-These. BoD - Books on Demand, Norderstedt

Platz, Kai Thomas (2010): Die karolingischen Klosterkirchen von Fulda und Lorsch im archäologischen Vergleich. In: Deutsche Gesellschaft für Archäologie des Mittelalters und der Neuzeit e.V Bd. 22 (2010), S. 83ff

Fulda, St. Michael - eine Kopie der Grabrotunde

Der Bau soll zwischen 819 und 822 als Begräbniskirche des Fuldaer Klosters errichtet worden sein. Die angeblich um 820 entstandene Vita Eigils von dem Mönch Candidus macht Angaben zu den Domkrypten und beschreibt St. Michael.
Im 10. Jh. soll die Kirche bis auf die Krypta zerstört worden sein und kurz danach wieder in den alten Formen neu gebaut worden sein.
Turm und Langhaus sollen im 11. Jh. angefügt worden sein.
Der Umgang war ursprünglich sicher nur eingeschossig.
1315 erfolgte vermutlich Erhöhung des Westturms und des Langhauses mit Einbau des Holztonnengewölbes. Die Zwischendecke im Langhaus wurde bei der Restaurierung im 20. Jh. eingezogen.

Für das Jahr 1092 ist die Weihe von fünf Altären überliefert. Wikipedia: "Spätestens 1093 wurde eine Nachbildung des Heiligen Grabes mit drei Altären im Obergeschoss eingerichtet, die aber nicht mehr erhalten ist."

Die Datierungen des 9. Jh. sind wieder der konstruierten Karolingerchronologie zu verdanken. Vermutlich hängt die Datierung von St. Michael eng mit der Datierung des Fuldaer Doms zusammen.

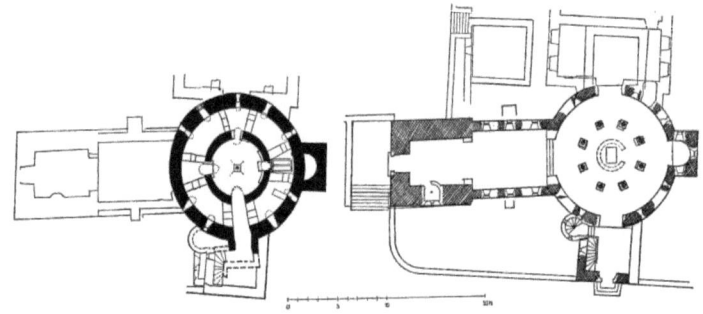

Fulda, St. Michael, Grundriss aus [OSWALD/SCHAEFER/SENNHAUSER, 87]

Die Nachrichten von 1092/1093 über die Weihe von fünf Altären und über das Vorhandensein einer Nachbildung des Hl. Grabes sind ebenfalls konstruiert. Die Errichtung der Michaelskirche mit der Nachbildung des Hl. Grabes erfolgte erst im 12. Jh. [MEISEGEIER 2018, 28f].

Die Rotunde ist eine Nachbildung der Grabrotunde der Grabeskirche in Jerusalem aus frühen 11. Jh. (siehe [MEISEGEIER 2017, 88f]) und kann demgemäß nicht vorher entstanden sein.

Die Substruktionen unter St. Michael, die heute irrtümlich als karolingische Krypta angesehen werden, sind natürlich im

Zusammenhang mit der Errichtung des Baus angelegt worden. Die beiden Kreisringfundamente mussten vermutlich wegen der Geländesituation so tief geführt werden. Eine Verfüllung schenkte man sich. Lieber hat man den entstandenen Hohlraum mit Gewölben überdeckt, wobei der Zentralraum dafür einer Mittelstütze bedurfte. Ob eine kultische Funktion des "Kellers" ursprünglich beabsichtigt war, ist schwer zu beurteilen. Der Zugang erfolgte anfangs ausschließlich von außen, was z. B. gegen eine Kultfunktion spricht. Erst mit der Überbauung durch den südlichen Kreuzarm kam der Zugang in das Kircheninnere.

Der Turm und das Langhaus sind vermutlich zeitgleich oder nur wenig später als die Rotunde errichtet worden. Die Kreuzarme im Süden und im Norden an die Rotunde sind nachträglich angefügt worden.
Wann die Rotunde für die Zweigeschossigkeit erhöht wurde, scheint nicht ganz klar zu sein. Der Treppenturm an der Ecke zwischen Rotunde und Südbau soll von einem Umbau der Barockzeit stammen. Möglicherweise sind die zweigeschossigen Anbauten im Süden und Norden sowie die Erhöhung der Rotunde für die Umgangsempore auf einen solchen Umbau in der Barockzeit zurückzuführen. Ihr frühromanisches Aussehen haben sie dann mit der Restaurierung des 20. Jh. erhalten.

Literatur

Oswald, Friedrich / Schaefer, Leo / Sennhauser, Hans Rudolf (1966-1971): Vorromanische Kirchenbauten. Katalog der Denkmäler bis zum Ausgang der Ottonen. München

Meisegeier, Michael (2017): Der frühchristliche Kirchenbau - das Produkt eines Chronologiefehlers. Versuch einer Neueinordnung mit Hilfe der HEINSOHN-These. BoD - Books on Demand, Norderstedt

Meisegeier, Michael (2018): Das Heilige Grab in Gernrode - alles klar, oder? Eine alternative Baugeschichte. BoD Norderstedt

Hildesheim, Dom St. Mariä Himmelfahrt - eine spannende Baugeschichte

Vor nicht allzu langer Zeit (24.05.2011) ging die Meldung durch die Tagespresse, dass bei Grabungen im Hildesheimer Dom das Fundament der ersten Hildesheimer Kirche aus dem Jahr 815 gefunden wurde.

Eine solche Meldung lässt natürlich aufhorchen, weil solche Entdeckungen auch immer ein Mosaiksteinchen zur Geschichte des frühen Kirchenbaus darstellen – sofern sie zutreffend interpretiert werden.
Karl Bernhard KRUSE, Diözesankonservator, bietet im Internet erste Ergebnisse der Grabung. Dieser Bericht ist offensichtlich auch in der Allgemeinen Hildesheimer Zeitung vom 06.11.2010 und 13.11.2010 veröffentlicht. Seinen Bericht beginnt er euphorisch: „In zwei deutschen Domen wird im Jahr 2010 gegraben, in Magdeburg und in Hildesheim. Während in Magdeburg nach dem ersten Dom gesucht wird und nebenbei kleine, aber spektakuläre Goldfunde gemacht werden, fahnden wir in Hildesheim unter anderem nach der ersten kleinen Kapelle Ludwig d. Frommen und haben nebenbei „nur" winzige Goldfäden aus längst vergangenen Gewändern Bischof Bertholds (1113-1130) in seinem Grab im Mittelschiff gefunden. Viel wichtiger und spannender als „Gold" sind jedoch die Befunde, die in den letzten Monaten im wahrsten Sinne des Wortes „ausgegraben" werden konnten." [KRUSE 2010].

Prinzipiell wird man ihm hier Recht geben müssen. Mit Magdeburg irrt er. Die Magdeburger Ausgräber suchen zwar immer noch ihren Gründungsbau, aber nur weil sie nicht wahrhaben wollen, dass sie ihn mit der Nordkirche bereits

74

gefunden haben. Sie klammern sich an Thietmar's Chronik und suchen die Moritzklosterkirche, die sie nicht finden können, weil sie eine Erfindung des Pseudepigraphen Thietmar ist. Doch zurück zu Hildesheim.

Grundlage für alle frühen Datierungen ist die *Fundatio ecclesiae Hildensemensis*, eine angeblich um 1080 niedergeschriebene Gründungsgeschichte des Bistums Hildesheim. Für das Jahr 963 ist die Reliquienübertragung des hl. Epiphanius überliefert. Sie erfolgte merkwürdigerweise nicht in den angeblich vorhandenen Dom, sondern in eine extra für die Reliquien errichtete Kapelle. Angeblich war nach der Bistumsgründung im Jahr 815 auf dem Domhügel zunächst nur eine Marienkapelle gebaut worden. Bischof Gunthar soll erst um 825 die erste Kathedralkirche errichtet haben.

Die Hildesheimer Bischofsliste kennt schon Anfang des 11. Jh. eine stattliche Anzahl von ehemaligen Amtsträgern im Bischofsamt. Für Hildesheim ist nach Wikipedia eine ungedruckte Bischofsliste in einem Sakramentar von 1014 überliefert, die die ersten 13 Bischöfe (von Gunthar 815?-834? bis Bernward 993-1022) auflistet, jedoch ohne Zählung. "Ohne Zählung" heißt m. E., dass die Episkopate der Bischöfe nicht bekannt sind. Die *Fundatio* zählt die Bischöfe ebenso nur auf, inklusive einer Ordnungszahl für die Reihenfolge der Amtszeit, jetzt bis zum 16. Bischof Azelin; eine Ergänzung bis zum 20. Bischof Bernhard I. Wohlgemerkt, die Aufzählung der Bischöfe in ihrer Reihenfolge enthält keine Jahreszahlen der Episkopate. Im Text der Fundatio sind nur zwei Jahreszahlen enthalten, das sind die Jahre 1077 und 1079. Diese beziehen sich aber nur auf die Wiederaufbau der Chorscheitelrotunde. Darüber hinaus enthält die *Fundatio* die Information, dass das Jahr 1079 für Hezilo das 26. Jahr seiner Ordination ist, d. h. dass Hezilo seit 1053 im Amt ist (Nach der offiziellen Bischofsliste ist das Jahr 1054 der Beginn der Amtszeit Hezilos.).
Ich halte alle diese Nachrichten für spätere Fälschungen bzw. Falschzuschreibungen (Pseudepigraphen).

75

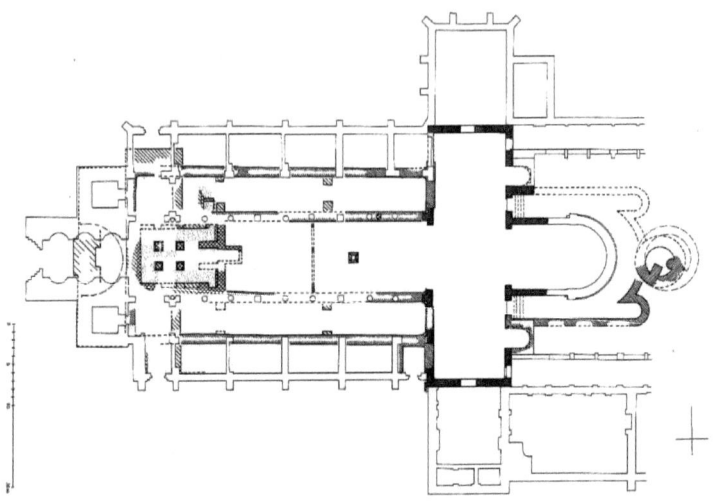

Grundriss nach BOHLAND aus [JACOBSON/SCHAEFER/ SENNHAUSER, 182]

Bisherige Rekonstruktionen der Baugeschichte

Ich beschränke mich auf die Baugeschichte bis zum 12. Jh. und auf die neueren Quellen:

Leo SCHÄFER/Friedrich OSWALD [OSWALD/SCHAEFER/ SENNHAUSER, 116ff]:

Bau I: Zwei Rundbauten übereinander, der ältere von 774-76, der jüngere als Kapelle Ludwig des Frommen (BOHLAND) bzw. als Bau unter Bischof Hezilo (ALGERMISSEN) angesprochen, westlich davon eine Rechteckanlage aus derselben Zeit (Annahme der Ausgräber ohne Befundangabe) SCHÄFER/OSWALD folgen eher ALGERMISSEN und sehen in dem älteren Rundbau die Kapelle Ludwig des Frommen.

Bau II: Kreuzförmige Basilika mit Westwerk (?) und Umgangskrypta (Altfriddom), Umgang im Untergeschoss an die ältere Rotunde angeschlossen. Durchgehendes Querhaus, eingezogenes Chorquadrum mit Apsis, Querhaus mit Apsiden, die außen rechteckig ummantelt waren, Kryptenumgang tonnengewölbt, Zugänge zwischen Chor und Querhausapsiden, erneuerter Zugang über dem nördlichen deutet auf Zweigeschossigkeit der Umgangskrypta hin, Kryptenumgang mit zwei Apsidiolen, Umgang ca. 1 m unter dem Niveau der Kirche, Innenkrypta aus den Quellen erschließbar, jedoch nur Durchgang im Chorscheitel gesichert, Mittelraum im Westbau ca. 1 m unter dem Niveau der Kirche, Zentralwestwerk (BOHLAND für Westchor über Krypta mit Vorhalle zwischen Turmpaar und Emporen über quadratischen Seitenräumen) Datierung: 852-872

Bau IIa: Neubau des Westabschlusses um 1022 bis 1035, Halbrunde große Nische zwischen Treppentürmen, im Scheitel Eingang, Rekonstruktion des Aufgehenden offen

Werner JACOBSON [JACOBSON/SCHAEFER/SENNHAUSER, 181ff]:

zu Bau I: Deutung als Marienkapelle nicht zweifelsfrei, vielleicht Rundbau nur ein Teil der Gründungsanlage, Achsabweichung gegenüber Bau II spricht für frühere Entstehung, kein Grund für Datierung vor 815

zu Bau II: Kryptenumgang laut *Fundatio* zweigeschossig, Umgang bezog im Untergeschoss die ältere Rotunde offenbar als Scheitelkapelle ein

zu Bau IIa: Trennung von Bau II als separate Bauphase durch doppelte Fundamenttiefe, die massiven, breitgelagerten Turmfundamente und vor allem durch die Pfeilerbasen und Sockel der Westkrypta aus Platte und Schräge, welche sicher erst dem 10. Jh. zugewiesen werden können. Deutung des Baues als Westwerk problematisch, Lage des Vierstützenraumes 1 m unter Langhausniveau spricht für

77

BOHLANDs Deutung als Krypta, darüber ein Westchor zu vermuten, flankiert von Türmen, jetzt erst Schwibbögen in den Seitenschiffen und Arkadengliederung (3 Säulen/Pfeiler/3 Säulen), jetzt erst Schranke im Mittelschiff und ostwärtiges "Kreuz"-Fundament, Datierung: 10. Jh. (am ehesten mit Epiphanius-Translation 962 in Verbindung zu sehen)

Bau IIb: Westbau mit Türmen und Paradies nach Aufgabe der Westkrypta, Datierung: nach Brand 1013

Karl Bernhard KRUSE [KRUSE 2000]
(Nummerierung der Bauten durch Verf.)

Bau I: Kaiserkapelle Ludwig des Frommen um 815 bestehend aus Langhaus, Chor mit Apsis und Scheitelkapelle

Bau II: Dom des Bischof Gunthar um 820. Lage südöstlich des heutigen Doms. Dreischiffige Basilika mit Westquerhaus und zwei hohen Türmen. (Phantasierekonstruktion ohne Baubefunde! – MM)

Bau III: Altfriddom 852-872. Dreischiffige Basilika mit durchgehenden Querhaus, Ostkrypta mit Außenumgang, Seitengänge in Apsidiolen endend, Umgang führte zur bestehenden Scheitelkapelle (Bau I), Westchor, darunter Krypta, zwei quadratische Westtürme nördlich und südlich des Westchores

Bau IIIa: Umbau der Westkrypta und Errichtung einer Vorhalle unter Bischof Bernward um 1015

Bau IIIb: Umbau des Westbaus durch Bischof Godehard. Aufgabe der Krypta für Westeingang, Atrium mit zwei zusätzlichen Türmen. Datierung: 1022-1035

Bau IV: unvollendeter Neubau unter Bischof Azelin 1046-1054. Dreischiffige gewestete Basilika mit Querhaus, an diesem nach Westen orientierte Querhausapsiden, Krypta unter Chor und Vierung, im Osten noch der Westbau Godehards (gem. Plan 8 auf S. 18)

Bau V: Neubau unter Bischof Hezilo 1055-1061 unter Verwendung der Fundamente und der noch stehenden Reste des Altfrieddoms und des Godehard-Westbaus. Aufgabe des Azelindoms. Grundriss wie Altfrieddom, d. h. dreischiffige Basilika, Ostkrypta unter Hochchor. Erweiterung der Krypta in die Vierung, Kryptaumgang außen als Zugang zur Scheitelkapelle, diese neu errichtet (ab 1078). Jetzt ausgeschiedene Vierung. Verlegung der „Konfessio" unter den ehemaligen Kreuzaltar (im Langhaus? – MM), Weihe 1061.

Bau Va: Neubau der Apsis und Errichtung Domkreuzgang durch Bischof Berthold 12. Jh., Hochchor mit neuen inkrustierten Gipsestrich ausgestattet.

Karl Bernhard KRUSE [KRUSE 2010]:

Bau I: Kapellenbau im Bereich des Chores und der Vierung. Keine Scheitelkapelle! Im Bereich des Mittelschiffs ehem. Friedhof. Grundrissrekonstruktion der Kapelle wegen der laufenden Grabungen noch nicht möglich. Datierung: um 815

Bau II: Gunthardom, um 820, südöstlich der Kaiserkapelle. Ostabschluss „wahrscheinlich dreifach gegliedert". „Der südliche Chorbereich ragt etwas über das Mittelschiff hinaus." „Einschiffiges Langhaus" oder „Mittelschiff mit zwei sehr schmalen Seitenschiffen"

Bau III: Altfriddom 852-872. Dreischiffige Basilika, „durchlaufendes Querhaus mit zwei Kapellen neben dem eingezogenen Chor mit halbrunder Apsis", Vierung leicht erhöht, Westabschluss unklar, Umgangskrypta mit zwei Apsidiolen und runder Scheitelkapelle, Das Aussehen der inneren Krypta unbekannt. „Es gab hier jedoch einen Raum, denn der heute wieder vermauerte Zugang genau im Ostscheitelpunkt ... gehört in die Zeit der Mitte des 9. Jahrhunderts." Scheitelkapelle und Umgangskrypta doppelgeschossig (rekonstruiert aus ergrabenen

Fundamenten in der Scheitelkapelle, auf denen KRUSE eine Stützenstellung annimmt)

„Confessio im Mittelschiff vor der Vierungskrypta". „Dieser Vorgängerbau der Confessio aus der Mitte des 9. Jahrhunderts ragte aus dem Fußboden mit einem unbekannten Aufbau heraus und war von einer Chorschranke geschützt."

Quadratischer Schacht im Mittelschiff, vermutlich für ein größeres Taufbecken.

Bau IIIa: Unter Bischof Godehard Neubau des Westbau

Bau IV: Nach Brand 1046 Neubau unter Bischof Azelin westlich anschließend an den Westbau des beschädigten Altfriddoms . „Dreischiffige Basilika mit ausgeschiedener Vierung, Querschiff mit zwei Apsidenkapellen und einem Chor mit Apsis über einer großen Krypta", „Ob die Vierung ... auch schon vollständig mit einer Krypta unterbaut war oder nur einen Vorraum zur Chorkrypta hatte" ist noch unklar.

Bau V: Aufgabe des Neubaus von Azelin und Wiederaufbau des geschädigten Domes durch Bischof Hezilo unter Verwendung der noch stehenden Reste des Altfriddomes (Querhaus und Chor) und dem Westbau Godehards. „Für das größere Domkapitel hat er die Vierung und den Chor zusammengefasst und darunter die bis heute bestehende einheitlich gewölbte Krypta eingebaut." Weihe 1061 Baubeginn der Scheitelkapelle 1079 durch Bischof Hezilo. Die Verbindungsmauern der neuen Scheitelkapelle zur Innenkrypta angeblich ergraben.

Aktuelle Grabungsergebnisse (soweit veröffentlicht):

Grabungsergebnisse im Kirchenschiff der profanierten Antoniuskirche südöstlich des Doms (Bistum Hildesheim Nachrichten 04.02.2011 u. a.):

Grabung auf einer Fläche von ca. 150 m², bis 3,50 m tief. Freigelegt wurden Fundamente verschiedener Vorgängerbauten.

Ergraben wurde angeblich der Gunthardom aus dem 9. Jh., einst 14 m breit, Fundamente 1,4 bis 2m dick sowie Reste eines karolingischen Kreuzgangs im Norden des Gunthardoms. Der Dom hatte einen geraden Ostabschluss (keine Apsis). Chor zum Kirchenschiff nach Vermutung der Ausgräber mit einem steinernen Triumpfbogen abgeschlossen, worauf entsprechende Fundamentreste schließen lassen.

Grabungsergebnisse im Hildesheimer Dom im Bereich der Krypta (Bistum Hildesheim Nachrichten 27.04.2011 u. a.)

Im Bereich der heutigen Domkrypta wurden Fundamente eines Vorgängerbaus gefunden und zwar „einen innen etwa sechs auf sechs Meter großen Saal mit einer anschließenden Halbkreisapsis. Die Fundamente für diese kleine Kirche sind ungewöhnlich stark aus großen, gebrochenen Sandsteinen mit einem Mauerkern in Lehmmörtel. Eine verfüllte Grube zeigt in der Ostapsis den Standort des allerersten Altares an, der von einem jüngeren Altarfundament überbaut worden ist." [http://www.domsanierung.de/de/pm_krypta]

Im Video auf YouTube „Grabungen in der Krypta des Domes: Auf der Suche nach dem Ursprung des Bistums" wird der Verlauf der aufgefundenen Fundamente im Grundriss des Altfriedbaus gezeigt. Danach verlaufen diese innen exakt entlang der Chormauern des Altfriedbaus. Der zu diesen Fundamenten gehörende Bau wurde später abgebrochen und neu überbaut. Diese Überbauung wird dem Altfriedbau (852-872) zugesprochen. Die aufgefundenen Fundamente weisen die Ausgräber der Kapelle Ludwig des Frommen zu. In der Chorkrypta wurden auch die Spannfundamente für die Pfeiler oder Säulen der Kreuzgratgewölbe ergraben. Unter der Vierung gab es noch keine Krypta, sie wurde erst durch Hezilo um 1060 errichtet. Somit „Mitte des neunten Jahrhunderts im Hildesheimer Dom drei Kryptenräume mit vier gewölbetragenden Stützen".

Nach dem Dombrand 1046 baute Bischof Hezilo 1079 auf den alten Grundmauern eine neue Rundkapelle und verband sie mit zwei Verbindungsmauern mit der neuen Krypta seines Domes. „Von dieser Kapelle konnten wir nur die Verbindungsmauern ergraben", erklärt KRUSE.

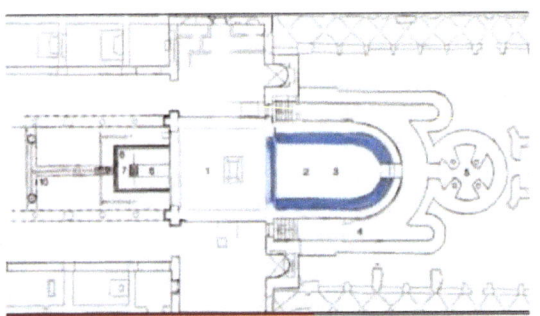

Ausschnitt aus dem Video auf YouTube mit Kennzeichnung der ergrabenen Fundamente

Als *terminus post quem* für die Errichtung eines monumentalen Kirchenbaus sehe ich generell die Erhebung des Katholizismus zur Reichsreligion und die damit verbundene die Begründung der Reichskirche durch Justinian I. (945-983 u. Z.). Das bedeutet, dass kaum vor 950 u. Z. mit einem Kirchenbau begonnen werden konnte - eher deutlich später. Weiterhin ist sicher zu beachten, dass in der Katastrophe um 940 fast sämtliche vorhandene Bauten als auch die Infrastruktur zerstört worden sind. Bis für einen Dombau die erforderliche Infrastruktur (Bauleute, Material, Transport etc.) wieder geschaffen war, dürften einige Jahre/Jahrzehnte ins Land gegangen sein, auch wenn man die Verwendung von vorhandenem Baumaterial aus den zerstörten Bauten (Spolien) berücksichtigt. Damit dürfte real vor der Jahrtausendwende kein Kirchenbau existiert haben.

Für mich stellte sich die Frage, ob bei Loslösung von der „Vorgabe" der *Fundatio* auf der Grundlage der vorhandenen Rekonstruktionen inklusive der aktuellen Grabungsergebnisse eine realistischere Rekonstruktion der Baugeschichte möglich sein wird? Ich denke schon.

Welche Anhaltspunkte für eine zeitliche Einordnung haben wir? Ich sehe mehrere solche:

Der Grundriss des sogenannten Altfridbaus - insbesondere der Ostabschluss mit der Außenkrypta - ähnelt auffällig dem Grundriss des Halberstädter Doms. Es liegt nahe – auch wegen der räumlichen Nähe – beide Bauten etwa zeitgleich bzw. zeitnah anzusehen. In meinem Aufsatz zu Halberstadt habe ich eine Rekonstruktion der Baugeschichte des Halberstädter Doms vorgeschlagen, die den nachträglichen Anbau der Außenkrypta in der 1. Hälfte des 12. Jh. sieht. Für die Errichtung der Hildesheimer Außenkrypta, die hier sicher zur ursprünglichen Baulösung gehörte, dürfte frühestens eine Datierung an das Ende des 11. Jh. in Frage kommen. Ähnliche Kryptenanlagen in Flavigny und St-Philibert-de-Grand-Lieu – die von CLAUSSEN einer Gruppe von spätkarolingischen Umgangskrypten zugeordnet werden - sind von der Kunstgeschichte schon länger dem 11. Jh. zugewiesen worden. Auch die Anlagen von Corvey und Auxerre dürften dem späten 11. Jh. bzw. frühen 12. Jh. zuzuschlagen sein. Die erste Scheitelkapelle ist sicher zeitgleich oder kurz nach dem Bau des Kryptenumgangs erbaut worden, womöglich als Gründer- oder Stiftergablege in der Nähe des Heiligengrabes.

Es gibt m. E. einen weiteren Hinweis auf eine spätere Bauzeit des Altfriedbaus. KRUSE [2000, 12] ordnet dem Altfriedbau die ergrabene Westkrypta zu. JACOBSON [181ff] kreiert aus diesem Grund eine spätere Bauphase (Bau IIa), da Pfeilerbasen und Sockel der Westkrypta aus Platte und Schräge erst dem 10. Jh. zugewiesen werden können. M. E. ist dieses spätere Datum noch zu früh. Vielleicht noch ein Hinweis: Der von BOHLAND, JACOBSON und KRUSE rekonstruierte Westbau mit Westkrypta, darüber liegendem

Chor und seitlichen Türmen gleicht auffallend dem in der 1. Hälfte des 12. Jh. begonnenen Neubau des Magdeburger Doms (Südkirche).

Angeblich nach dem Brand von 1046 soll zunächst Bischof Azelin (1044-1054) mit einem Domneubau begonnen haben. Diesen erbaut er in Verlängerung der Längsachse westlich des bestehenden Baus mit Nutzung des alten Westbaus als künftigen Ostabschluss (Chorflankentürme wie die Neubauten in Magdeburg und Merseburg). Damit konnte der Altbau zunächst weiter genutzt werden.

Chorflankentürme sind kaum vor 1100 anzutreffen, ein weiterer Hinweis auf die mögliche Errichtungszeit. Die Datierung um die Mitte des 11. Jh. wird damit natürlich eliminiert.

Der Neubau Azelins ist eine gewestete Kirche. Ich sehe diesen Kirchenbau gleichzeitig mit anderen bekannten gewesteten Kirchenbauten, wie die Nordkirche in Magdeburg, den Mainzer Dom, die Fuldaer Ratgarbasilika und vermutlich auch den Kölner Dom. Die Bistümer Magdeburg, Mainz und Köln bekannten sich mit diesen, den Grundriss von Alt-St.Peter in Rom imitierenden Bauten demonstrativ zur römischen Kirche, dem Papsttum. Alle drei wurden von Rom mit dem Ehrentitel Erzbistum "belohnt". Ich gehe davon aus, dass auch das Bistum Hildesheim um diesen Titel warb, diesen jedoch letztendlich nicht bekam, wie Fulda auch. In Fulda stand vermutlich Mainz im Wege, in Hildeheim vermutlich der oberste Kirchenherr der sächsischen Landeskirche, der Herzog von Sachsen. Die "römischen Kopien" in Magdeburg, Fulda und Mainz datiere ich in die Zeit Ende des 11. Jh./ Anfang des 12. Jh. Für den so genannten Azelin-Bau in Hildesheim kommt nur eine ähnliche Datierung in Betracht.

Der südöstlich des Doms ergrabene Grundriss, der von den Hildesheiner Ausgräbern als Gunthardom angesprochen wird, dürfte der erste Dombau in Hildesheim gewesen sein. Der Bau war nach den Grabungsergebnissen ein Saalbau mit einem gerade geschlossenem Chor. Er ist damit vor dem Altfridbau einzuordnen. Ich sehe dessen Errichtung frühestens um die Mitte des 11. Jh.

Die Zuweisung der kürzlich innerhalb des Grundrisses des Altfriedbaus ergrabenen Fundamente als solche eines älteren, ehemals isoliert stehenden Baus sehe ich problematisch. Die Fundamentbreite bis zu zwei Meter spricht für eine beachtliche Mauerstärke, die für einen kleinen Saalbau völlig überdimensioniert erscheint. Verständlich wäre eine solche Mauerdicke bei einer Überbauung durch einen Chor oder für die Aufnahme von horizontalen Lasten bei einer Wölbung, wobei letzteres sicher ausgeschlossen werden kann. Da genauere Angaben zu dem Grabungsbefund nicht vorliegen, kann an dieser Stelle nicht mehr dazu ausgesagt werden. Ich denke, dass diese Fundamente zu dem sogenannten Altfridbau gehören.

Im Ostscheitelpunkt des sogenannten Altfridbaus wurde ein vermauerter Durchgang nachgewiesen. Aufgrund dessen geht KRUSE von einer Innenkrypta unter dem Hochchor aus, deren Gestaltung jedoch offen ist. Die jüngst ergrabenen Spannfundamente lassen ihn an einen Vierstützenraum denken. KRUSE sieht für den Altfridbau insgesamt drei Vierstützenräume die er für einmalig in dieser frühen Zeit hält - die Innenkrypta, die Westkrypta und vermutlich die Scheitelrotunde.
Ob die kleine Innenkrypta wirklich schon zum Ursprungsbau gehörte, ist fraglich. In Halberstadt ging vom Scheitelpunkt des Kryptenumgangs ein stollenartiger Gang nach Westen zu einem Heiligengrab unter dem Hochchor. Unmittelbar westlich der Vierung im Mittelschiff verortet KRUSE einen "Vorgängerbau der Confessio" aus der Bauzeit des Altfriddoms, der bis zur Kriegszerstörung unter dem Kreuzaltar vor dem Lettner vorhanden gewesen sein soll. Lag das Heiligengrab oder die Reliquienkammer vielleicht so weit im Westen? Ging der Stollen vom Apsisscheitel bis dorthin? Oder wurde die Reliquienkammer erst mit dem Bau der Vierungskrypta dort angelegt, was vielleicht eher zutreffen

85

könnte. In diesem Fall hätte sich KRUSE mit der Datierung dieses Einbaus wohl geirrt.

KRUSE ordnet die Innenkrypta (Vierstützenraum) dem Ursprungsbau zu und sieht den Zugang zu dieser über die Außenkrypta, da er aufgrund des vermauerten Durchgangs im Apsisscheitel auf die Innenkrypta schließt. Diese Zugangslösung wäre auf jeden Fall sehr ungewöhnlich. Mir fällt dazu kein Vergleichsobjekt ein.

Nach meiner Auffassung wird die Innenkrypta erst später angelegt. Der Zugang erfolgte sicher vom Kircheninneren. Der ehemalige Durchgang von der Außenkrypta wurde vermauert. Die Außenkrypta diente danach ausschließlich noch dem Zugang zur Scheitelkapelle. Die Erweiterung der Krypta bis unter die Vierung ordne ich einem späteren Umbau zu. Die Würfelkapitelle mit den Hirsauer Nasen können schwerlich vor dem 12. Jh. datiert werden.

Eine erneuerte Türöffnung über dem nördlichen Eingang zum Kryptenumgang deutet möglicherweise auf eine Doppelgeschossigkeit des außen liegenden Apsisumgangs hin. KRUSE rekonstruiert für die Scheitelkapelle eine Stützenstellung und denkt für diese an eine Zweigeschossigkeit. JACOBSEN entnimmt die Zweigeschossigkeit des Kryptenumgangs aus dem Text der *Fundatio*, sieht den Zugang zur Scheitelkapelle jedoch nur vom Untergeschoss. Ursprünglich hatte KRUSE aufgrund einer Verdickung des Umgangsfundaments zum Querhaus hin eine Doppelgeschossigkeit nur im Winkel zwischen Querhaus und Chor angenommen. Mit seiner jüngeren Rekonstruktion einer doppelgeschossigen Scheitelkapelle sieht er jetzt die Doppelgeschossigkeit für den gesamten Chorumgang. Da ich für die Scheitelkapelle ein oberes Geschoss ausschließe, kann das Obergeschoss des Kryptenumgangs nur dem Zugang zum Altarraum und vielleicht der Anlage eines gesonderten Raumes (Sakristei) gedient haben. Damit wäre die ursprüngliche Rekonstruktion KRUSEs der Doppelgeschossigkeit nur in den Winkeln zwischen Querhaus und Chor durchaus denkbar. Auch für Halberstadt war ursprünglich eine Doppelgeschossigkeit des Apsisumgangs angenommen worden. In meiner Rekonstruktion zu Halberstadt führten die in Chorhöhe erkennbaren Türöffnungen zu Chornebenräumen (Sakristei, Schatzkammer) über dem Apsisumgang, der nur in diesem Bereich zweigeschossig war.

Nach der traditionellen Baugeschichte soll Bischof Hezilo (1054-1079) die Neubaupläne seines Vorgängers fallengelassen haben und sich für einen Wiederaufbau des abgebrannten sogenannten Altfridbaus entschieden haben. Ich gehe davon aus, dass das Projekt "Erzbistum" nicht erfolgreich war, weswegen der gewestete Bau aufgegeben wurde. Vermutlich war dieser Bau nicht fertiggestellt, vielleicht sogar nur in den Grundmauern angelegt. Der angebliche Brand des Altfridbaus sieht eher nach einer Schutzbehauptung für den gewünschten Neubau aus. Der Altfridbau war vermutlich sogar noch in Benutzung, weswegen ein Wiederaufbau fraglich ist.

Nach KRUSE [2000, 22] soll Hezilo die Innenkrypta in die Vierung erweitert sowie die Umgangskrypta, die bei der Weihe 1061 noch ohne Dach gewesen sein soll, und die Scheitelkapelle neu errichtet haben. Letztere soll erst 1078 begonnen worden sein und dazu mit alten Steinen. Wie oben bereits angeführt, wurde nach meiner Ansicht die kleine Innenkrypta nachträglich eingebaut. Die Erweiterung in die Vierung erfolgte später.

Nach KRUSE [2000, 24] ist im 12. Jh. nur die Apsis neu errichtet worden. Nach meiner Auffassung ist der Umbau des 12. Jh. in größerem Umfang erfolgt. Die Kapitelle in der Krypta sind Würfelkapitelle mit Schilden und den so genannten „Hirsauer Nasen". Der Baudekor der so genannten Hirsauer Bauschule kommt erst im 12. Jh. in allgemeine Verwendung. Das heißt für mich, dass zumindest die Kapitelle und das Kreuzgratgewölbe der Krypta im 12. Jh. erneuert wurden. Vermutlich wurden auch die Säulenschäfte in diesem Zusammenhang erneuert. Die Säulenbasen sind zwar noch ohne Eckzehen; sprechen damit aber nicht zwingend für eine ältere Bauzeit. Eckzehen kommen ungefähr ab 1130 in allgemeinen Gebrauch. Es ist möglich, dass die Krypta in ihrer heutigen Ausdehnung in der 1. H. 12. Jh. entstand. Bis dahin hat vielleicht der Vierstützenraum bestanden, den KRUSE aufgrund der jüngsten Grabungen rekonstruiert hat.

Die originalen Türgewände und Stucktympana der ehemaligen Zugänge zum Kryptenumgang sollen heute noch erhalten sein [KRUSE 2000, 10 und 12]. KRUSE datiert die Stucktympana um 872 [ebd., 11]. Das ist natürlich völlig abwegig. Skulptierte Tympana sind vor 1100 nicht zu finden. Stuckarbeiten sind in Gernrode, Quedlinburg und Halberstadt um die Mitte des 12. Jh. bekannt. Zumindest die Tympana gehören dem Umbau im 12. Jh. an. Der Umbau des 12. Jh. verzichtet auf die Außenkrypta, womit diese Türen zumindest später eine andere Funktion erhalten haben müssen, vielleicht als Eingang in die Krypta des 12. Jh.

Der ergrabene Kreuzgang ist natürlich auch nicht karolingisch wie KRUSE behauptet. Kreuzgänge sind erst wesentlich später üblich, im größeren Umfang erst im 12. Jh. Als frühesten Kreuzgang sieht ILLIG Tournus aus dem Jahr 1046 [203f], wobei ich auch diese Datierung für zu früh erachte.

Rekonstruktionsvorschlag für die Baugeschichte

Bau I:
Gunthardom. Saalbau mit gerade geschlossenem Chor. Baubeginn Mitte des 11. Jh.

Bau II (an anderer Stelle):
Altfridbau. Baubeginn um 1100. Dreischiffige Basilika mit Chorflankentürmen, Umgangskrypta und Scheitelkapelle, Westchor mit darunter liegender Krypta

Bau IIa:
Im Zusammenhang Bau II Neubau des Westbaus mit Aufgabe der Westkrypta, jetzt Westeingang mit Paradies und zusätzlichen Westtürmen (Planänderung).

Bau III:
Anfang des 12. Jh. Beginn Neubau einer gewesteten Kirche (Azelinbau) westlich in der Achse des Altfriddoms unter Verwendung des Westbaus von Bau IIa

Bau IIb:
1. Hälfte 12. Jh. (um 1120?) Aufgabe des begonnenen, nicht fertiggestellten Azelinbaus. Weiternutzung des Altfridbaus. Einbau der Innenkrypta. Neubau der Scheitelkapelle und des Kryptenumgangs.

Bau IIc:
Mitte des 12. Jh. Abbruch Scheitelkapelle inkl. Kryptenumgang. Neubau Apsis. Erweiterung der Innenkrypta bis unter die Vierung einschl. Erneuerung der Innenkrypta.

Nun stellt sich noch einmal die Frage nach der Bistumsgründung. Dass das Jahr 815 nicht diskussionswürdig ist, ist - denke ich - klar. Die Bistumsgründung dürfte in der 1. H. des 11. Jh. erfolgt sein. Dass bei der Bistumsgründung nur eine Marienkapelle errichtet wurde und kein Dom in Angriff genommen wurde, ist konstruiert. Die Nachricht zur Reliquientranslation 963 ist m. E. eine Fälschung späterer Zeit.
Der in Hildesheim verehrte Bischof Bernward dürfte eine Legende sein. Die Bronzetüren und die Bernwardsäule sind im 12. Jh. für den Umbau des 12. Jh. gefertigt worden.

Literatur

Illig, Heribert (2009): Fehlende Kreuzgänge und Benediktiner. Entwicklung von Bautyp und Orden. In: ZEITENSPRÜNGE 21 (1), 194-219

Jacobson, Werner / Schaefer, Leo / Sennhauser, Hans Rudolf (1991): Vorromanische Kirchenbauten. Katalog der Denkmäler bis zum Ausgang der Ottonen. München, Nachtragsband

Kruse, Karl Bernhard (2000): Der Hildesheimer Dom. Die Baugeschichte vom 9. Bis zum 20. Jahrhundert, Hannover

Kruse, Karl Bernhard (2010): Die Domburg Hildesheim vom 9. bis zum 11. Jahrhundert. Erste Ergebnisse der Grabung im Hildesheimer Dom. Hildesheimer Allgemeine Zeitung v. 06.11.2010

Oswald, Friedrich / Schaefer, Leo / Sennhauser, Hans Rudolf (1966-1971): Vorromanische Kirchenbauten. Katalog der Denkmäler bis zum Ausgang der Ottonen. München

Hildesheim, St. Michael - keine Gründung Bernwards

Als Höhepunkt ottonischer Kirchenbaukunst gilt St. Michael in Hildesheim.
Die traditionelle Baugeschichte sieht den Baubeginn unter Bischof Bernward (993-1022). Die Grundsteinlegung soll 1010 erfolgt sein. Schon 1015 soll die Krypta, im Todesjahr Bernwards 1022 dann die Kirche geweiht worden sein. Bernward soll in der Krypta bestattet worden sein.
Vor 1186, nach einem Brand, erfolgte ein erster Umbau der Klosterkirche, anlässlich dessen die Langhaussäulen ausgewechselt und die Stuckdekoration mit den Seligpreisungen angebracht worden sind.

Gemäß einer Weiheurkunde wurden 1186 alle wichtigen Altäre konsekriert, "neben dem Hochaltar im Westchor der Kreuzaltar am Ostende des Langhauses sowie der Johannes dem Täufer geweihte im Ostchor" [LUTZ, 43].

1192 wird Bischof Bernward heiliggesprochen. Danach Umbau des Westchores, Erweiterung der Krypta und neue Chorschranken mit Stuckreliefs. Um 1225/30 wurde die bemalte Flachdecke im Langhaus eingebracht.

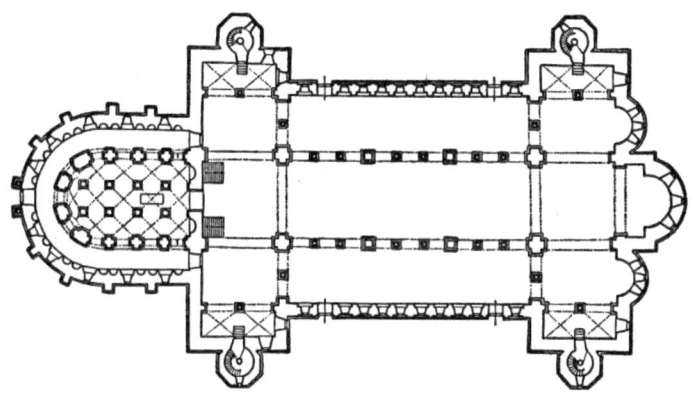

Hildesheim, St. Michael. Grundriss aus [JANTZEN, 17]

St. Michael soll die erste nachweisbare ausgeschiedene Vierung der Baugeschichte besitzen [LUTZ, 22]. Diese Aussage würde, vorausgesetzt die traditionellen Datierungen beider Bauten wären korrekt, der Rekonstruktion der ausgeschiedenen Vierung in Gernrode widersprechen (siehe Gernrode, St. Cyriakus).
Auch soll hier zum ersten Mal der niedersächsische Stützenwechsel nachweisbar sein. [LUTZ, 24]
Als weitere neue Motive nennt SCHOLKE das Würfelkapitell in einem Hauptraum und Ecksporen an den Säulenbasen [SCHOLKE, 200].

Spätestens an dieser Stelle sollte man stutzig werden. So viele Innovationen an einem Bau? Die Wahrscheinlichkeit spricht dagegen.

Dieses Phänomen ergibt sich folgerichtig durch den deutlich zu früh angesetzten Baubeginn von St. Michael. Bei einer späteren Einordnung des Baus sind die o. a. Innovationen alle keine mehr. Da das gebundene System in St. Michael noch nicht konsequent ausgebildet, d. h. die Seitenschiffe sind noch breiter als die halbe Mittelschiffsbreite, die Querhausarme und das sehr kurze Ostchorjoch entsprechen noch nicht den Langhausquadraten, dürfte der Baubeginn etwa um 1100 anzusetzen sein.

Um diese Zeit beginnen sich das gebundene System und die ausgeschiedene Vierung in der Architektur des Kirchenbaus durchzusetzen. Bei einer Korrektur der Baudaten entfällt auch das erstmalige Vorkommen des niedersächsischen Stützenwechsels. Ab ca. 1130 sind Ecksporne/Eckzehen an den Säulenbasen fast die Regel. Würfelkapitelle sind ab 1100 ebenfalls zunehmend anzutreffen, so in dem um 1100 begonnenen und 1129 geweihten Langhaus der Stiftskirche in Quedlinburg (siehe [MEISEGEIER 2019, 86ff]).

Besonders beeindruckt in der Michaeliskirche die Klarheit der Architektur und die Zurückhaltung im Bauschmuck an den frühesten Baugliedern. Diesen Purismus der Architektur und der Schmuckformen und die fast klassischen Proportionen des Baus finden wir ebenso bei den etwa gleichzeitigen Reformordenbauten.

Dass ein Brand den Austausch der Langhaussäulen auslöste, ist zumindest in Frage zu stellen. Eher ist mit dem Baufortschritt eine geänderte Baugesinnung nach der Mitte des 12. Jh. anzunehmen, die nach einer reicheren Ausschmückung verlangte.

Nach meiner Meinung wurde der Bau gleichzeitig im Osten und Westen begonnen, d. h. Ost- und Westquerhaus einschließlich Ostchor mit Apsis sowie dem unbekannten Westabschluss. Diese Bauteile sind etwa gleichzeitig. Das Mittelschiff wurde danach von Osten beginnend dazwischen gebaut, womit das Mittelschiff zwangsläufig der spätere

Bauteil war. Die beiden östlichen Arkadensäulen der Nordseite entstammen noch der ursprünglichen, asketischeren Gesinnung.
Ich sehe 1186 die Weihe des Gesamtbaus.

Die Errichtung des Westchors und der Krypta gehören sicher in den Kontext der Vorbereitung der Heiligsprechung von Bischof Bernward, die 1192 erfolgte.
Wie der ursprünglich vorgesehene Westabschluss erfolgen sollte ist unbekannt. Entgegen der Meinung der Forschung war der Bau mit Sicherheit geostet, d. h. der Hauptchor lag im Osten. Die Errichtung des Westchors, auch wenn dieser größer dimensioniert ist, ändert nichts an der Ostung des Hauptaltars. LUTZ erwähnt, dass der Kreuzaltar am Ostende des Langhauses stand, was auf die Ostung klar hinweist.

Vermutlich war der in der Weihenachricht erwähnte und Johannes dem Täufer geweihte Altar im Ostchor nicht der Hauptaltar. Möglicherweise war in der Weihenachricht ein weiterer Altar im Osten gemeint, z. B. in einer Nebenapsis. Der Hauptaltar müsste eigentlich ein St.-Michael-Altar sein. Schließlich ist der Bau eine Michaeliskirche. Dass der Michael-Altar im Westchor stand, ist eher unwahrscheinlich.

Ob ursprünglich überhaupt ein Westchor vorgesehen war, der Bau also von vorn herein doppelchörig konzipiert war, ist sehr zweifelhaft. Klosterkirchen waren in aller Regel nicht doppelchörig. Eher ist mit einer Eingangssituation im Westen zu rechnen.
Erst mit der Errichtung der Bernwardkrypta und dem darüber angeordneten Westchor wurde der Bau doppelchörig. Da der Westchor der Verehrung von St. Bernward diente, wird der Altar des Westchors ihm geweiht gewesen sein.

Die Planänderung dürfte um 1160 erfolgt sein. Womöglich markiert diese der in den Quellen erwähnte Brand von 1162.
Übrigens entspricht das spätere Westchorjoch genau einem Mittelschiffquadrat. Zu dieser Zeit hatte sich im romanischen Kirchenbau allgemein das gebundene System durchgesetzt.

Da die Bernwardkrypta auf demselben Niveau wie das Langhaus errichtet wurde, also dem gegenüber nicht eingetieft war, sollte vermutlich der Bau ursprünglich gar keine Krypta erhalten, wie die zeitgleichen Reformordenbauten i. d. R. auch keine Krypta hatten

Erst mit der Entscheidung, eine Pilgerstätte für Bischof Bernward zu errichten, entschied man sich für den erweiterten Westbau mit Westchor und -krypta. (Möglicherweise hatte man das Problem, dass von den Heiligen St. Michael und St. Johannes keine Reliquien "zum Anfassen" verfügbar waren, weshalb man einen regionalen Heiligen benötigte.)

Die Krypta erinnert mit ihrem äußeren Umgang an die Umgangschöre, besonders beliebt bei Pilgerkirchen. Die Krypta war ursprünglich durch eine Öffnung hinter dem Marienaltar mit dem Kirchenraum verbunden [LUTZ, 19]. Möglicherweise eine Reminiszenz an die frühere Fenestella einer Confessio-Anlage.
Das Ansinnen, eine viel besuchte Pilgerstätte mit dem Grab des Bischofs Bernward zu schaffen, ist offensichtlich. Für das reine Andenken hätte eine kleine Gruft sicher genügt.
Die halbrunden Nischen im Kryptaumgang erinnern an den Kapellenkranz spätromanischer Umgangschöre.
Der Rundbogenfries an Westchor und -apsis sowie der Bauschmuck der Apsisfenster weisen sogar in die späte Romanik.

Relativ kurz nach der Weihe der Klosterkirche erwies sich offensichtlich die Fläche des Westchors als zu klein. Man erweiterte die Westchorfläche, indem man eine Art Empore in der Vierung des Westquerhauses errichtete.
Die Forschung spricht dabei von einer Erweiterung der Krypta, was der Autor jedoch anzweifelt. Der bisherige Westabschluss der Krypta mit den drei Halbrundnischen, in deren mittlerer noch heute der Marienaltar steht, blieb anscheinend bestehen. Der Unterbau der Empore war zum Querhaus nach Süden und nach Norden geöffnet. Als Ostabschluss wird von der Forschung ein Lettner rekonstruiert. Da der unter der Empore

entstandene Raum keinen Abschluss nach den Seiten und keine Verbindung zum Chor hatte, macht ein Lettner auf der Ostseite eigentlich keinen Sinn. Man verweist hierbei auf den Naumburger Dom. Dort haben wir es aber mit einer echten Erweiterung der Krypta zu tun. Der Zugang zur Krypta erfolgte nach der Erweiterung durch diese. Durchgänge verbanden die ältere Krypta mit der jüngeren Erweiterung.

Eher ist als Ostabschluss des Westchores ebenfalls eine Chorschranke oberhalb der Stützenebene, möglicherweise mit einer Art Ambo, zu rekonstruieren.

Die Außenseiten der Chorschranken waren nach Norden und Süden mit qualitätvollen Stuckreliefs (ähnlich der Liebfrauenkirche in Halberstadt) geschmückt, wovon die Nordseite erhalten ist. Diese Baumaßnahmen und die Stuckreliefs werden nach 1192 datiert.

Der Sarkophag Bernwards, zumindest der skulptierte Deckel und die Inschrift auf dem Sarkophagrand entstammen mit Sicherheit erst dem ausgehenden 12. Jh., auch wenn in der Vita Thangmars behauptet wird, dass noch Bischof Bernward den Bildschmuck entworfen haben soll. "Die Verwendung eines Grabsteins mit plastischem Bildprogramm ist für diese Zeit ähnlich außergewöhnlich wie das gesamte Programm." [LUTZ, 21] Unverständlicherweise trotzdem kein Zweifel an der zu frühen Datierung.

Überrascht ist LUTZ über das Vorhandensein einer zusätzlichen Grabplatte, die von der Kunsthistorik in das 12. Jh. datiert wird [LUTZ, 21]. Denkbar ist, dass diese Platte im Westchor über dem Grab in der Krypta angeordnet war, und dort die Stelle des Bernward-Grabes markierte. Mit der Erhebung der Gebeine in den Westchor, ein Vorgang der allgemein in den Kirchen im 13. Jh. erfolgte, wurde die Grabplatte als Objekt der Verehrung nicht mehr benötigt.

Ein Teil der Forschung geht davon aus, dass die Bronzetür, die heute im Dom zu bewundern ist, ursprünglich zu St. Michael gehörte. Dort soll sie entweder im Südseitenschiff oder aber im Westzugang zum Kryptenumgang ihren ursprünglichen Standort gehabt haben (Wikipedia). LUTZ verweist darauf, "dass das Programm der Tür eine besondere Betonung der Muttergottes aufweist" und darum besser zum Dom passt, dessen Patronin Maria ist [34]. Anzumerken ist dabei, dass die Krypta von St. Michael ebenfalls Maria geweiht war.

Nach meiner Auffassung sind die Bronzetüren in Hildesheim, aber auch die in Augsburg (trad. 995/1006), traditionell viel zu früh datiert.

Die Bronzetür und die heute in der Michaeliskirche aufgestellte Christussäule gehören beide in das 12. Jh. Die puristische Ausgestaltung des Gründungsbaus von St. Michael lässt die Gleichzeitigkeit des Baus und der Bronzekunstwerke einfach nicht zu. Bei der Einbauvariante "Kryptenumgang" würde die Zeitstellung dagegen passgenau sein.

Die Bronzetüren in Hildesheim als auch in Augsburg sind mit Sicherheit etwa zeitgleich mit den Bronzetüren in Gnesen (1160/80), San Zeno in Verona (1175), Dom zu Pisa (1180) und Nowgorod (nach 1152/54).

Auch die Werke der ottonischen Kleinkunst, wie in Hildesheim das so genannte silberne Bernwardkreuz und die silbernen Bernwardleuchter sind alle zu früh datiert. Sie gehören trotz der Inschriften auf dem Kreuz und den Leuchtern in das späte 12. Jh. Vermutlich wollte man bei der Heiligsprechung Bernwards auch einige "originale" Artefakte vorweisen können.

Wie kam es zu der Fehldatierung und der damit falschen Rekonstruktion der Baugeschichte?

Die Zuschreibung zu Bischof Bernward wird aus der Lebensbeschreibung seines Lehrers Thangmar entnommen.

Wikipedia: "Die Vita Bernwardi episcopi Hildesheimensis ist die Lebensbeschreibung des Bischofs Bernward von Hildesheim († 20. November 1022).

Als Autor nennt sich der Scholaster an der Hildesheimer Domschule Thangmar (* 940/950, † 25. Mai vor 1007). Zumindest für Teile des Textes ist dessen Urheberschaft gesichert, andere Teile wurden möglicherweise später hinzugefügt.

Die Vita Bernwardi ist eine der wesentlichen Quellen für die Geschichte der letzten Jahre der Liudolfinger. Als solche, aber auch in textgeschichtlicher Hinsicht findet sie ihre Fortsetzung in Wolfheres Lebensbeschreibungen von Bernwards Nachfolger Godehard."

"Allerdings liegt uns dieser Text in einer Überarbeitung des späten 12. Jahrhunderts vor, als man im Hinblick auf die Heiligsprechung die Vorlage des frühen 11. Jahrhunderts entsprechend umarbeitete und ergänzte." [LUTZ, 6]

Die Lösung des Rätsels liegt auf der Hand: Die Vita Bernwardi wurde im späten 12. Jh. erst geschaffen. Wir haben es hier wieder mit einem Pseudepigraph zu tun. Die Forschung ist auch hier einer Fälschung aus dem 12. Jh. auf den Leim gegangen.

Wie die Geschichte insgesamt, so wurde auch die Geschichte der Bistümer und Kirchenbauten im 12./13. Jh. erst geschaffen. Das heißt, dass auch die Geschichte der einzelnen Bistümer mit den dort enthaltenen Informationen zur Baugeschichte der Kirchenbauten konstruiert ist. Der Glaube, über genaue Kenntnisse zur Bistums- und Baugeschichte der Kirchenbauten zu verfügen, ist ein Irrglaube. Das betrifft alle Bauten vor dem 12. Jh., möglicherweise bis zur Mitte des 12. Jh. Erst danach wird die überlieferte Baugeschichte glaubwürdiger.

Was ist mit den Inschriften und den Baunachrichten in den Quellen, wonach der Bauprozess "vergleichsweise gut dokumentiert" sein soll? [LUTZ, 10]

Ein 1908 gefundener so genannter Grundstein trägt die Jahreszahl 1010. Die Forschung geht überwiegend davon aus, dass damit der Beginn des Hochbaus markiert ist [LUTZ, 7]. Der "Grundstein" ist mit Sicherheit nicht zeitgenössisch, sondern eine spätere Zutat. Eine AD-Datierung kurz nach der Jahrtausendwende ist einfach nicht möglich. Die Zeitrechnung nach u. Z., der die AD-Datierung entspricht, wurde erst später geschaffen. Diese "Jahreszahl" auf dem Stein ist eine spätere "Rückrechnung" bzw. eine Erfindung im Zusammenhang mit der Konstruktion der Bau- und Bistumsgeschichte.

Es gilt festzuhalten: Die Michaeliskirche ist nicht die Klosterkirche Bernwards. Sie ist ein hochromanischer Bau des 12. Jh. und entfällt damit als ottonischer Musterbau.

Literatur

Jantzen, Hans (1959): Ottonische Kunst. Neuausgabe 1990. Berlin

Lutz, Gerhard (2010): Die Michaeliskirche in Hildesheim. Großer Kunstführer Schnell & Steiner Band 246, Regensburg

Meisegeier, Michael (2019): Frühe Kirchenbauten in Mitteldeutschland. Alternative Rekonstruktionen der Baugeschichten. 2. überarbeitete und ergänzte Auflage. BoD - Books on Demand, Norderstedt

Scholke, Horst (1987): Romanische Architektur am Harz. Leipzig

Köln, Dom St. Petrus - den Vorgängerbau gefunden?

Eine erste Nennung eines Kölner Bischofs Maternus ist für das Jahr 313 überliefert. Erste Erwähnung der ecclesia Colonense domni Petri in einer Urkunde König Sigeberts III. (632-56). Unter Bischof Hildebold (794-819) soll die Wiedererhebung zur Metropolitankirche erfolgt sein [OSWALD/SCHAEFER/SENNHAUSER, 139].

Bisherige Rekonstruktionen

Die Dom-Insula lag in der N-O-Ecke der römischen Stadt unmittelbar an der römischen Stadtmauer, von dieser nur getrennt durch die Wallstraße im Norden und den Hafenmarkt im Osten. Die die Insula im Süden begrenzende Straße führte auf das Hafentor zu. Die Insula maß etwa 115 x 115 m. [WEYRES 1969, 509]

"Die Dom-Insula war ... mit Wohn- und Geschäftsgebäuden von sehr unterschiedlicher Größe voll bebaut." [ebd., 509]

Mitten in dieser stand ein Podiumstempel, im 1./2. Jh. errichtet. Dieser soll gegen Ende des 4. Jh. zerstört worden sein. Eine im Abbruchschutt gefundene Münze datiert 388 n. Chr. [ebd., 509]

Nördlich des Tempels befand sich eine große Estrichfläche, die gegen die Nordfassade desselben stößt. Die Fläche wurde im Norden und Süden durch Mauern begrenzt. Die südliche stößt sowohl im Westen als auch im Osten gegen den Tempel. Die Estrichfläche endet im Westen an zwei parallelen N-S-Mauern (etwa 3 m Abstand), in der östlichen eine Türschwelle. Der von Westen anschließende Boden etwa 20 cm höher liegend.

DOPPELFELD und WEYRES sahen in der Estrichfläche ein Atrium und in den westlich anschließenden Räumen die Bischofskirche mit östlichem Narthex [ebd., 510].

JACOBSEN sieht dagegen die Kathedrale über der Estrichfläche und davon westlich gelegen das Atrium [JACOBSEN/SCHAEFER/SENNHAUSER, 213].

Periodeneinteilung für die vorgotischen Kölner Kathedralen in Anlehnung an DOPPELFELD [WEYRES 1971, 587f]

Periode	Zeit	Bauwerk
II	1. Jh.	Tempel innerhalb profaner Bebauung
IVa	4. Jh.	Bischofskirche mit östlichem Atrium

IVb	Ende 4. Jh.	Abbruch des Tempels und Korrektur der südlichen Atriumflucht
Va	vor 550	Erneuerung und Verlängerung des Atriumboden nach Osten. Bau des Oratoriums
Vb	nach 550	Abbruch des Oratoriums und Bau der nach Osten gerichteten fränkischen Kirche mit Bema
Vc	?	Erneuerung des Fußbodens in der fränkischen Kirche
VIa	2. H. 8. Jh.	Änderungen im Ostteil der fränkischen Kirche, Einrichtung der schola cantorum
VIb	vor 800 (?)	Weitere Änderungen im Ostteil der fränkischen Kirche. Neuanlage der Westapsis der römischen Kirche mit dem halbrunden Atrium
VIIa	nach 800 (?)	Abbruch des römischen und fränkischen Teiles der Kathedrale. Anlage des karolingischen Domes. Bauunterbrechung
VIIb	870	Weihe des Neubaues
VIII	vor 965	Erweiterung des Domes um zwei äußere Seitenschiffe durch den heiligen Bruno

JACOBSEN unterscheidet verschiedene Bauphasen [JACOBSEN/ SCHAEFER/SENNHAUSER, 212ff].

Den ersten Kathedralbau von unbekanntem Typus (Bau I) datiert er in das frühe 4. Jh. Ergraben wurde ein fast quadratisches Geviert von 26,30 x 23 m, das von Mauern umschlossen war. Die Außenwände wurden teilweise als römische *Insula*-Außenwände identifiziert. Im Ostteil "eine ca. 40 m weit nach Osten streichende Estrichfläche. An der Südflanke bestand vorerst weiterhin der römische Tempel ... Weit im Osten ... spärliche Reste eines Hypokaustenraums ..." und noch weiter östlich ein Saal mit einem Wasserbecken ergraben.

Bei der Deutung sind sich die Experten uneins. Einmal der Kathedralbau im Westen und das Atrium im Osten, einmal das Atrium im Westen und der Kathedralbau im Osten. ENGEMANN hält die gesamten Funde für eine ehemalige Profanbebauung [ebd., 213].

Um 400 soll es einen ersten Umbau gegeben haben (Bau Ia). Die östliche Anlage (Atrium?, Kathedrale?) wurde nach Süden erweitert; der römische Tempel zuvor abgebrochen. In diesem Zusammenhang Umbau des Saalbaus mit Wasserbecken in ein Baptisterium.

Dem folgt eine Saalkirche mit Apsis (Bau Ib), nach Beigaben zu einem Knabengrab dendrochronologisch datiert in 537±10. Aufgrund der geringen Abmessungen (6,50 x 4,20 m) und der flachen Gründung hält JACOBSEN diesen Bau für eine "Notkirche inmitten des verfallenen Domgeländes" Er geht von einer zumindest teilweiser Zerstörung des ersten Baus aus. Dieser Saalbau nach kurzer Zeit wieder abgebrochen.

Um die Mitte des 6. Jh. soll die Kathedrale mit *Solea* wiederhergestellt worden sein (Bau Ic). Die im Scheitel des gotischen Chorumgangs entdeckte "Priesterbank" soll zu diesem Bau gehören.

Ein Einbau einer *Schola cantorum* (?) soll bald nach 751 erfolgt sein (Bau Id).

Datiert auf 790-800 wird eine Erweiterung zur doppelchörigen Anlage (Bau Ie), eine sehr gestreckte dreischiffige Basilika mit Westquerhaus, Westapsis und Ringparadies. Der Ostabschluss ist unbekannt, wohl im Bereich der o. a. "Priesterbank" zu suchen.

Neubau (Bau II), 870 durch Bischof Willibert (870-889) geweiht; eine dreischiffige Anlage mit je einem Querhaus und drei Apsiden im Osten und Westen. In der Ostapsis Ringkrypta. Dieses der Vorgängerbau des gotischen Doms. Später Umbau zu einem fünfschiffigen Langhaus (Bau IIa) unter Erzbischof Bruno (953-965).

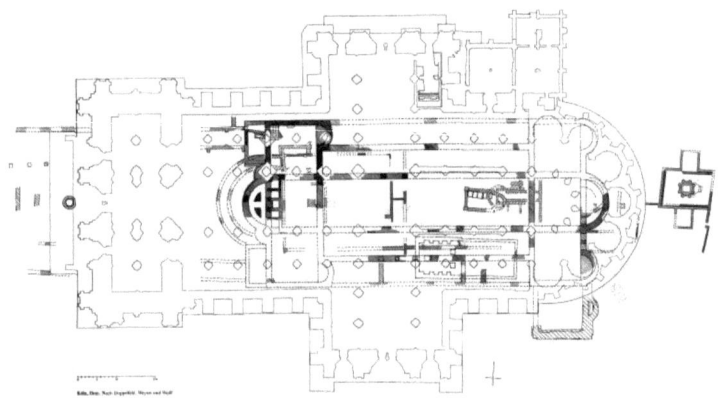

Köln, Dom, Grundriss aus [JACOBSEN/SCHAEFER/ SENNHAUSER, 212]

Östlich des Doms wurde schon 1866 bei Bauarbeiten eine achtstrahlige Piscine gefunden. Spätere Grabungen ergaben, dass an dieser Stelle ehemals ein Baptisterium stand, das einen bzw. mehrere Vorgänger hatte. WEYRES rekonstruiert ein karolingisches Baptisterium, welches zwei Vorgänger gehabt haben soll; eines aus der 1. Hälfte des 5. Jh. und darunter eines aus der 1. Hälfte des 4. Jh. Das karolingische Baptisterium soll im 10. Jh. wieder aufgegeben worden sein.

Zwischen dem karolingischen Dom und dem Baptisterium soll ein Vorgänger des "annonischen" Atrium des 11. Jh. existiert haben. Seit dem Abbruch des karolingischen Baptisterium soll der Bereich als Friedhof genutzt worden sein. Das Atrium des 11. Jh. soll sich zwischen Dom und der ehemaligen

Stiftskirche St. Maria ad gradus erstreckt haben. [WEYRES 1970, 521ff]
Die Stiftskirche St. Maria ad gradus soll vor 1059 erbaut worden sein und wurde 1817 abgebrochen.

Sowohl OSWALD als auch JACOBSEN äußern sich sehr zurückhaltend zum Baptisterium. Nach OSWALD würde bei Richtigkeit der Deutung als Baptisterium die Lage im Osten ein Hinweis auf die Westung des Doms sein [OSWALD/SCHAEFER/SENNHAUSER, 140].

Der Vollständigkeit wegen: Wikipedia sieht über den Resten römischer Wohnhäuser aus dem 1.-4. Jh. einen 30-40 m langen "Apsidenbau" aus dem 4./5. Jh. Darüber "eine ähnlich dimensionierte Architektur" aus dem 5./frühen 6. Jh. mit fränkischen Gräbern um 530.
In der 2. Hälfte des 6. Jh. eine "neue Kirche" mit schlüssellochförmiger Kanzel (Ambo), die bis zur Größe des ihr nachfolgenden Hildebold-Doms erweitert wurde. Als letzten Vorgängerbau vor dem heutigen Dom der Alte Dom oder Hildebold-Dom mit zwei Querhäusern und Apsiden im Osten und Westen.

Maternus und der "Älteste Dom"

Die römische Insula, in deren nördlichen Bereich das Baptisterium und später der Dom errichtet wurden, liegt in der Nordost-Ecke der römischen Stadt und unmittelbar an der römischen Stadtmauer, von dieser nur durch eine Straße getrennt. Diese Insula dürfte im Zusammenhang mit der Errichtung der römischen Stadtmauer angelegt worden sein, da ihre Nord- und Ostgrenze deren Verlauf folgt, der jedoch von der ursprünglichen Limitation abweicht. Die römische Stadtmauer soll ab Ende des 1. Jh. errichtet worden sein.
In den Quellen ist für das Jahr 313 ein Bischof Maternus erwähnt. Seine Datierung ist spätantik und entspricht dem antiken Jahr 29.

Dass zu so früher Zeit eine frühchristliche Gemeinde in Köln existiert hat, ist sicher nicht auszuschließen, obwohl die römische Kolonie Colonia Claudia Ara Agrippinensium (CCAA) erst im Jahr 50 Stadtrecht erhielt.

M. E. spricht auch die abseitige Lage des Grundstücks für eine mögliche frühchristliche Gemeinde an dieser Stelle. Z. B. befanden sich in Aquileia die frühchristlichen Kulträume ebenfalls an der Peripherie der römischen Stadt, dort in der äußersten Südostecke.

Eine zugehörige frühchristliche Kirche hat es jedoch nie gegeben. Die Kulträume der frühchristlichen Gemeinden waren die so genannten Hauskirchen, d. h. Räume in einem Wohnhaus, vielleicht auch Peristylhaus, die den kleinen Gemeinden zur Kultausübung dienten.

Wie im Abschnitt "Die Kirche" ausgeführt, sehe ich monumentale Kirchen erst nach der Erhebung des Katholizismus zur Reichsreligion und der Begründung der Reichskirche durch Justinian I., der nach Korrektur seiner spätantiken Datierung in der 2. Hälfte des 10. Jh. herrschte.

"Bekanntlich ist die Forschung sich auch heute noch völlig im unklaren, wo der "Älteste Dom", d. h. die Kathedralkirche des Kölner Bischofs Maternus zur Zeit Konstantins, des Euphrates und des Severinus, sowie der merowingischen Bischöfe gestanden hat. Die Grabungen haben bisher nur den "Alten Dom", einen Neubau des 9. Jahrhunderts, mit Sicherheit nachweisen können." [DOPPELFELD 1960, 268]

Nach meiner Auffassung kann es den so genannten "Ältesten Dom" nicht gegeben haben. auch die künftige Suche danach dürfte erfolglos bleiben.

Eine frühchristliche Bischofskirche mit Atrium im Osten oder Westen, wie sie DOPPELFELD und WEYRES bzw. JACOBSEN rekonstruieren, hat es nie gegeben. Es gibt offenbar nicht einen Beleg für die Ansprache der Mauern als Kirchenwände bzw. der Fläche als Atrium, zumal der römische Tempel weiter bestand.

Vielleicht ist ENGEMANN zuzustimmen, dass die Funde zu Bau I der Bischofskirche zu einer ehemaligen römischen Profanbebauung gehören. Die als Atrium bezeichnete Fläche könnte ein öffentlicher Platz gewesen sein, zu dem der Tempel gehörte; die westlich gelegene Bebauung mit dem so genannten Narthex war vermutlich ein profanes Gebäude. Im Osten des Atriums, zwischen diesem und dem Baptisterium (siehe unten) wurden die Reste eines weiteren Gebäudes (Peristylhaus?) ergraben.

Die römische Bebauung wurde nach dem Abzug der römischen Truppen und der römischen Verwaltung (um 170) von den neuen Herren, den Franken, genutzt.

Mit dem Ende der Römerherrschaft endete auch die ehemals leistungsfähige römische Wirtschaft. Es ist davon auszugehen, dass die römische Bausubstanz zunehmend verfiel. Es gab niemanden mehr, der Schäden an den Gebäuden fachgerecht beseitigen konnte. Die Franken waren zu solchen komplexen Bauaufgaben nicht in der Lage.
Diese, vermutlich bereits relativ marode römische Bebauung, die ca. 60 - 70 Jahre von den Franken genutzt worden war, wurde in einer großen Katastrophe, vermutlich einer Überschwemmungskatastrophe, weitgehend zerstört.
Diese Katastrophe ist m. E. die von HEINSOHN gesehene, globale Naturkatastrophe von 238 = 522 = 940.
Nach der Katastrophe, die sowohl die umgebende Bebauung als auch den Tempel weitgehend zerstörte, wurde der Platz zum Friedhof, begrenzt im Norden und Süden von neu errichteten Mauern.

Die Urkunde Sigiberts III.

Die Urkunde König Sigiberts III. ist möglicherweise keine Fälschung, entgegen einer früheren, irrtümlichen Annahme meinerseits [MEISEGEIER 2017, 237]. Sigibert III. war der Sohn von König Dagobert I., dem m. E. letzten Merowingerherrscher. Seine Herrscherdaten sind spätantik und lauten korrigiert 1050-1074. Ich denke jedoch nicht, dass er die Alleinherrschaft über Austrasien nach dem Tod seines Vaters (1057) wirklich angetreten hat. Mitte des 11. Jh. ist auf jeden Fall die Nennung eines Dombaus in Köln nachvollziehbar.

Köln gehörte wie Mainz zu den frühen Bistümern der fränkischen Landeskirche. Die Ernennung zum Bistum dürfte um die Jahrtausendwende erfolgt sein.

Baptisterium

Bevor ich mich dem Dom zuwende, möchte ich das Baptisterium östlich des Doms ansprechen, da es nach meiner Auffassung das früheste materielle christliche Zeugnis im Bereich des Doms darstellt.

Die Grabungen haben ergeben, dass vor dem Bau des ersten Baptisteriums der Bereich teils frei liegend und gewerblich genutzt. WEYRES spricht von einem "brachliegenden Gelände" [WEYRES 1970, 550].

Aus den obigen Ausführungen zur Dom-Insula ist abzuleiten, dass eine Bebauung frühestens Ende des 1. Jh., eher im 2. Jh. erfolgt ist. Da das Baptisterium I nicht die erste bauliche Anlage auf dieser Fläche ist, dürfte seine Errichtung eher im fortgeschrittenen 2. Jh. anzusetzen sein.

Zu bedenken ist noch, dass die römische Herrschaft in Köln spätestens 454/455 endete, das ist korrigiert das Jahr 170/171. Die neuen Herrscher waren die Rheinfranken, bis sie 509 (korrigiert 225) durch die fränkischen Merowinger abgelöst wurden. Eine besondere Förderung der Christen durch die Franken dürfte es zumindest in der frühen Zeit nicht gegeben haben.

Mit dem in den Quellen überlieferten Bischof Maternus kann der Bau nichts zu tun haben, da Maternus etwa ein Jahrhundert vorher lebte.

Das erste Baptisterium, ein schiefwinkliger, rechteckiger Raum, enthielt eine schlichte, achteckige Piscine. Etwas später wurde diese ersetzt durch eine neue, aufwändigere, achtstrahlige Piscine. [WEYRES 1970, 546ff]

Wie die Grabungen ergaben, existierte westlich des Baptisterium I ein profanes Gebäude (Peristylhaus?), womit eine unmittelbare räumliche (und liturgische) Beziehung zu dem angeblichen Atrium sicher nicht bestand.

Über diesem ersten Baptisterium wurde ein Nachfolgebau ergraben (Baptisterium II); auch dieser mit einer achtstrahligen Piscine. Das Gebäude war wie bei Bau I ein leicht schiefwinkliger Rechteckraum, jetzt mit Anbauten im Norden und Süden. Auffällig ist, dass der südliche Anbau die alte Grundstücksgrenze überbaut. WEYRES sieht in dieser Zeit veränderte Grundstücksverhältnisse. Eine neue Grenzmauer wurde gesucht, jedoch nicht gefunden [WEYRES 1970, 554].

Zur Zeit der Errichtung des Baptisterium II bestand das ursprünglich westlich des Baptisterium I gelegene Gebäude nicht mehr, womit eine räumliche und liturgische Beziehung zum Dom nicht mehr auszuschließen ist.

Nach meiner Ansicht wurde das Baptisterium I wie die gesamte römische Bebauung durch die oben bereits erwähnte Katastrophe zerstört. Die alte Bebauung und die Grundstücksgrenzen gab es danach nicht mehr, weswegen der Neubau des Baptisteriums auf solche keine Rücksicht nehmen musste.

Das bedeutet, dass Baptisterium I in die Zeit vor der Katastrophe gehört, also vor 238; das Baptisterium II in die Zeit danach, also nach 940. Wann das zweite Baptisterium errichtet wurde, muss offen bleiben. Ich sehe seine Errichtung Anfang des 11. Jh., möglicherweise zeitgleich mit dem ersten Dombau (siehe unten). Spätestens mit der Errichtung von St. Maria ad gradus (um 1200, siehe unten) wurde es abgebrochen. Vermutlich erfolgte der Abbruch bereits vorher, Mitte des 12. Jh. Gemäß der allgemeinen Entwicklung im Kirchenbau war die Taufe ab dem 12. Jh. in den Kirchenbau verlegt.

WEYRES sieht nach dem Baptisterium II ein drittes, das er aus einer aufgefundenen wassertechnischen Anlage erschließt. Dieses Baptisterium III bezeichnet er als karolingisches Baptisterium, das nach seiner Ansicht beim

107

Bau des "annonischen" Atrium um die Mitte des 11. Jh. abgebrochen sein soll.

Nach meiner Auffassung irrt hier WEYRES. Nach meinem Dafürhalten gab es kein drittes Baptisterium. Die aufgefundene wassertechnische Anlage ordne ich dem Bau der Stiftskirche St. Maria ad gradus zu, wie auch das so genannte" annonische" Atrium. Mehr dazu unten.

Saalbau mit Apsis - eine Notkirche für den Bischof?

Nachdem ich eine frühchristlichen Bischofskirche ausschließe, ist der Bau Ib (nach JACOBSEN), die kleine Saalkirche mit Apsis, näher anzusehen. Wie oben bereits erwähnt, sieht JACOBSEN in ihr eine "Notkirche inmitten des verfallenen Domgeländes".

Eindeutig ist, dass der kleine Saalbau mit den beiden fränkischen Fürstengräbern (JACOBSEN, Bau Ib), von DOPPELFELD und WEYRES als Oratorium bezeichnet, ein frei stehender Bau war.

Zur Zeit seiner Errichtung war die Fläche nicht bebaut, sondern als Friedhof genutzt, wie "eine ganze Anzahl von Gräbern" in dieser Fläche belegt [BÖHNER, 390].

"Außerdem lassen auch die im Mauerwerk des karolingischen Domes verbauten fränkischen Grabsteine auf einen nahen Friedhof schließen." [DOPPELFELD 1960, 265]

JACOBSEN spricht bei der Freifläche von einem "verfallenen Domgelände" [JACOBSEN/SCHAEFER/SENNHAUSER, 213].

Da es zuvor keinen Dom gab, kann es natürlich kein verfallenes Domgelände gegeben haben.

Die beiden Gräber innerhalb des "Oratoriums" datieren in das 1. Viertel des 6. Jh. (Knabengrab) bzw. in das 2. Viertel des 6. Jh. (Frauengrab) [ebd., 390], dürften also merowingisch sein. Seit Beginn des 6. Jh. (509) herrschen die Merowinger in Köln, jedoch davor mehr als 50 Jahre schon die Rheinfranken.

Die Datierungen sind spätantik und betragen korrigiert in u. Z. um 940 für das Knabengrab bzw. um 960 für das Frauengrab.

Zu erinnern ist, dass ebenfalls um 940 die globale Naturkatastrophe datiert, durch die nach meiner Auffassung die römische Bebauung weitestgehend zerstört wurde.

Ich sehe in diesem kleinen Saalbau einen merowingischen, jedoch nicht christlichen Grabbau. Die Grabbeigaben des Frauengrabes enthielten keinen Hinweis auf eine christliche Bestattung, eher im Gegenteil. DOPPELFELD sieht die Münzen im Kopfbereich "wohl als eine letzte Konzession an die heidnische Sitte des Charonspfennigs" [1960, 307].
Die Annahme BÖHNERs, dass im Zusammenhang mit dem späteren Frauengrab dieser abgerissen wurde und dafür ein Neubau, die "Rotunde" errichtet wurde, ist unzutreffend.
Die so genannte "Rotunde" ist nach WEYRES ein Bema, also ein liturgischer Einbau in einen späteren Kirchenbau, wie auch die noch spätere schola cantorum.

Der erste Dom

Relativ kurze Zeit nach der Bestattung der Frau in dem kleinen Saalbau soll dieser abgebrochen worden sein.
Jetzt wurde der, m. E. erste Dom errichtet. Von diesem Bau konnten bei den Grabungen keine Mauerzüge nachgewiesen werden. Der Bau wurde allein durch aufgefundene Estriche und Einbauten erschlossen werden. Auf jeden Fall war der Kirchenbau nach Osten orientiert, was aus den Einbauten klar hervorgeht. Der Typus des Kirchenbaus, d. h. ob ein Saalbau mit Chorquadrat oder eine Basilika, ist unbekannt. WEYRES sieht in diesem Bau einen Erweiterungsbau der frühchristlichen Kathedrale. Nach meiner Auffassung war dieser Bau ein selbständiger Kirchenbau. Diesem Bau sind die Einbauten des Bema und später die schola cantorum zuzuordnen.
WEYRES nennt folgende Abmessungen [WEYRES 1971, 577]:
Länge: > 43 m
Gesamtbreite: ca. 24 m
Mittelschiffsbreite: > 12 m

109

WEYRES sieht die Errichtung dieser merowingischen Kirche in den 60er Jahren des 6. Jh. Diese spätantike Datierung entspräche korrigiert den 80er Jahren des 10. Jh.

WEYRES erwähnt ein Lobgedicht von Venantius Fortunatus, in dem dieser den "baufreudigen Bischof Carentinus" u. a. für seine Tätigkeit für die Kölner Kirchen rühmt [ebd., 578].
Die Lebensdaten von Venantius Fortunatus: Geburt um 540, Tod 600/610, entsprechen korrigiert den Jahren um 968 bzw. 1018/1028. Das Lobgedicht halte ich eher für ein Pseudepigraph, d. h. eine Falschzuschreibung.
M. E. dürfte dieser Kirchenbau in der 1. Hälfte des 11. Jh. erbaut worden sein, womit er immer noch eine merowingische Kirche wäre, da die Merowinger bis 1057 (Tod von König Dagobert I. 639 = 1057) herrschten.

Da ich den zuvor niedergelegten Saalbau nicht als Kirche ansehe, sehe ich auch keine Kultkontinuität mit diesem neuen Kirchenbau. Die bisher als Friedhof genutzte Fläche bot sich möglicherweise als günstiger Bauplatz einfach an. Vielleicht hat auch die Nähe der in der Umgegend schon seit frühchristlicher Zeit wohnenden und ihren Kult ausübenden Christen die Standortwahl beeinflusst.
Wäre der kleine Saalbau die "Notkirche" gewesen, so würde die Errichtung des Nachfolgebaus an derselben Stelle unlogisch sein.

Diese merowingische Kirche wurde m. E. bis in die 2. Hälfte des 11. Jh. genutzt.

Die nachfolgende Baugeschichte bis zum so genannten Alten Dom, das sind nach WEYRES die Perioden VI und VII, erscheint ziemlich verwirrend. Diese auf die merowingische Kirche folgende Bauphase, von DOPPELFELD dem Neubau von Hildebold zugewiesen, ist nach OSWALD [OSWALD/SCHAEFER/ SENNHAUSER, 140] umstritten. Selbst DOPPELFELD nennt den Grundriss "noch sehr lückenhaft und hypothetisch" [DOPPELFELD 1954, 162].

Die Rekonstruktion einer sehr gestreckten, dreischiffigen Basilika mit Westapsis von JACOBSEN [JACOBSEN/SCHAEFER/SENNHAUSER, 214] erachte ich für wenig überzeugend. Z. B. scheint die Westapsis allein eine Annahme [OSWALD/SCHAEFER/SENNHAUSER, 141] ohne jeglichen archäologischen Befund zu sein. Sie wurde konzentrisch zu dem halbrunden Atrium/Ringparadies rekonstruiert, das nachträglich an den Westabschluss angebaut wurde. JACOBSEN übernimmt diese Annahme, anscheinend ohne sie zu hinterfragen.

Nach meiner Auffassung ist der Neubau ab der 2. Hälfte/Ende des 11. Jh. durch mehrere Planänderungen und Bauunterbrechungen gekennzeichnet.

Am Beginn sehe ich zunächst eine Erweiterung des merowingischen Baus nach Westen (ohne Apsis!) mit Ringatrium. Vielleicht war auch eine Erweiterung nach Osten geplant ("Priesterbank"), die m. E. jedoch nicht fortgeführt worden ist. Damit konnte der vorhandene Kirchenbau weiter genutzt werden. Der Bau blieb in dieser Bauphase ein geosteter Bau. Eine Krypta gab es in diesem Bau nicht.

Dieser Bau wurde vermutlich nicht fertiggestellt. OSWALD formuliert: "Der Bau der Periode VI galt als unfertig wieder abgebrochen." [OSWALD/ SCHAEFER/ SENNHAUSER, 141]
Der Grund für den möglichen Abbruch der Baumaßnahmen bzw. die Planänderung ist aus den folgenden Baumaßnahmen zu erschließen.
Der vielleicht bereits teilweise fertiggestellte Bau wurde zu einem gewesteten Bau umgebaut, jetzt mit Westquerhaus und Westapsis. Wie von WEYRES berichtet, war die Westapsis ursprünglich zunächst ohne Krypta. Diese wurde erst später in die vorhandene Apsis eingebaut.
Ob und wie viel an Bausubstanz vom Altbau übernommen wurde, ist unklar.

Mit dem gewesteten Bau bekundete der Kölner Bischof seine Hinwendung bzw. Zugehörigkeit zur römischen Kirche. Das

111

Bekenntnis zu Rom erfolgte durch die Kopie von Alt-St.Peter in Rom. Belohnt wurde diese Initiative des Kölner Bischofs letztendlich durch die Verleihung des Titels "Erzbistum". Übrigens war das Patrozinium des Westchors St. Peter wie das des Vorbildbaus in Rom. Die kirchengeschichtlichen Hintergründe habe ich im Abschnitt "Die Kirche" ausgeführt.

Ebensolche "Kopien" entstanden in Mainz (Willigis-Dom), in Hildesheim (Azelin-Dom), in Fulda (Ratgar-Basilika), in Augsburg und m. E. auch in Magdeburg (Nordkirche). Alle diese Bauten entstanden um 1100 bzw. Anfang des 12. Jh.

Die "Mode", gewestete Kirchen nach dem Vorbild von Alt-St.Peter zu errichten, endete relativ schnell wieder. Bei allen diesen Kirchen (bis auf Magdeburg und Hildesheim, wo Neubauten errichtet wurden) wurde die Orientierung wieder geändert, sie wurden also nachträglich geostet. In der Regel verblieb der Westchor zwar, wurde jedoch nachrangig zum Ostchor.

DOPPELFELD hat die Periode VII in a und b unterteilt. "Wir müssen also einen Bau VII a annehmen, der ins Stocken geriet und den man nach einigen Änderungen des Planes fortführte (VII b). ... Die Grundrissgestalt ... wurde von Bau VII b unverändert übernommen: an ein dreischiffiges Langhaus ist ein ausladendes westliches Querhaus mit einer halbkreisförmigen Apsis angesetzt ... Nach Osten zu stößt das Mittelschiff etwa um die Mittelschiffsbreite über die Ostflucht der Seitenschiffe vor und wird dort durch eine leicht abgesetzte zweite Halbkreisapsis geschlossen. ... Es gibt kein Anzeichen dafür, daß bei Bau VII a im Westen eine Krypta geplant war. Alle Fundamente der späteren Krypta gehören der Periode VII b an." [WEYRES 1965, 424f]

Das Ostquerhaus wird hier von WEYRES noch nicht erwähnt, da es erst bei den späteren Grabungen (1977 - 1979) entdeckt wurde.

Die von DOPPELFELD gesehene Planänderung während der Errichtung von Bau VII ist nach meiner Auffassung die erneute Änderung zu einem jetzt wieder geosteten Bau. Danach ist die Periode VII a der gewestete Bau und die Periode VII b der wieder geostete Bau.

Vor diesem Hintergrund ist auch der Bau der Periode VII a, um 1100 bzw. Anfang des 12. Jh. zu datieren. Die Periode VII b sehe ich noch in der 1. Hälfte bzw. um die Mitte des 12. Jh.

Vermutlich war der gewestete Bau ursprünglich ohne besonderen Ostschluss geplant. Der Grabungsbefund an der südlichen Spannmauer der Ostvierung [WEYRES 1971, 586] ist vielleicht ein Indiz dafür. Danach wurde die Mauer bis zur Höhe eines Mörtelwechsels aufgeführt, dann aber aufgegeben. Das war m. E. der ursprünglich vorgesehene Ostabschluss. Nach der erneuten Planänderung, zurück in einen geosteten Bau, wurde der ursprüngliche Westabschluss zur Spannmauer. Dafür hat man die Mauer in der ganzen Breite hochgeführt und mit Quadern abgedeckt.
Erst nach der Planänderung zu einem geosteten Bau wurden das Querhaus mit den Nebenapsiden und die Apsis im Osten angefügt.
Nach meiner Auffassung war jetzt der Ostchor der Hauptchor des Doms, nicht wie WEYRES annimmt, der Westchor.

Die direkt an das Querhaus angefügte Ostapsis enthielt von Anfang an eine Krypta. Die von WEYRES [WEYRES 1979/1980, 769] vorgestellte Rekonstruktion mit einer anstelle des Mittelstollens nach Westen offenen Nische, diese mit einem halben sechseckigem Ostabschluss und einem in die Öffnung zum Umgang eingestellten Altar ist nicht der Ursprungszustand, sondern "Ergebnis eines radikalen Umbaus" [ebd., 765].
Ich rekonstruiere als Erstzustand eine normale Ringkrypta mit innenliegendem Umgang und Mittelstollen nach Westen zur Aufnahme eines Heiligengrabes. Ob ein solches wirklich je vorhanden war, muss hier offen bleiben.
Diesen Umbau sehe ich nach Aufgabe der ursprünglichen Funktion als Heiligengrab bzw. nach Verlegung des Heiligengrabes.
Die Rekonstruktion von WEYRES ist m. E. nicht sehr überzeugend. Vielleicht war das Podest oberhalb der Krypta gar nicht der Standort für den Hochaltar. Die Fläche innerhalb

der recht flachen Apsis bot gar nicht genug Platz für die liturgischen Handlungen des Bischofs. Die notwendigen Treppenanlagen hätten den Platz vor der Apsis deutlich eingeschränkt. Möglicherweise stand der Hauptaltar in der Vierung. Meine Rekonstruktion sieht - entgegen der Rekonstruktion von WEYRES - keine Wände zwischen der Vierung und den Querarmen.

Vielleicht im Zusammenhang mit der Funktionsänderung der Ostkrypta entschied man sich, in die Westapsis eine Krypta einzubauen.
Die in die Westapsis eingebaute Krypta war nur scheinbar eine Ringkrypta. Der Gang entlang dem Apsisrund und die segmentförmigen Stützungen im Westen lassen zweifellos an eine solche denken. Ich halte diese Krypta jedoch für eine kleine Hallenkrypta. Östlich der segmentförmigen Pfeiler gibt es einen Quergang mit drei Nischen nach Osten, durch vier dünne Mauern separiert. In den seitlichen Nischen waren Altäre aufgestellt. Ob die mittlere Nische eine besondere Funktion besaß, z. B. zur Präsentation einer besonderen Reliquie, ist unbekannt. WEYRES spricht von einer Confessio mit Fenestella [WEYRES 1967, 469].
Die Krypta ragte ein Stück in die Vierung hinein, wodurch die Zugänge aus dem Querhaus ermöglicht wurden [OSWALD/ SCHAEFER/SENNHAUSER, 141].
Kleine Hallenkrypten, die in das Querhaus hineinragen, mit seitlichen Zugängen sind eine typische Lösung in der ersten Hälfte des 12. Jh.

Möglicherweise waren die Treppentürme nördlich und südlich der Apsis für den Zugang zum Chorbereich oberhalb der Apsis vorgesehen. Damit müssten sie später angebaut worden sein. Als gesonderte Westtürme - wie WEYRES annimmt - sind sie viel zu gering dimensioniert.

Auffällig auch der quadratische Schematismus, der natürlich im 12. Jh. nicht mehr überrascht.
Der Umbau zur fünfschiffigen Kirche kann danach nur im fortgeschrittenen 12. Jh. erfolgt sein.

Stiftskirche St. Maria ad gradus - der geplante Nachfolgebau des Alten Doms

Östlich des Doms, zwischen dem "Alten Dom" und er angeblich vor 1059 errichteten Stiftskirche St. Maria ad gradus soll sich ein Atrium erstreckt haben, von dem Teile noch zu Beginn des 19. Jh. zu sehen waren. Von diesem so genannten "annonischen" Atrium (Erzbischof Anno II, 1056-1061) wird allgemein angenommen, dass es aus der Gründungszeit der Stiftskirche St. Maria ad gradus stammt [WEYRES 1970, 522].
WEYRES sieht sogar einen karolingischen Vorgänger, der bis zum Abbruch seines so genannten karolingischen Baptisterium im 10. Jh. gestanden haben soll.

Die Ausgräber wunderten sich über die "erstaunlich massiven" Fundamente der Säulenstellung [WEYRES 1970, 523]. Trotzdem sahen sie sich nicht veranlasst, diesen Umstand zu hinterfragen.

Für mich sind die so genannten "Hallen" des Atriums die äußeren Seitenschiffe des begonnenen, jedoch nicht vollendeten fünfschiffigen Nachfolgebau des Doms, dessen östliche Reste später in der Stiftskirche St. Maria ad gradus bis in das 19. Jh. überlebten. Die betreffenden Säulenstellungen sind die Zwischenarkaden zwischen den beiden Seitenschiffen, die natürlich massiver ausgeführt werden mussten, da sie die doppelte Last aufzunehmen hatten wie die Außenwände.
Südlich der nördlichen bzw. nördlich der südlichen "Hallen" muss eine weitere "Säulenstellung", die Mittelschiffsarkaden, vorhanden sein bzw. gewesen sein, da der lichte Abstand zwischen den "Atrium-Säulenstellungen" 24,20 m betrug und damit zu groß für ein Mittelschiff. Die lichte "Hallenweite", d. h. die Breite der äußeren Seitenschiffe, von 6,20 - 6,30 m lässt eine weitere Arkadenreihe im selben Abstand annehmen. Bei Annahme einer solchen würde eine Mittelschiffsbreite von etwa 12 m verbleiben. Damit würde dieser Bau dem gebundenen System entsprechen. Übrigens enthalten die

Pläne 1 bis 3 der mittelalterlichen Baubestände genau an dieser Stelle entsprechende Mauerzüge [SCHNEIDER, 786ff]. Vermutlich sind diese Mauerzüge falsch interpretiert.

Dieser Bau sollte den so genannten Alten Dom ersetzen. Die Lage östlich vor dem bestehenden Dom erlaubte, diesen während der Bauarbeiten weiter zu nutzen. Möglicherweise wurde der Neubau im Osten begonnen und danach das Langhaus an den Altbau herangeführt. Der vielleicht weitestgehend fertiggestellte Ostbau wurde später die Stiftskirche St. Maria ad gradus. Ob bereits Baumaßnahmen für diesen Neubau im Westen, d. h. im Bereich des Ostbaus des Alten Doms stattfanden, muss hier offen bleiben.
Vor Fertigstellung des Neubaus entschied man sich um, d. h. es erfolgte eine Planänderung. Der Neubau wurde eingestellt. Jetzt errichtete man den gotischen Chor nach dem Vorbild der französischen Kathedralen an der Stelle des bestehenden Doms, während man den Westteil des Doms weiter nutzen konnte. Traditionell ist der Baubeginn des gotischen Chores 1248 datiert.

Den Baubeginn des begonnenen, jedoch nicht fertiggestellten Neubaus des Doms (St. Maria ad gradus) sehe ich um bzw. nach 1200.
Einen karolingischen Vorgänger des "Atriums" gab es nie.

Einen ähnlichen Vorgang habe ich am Mainzer Dom rekonstruiert. Die dortige, östlich des Doms gelegene Kirche, bezeichnenderweise auch eine St. Maria ad gradus, ist der Rest der östlich vor dem Dombau ursprünglich bestehenden Liebfrauenkirche, deren Westtürme heute die Osttürme des Mainzer Doms sind. Der Bau wurde wie der Bau in Köln Anfang des 19. Jh. abgebrochen. Auch hier blieben möglicherweise die Seitenschiffe als Atriumsumgänge zunächst stehen. (siehe [MEISEGEIER 2017, 180f])

Doppelkapelle

Südöstlich des so genannten "Alten Domes", nach meiner Rekonstruktion der Bau des 12. Jh. wurde eine quadratische Kapelle mit östlicher Apsis ergraben. Der Bau musste dem gotischen Dom weichen.

An dieser Stelle stand bis 1829 die 1744 errichtete Johanneskirche. Deren mittelalterlicher Vorgänger soll die Hauskapelle des erzbischöflichen Palastes St. Johannes in Curia gewesen sein, die schon vor dem gotischen Dom bestanden hat.

Die Kapelle wird von der Forschung einhellig als Doppelkapelle gesehen. WOLFF sieht deren Existenz 1020/25 als belegt [WOLFF, 638]. JACOBSEN datiert den Bau "eher Mitte des 11. Jh." [JACOBSEN/SCHAEFER/SENNHAUSER, 216].

WOLFF leitet die Datierung 1020/25 von einer für 1020 überlieferten Begebenheit, der Versöhnung Kaiser Heinrich II. mit Erzbischof Heribert am 25. Dezember 1020, und von einer Darstellung im Hillinus-Kodex ab. Die Begebenheit ist m. E. konstruiert und der Kodex falsch datiert.

Auffällig ist die ähnliche Konstellation wie am Dom zu Mainz oder auch am Dom zu Speyer.

Die Mainzer Doppelkapelle St. Gothard wurde angeblich 1137 geweiht, was ich für zu früh erachte.

Die Doppelkapelle am Dom zu Speyer soll 1050 begonnen worden sein. Da ich die Bauzeit des Doms zu Speyer ab 1080/1100 sehe [MEISEGEIER 2107, 270f], dürfte auch JACOBSENs Datierung um 1050 noch deutlich zu früh sein. Der Typus der Doppelkapelle tritt allgemein erst in der 2. Hälfte des 12. Jh. auf und erstreckt sich bis in die 1. Hälfte des 13. Jh.

Da die Doppelkapelle in Köln sicher nicht vor dem Dombau Periode VII b erbaut wurde, dürfte ihre Errichtung frühestens nach der Mitte des 12. Jh. zu datieren sein, womit sie sich in die allgemeine Entwicklung einfügt.

Kurzfassung der romanischen Dombaugeschichte

Der erste Kirchenbau (Bau Ia) an der Stelle des Doms ist eine merowingische Kirche, von der weder Grundriss noch Aufriss bekannt ist. Der Bau wurde allein aus ergrabenen Fußböden (Estriche) sowie liturgischen Einbauten (Bema, schola cantorum) erschlossen. Seine Errichtung ist in der 1. Hälfte des 11. Jh. anzusetzen. Dieser erste Bau dürfte die erste Bischofskirche gewesen sein.

In der 2. Hälfte oder gegen Ende des 11. Jh. erfolgte eine Erweiterung der Bischofskirche nach Westen (Bau Ib). Der gerade geschlossenen Westfassade wurde ein Ringatrium angefügt. Dessen Funktion sehe ich in der Sammlung und Lenkung der Kirchenbesucher in die Seitenschiffe. Der Bau wurde vermutlich nicht fertiggestellt.

Der um 1100 oder Anfang des 12. Jh. errichtete Bau war gewestet und stellte eine Kopie von Alt-St.Peter mit Westquerhaus und Westapsis dar (Bau IIa), womit der Bischof seine Zugehörigkeit zur römischen Kirche, dem Papsttum, demonstrierte.

Noch in der 1. Hälfte des 12. Jh. wurde die Westung des Doms aufgehoben, indem man dem Bau ein Ostquerhaus und eine Ostapsis mit Ringkrypta anfügte (Bau IIb). Das Westquerhaus erhielt jetzt ebenfalls nach Osten gerichtete Nebenapsiden.

In der 2. Hälfte des 12. Jh. wurde die ursprünglich dreischiffige Kirche durch Hinzufügen von zwei äußeren Seitenschiffen zum fünfschiffigen Kirchenbau (Bau IIc).

Ende des 12. /Anfang des 13. Jh. beabsichtigte man einen kompletten, ebenfalls fünfschiffigen Neubau (Bau III). Dieser wurde östlich des Domes begonnen, jedoch nicht fertiggestellt und aufgegeben. Die Ostteile wurden später zur Kirche St. Maria ad gradus, die Anfang des 19. Jh. endgültig abgebrochen wurde.

Um 1248 wurde der gotische Neubau des Doms begonnen.

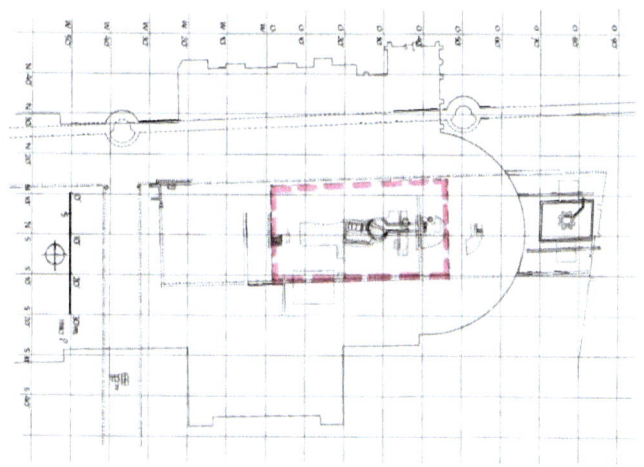

Bau Ia (merowingische Kirche) 1. H. 11. Jh.

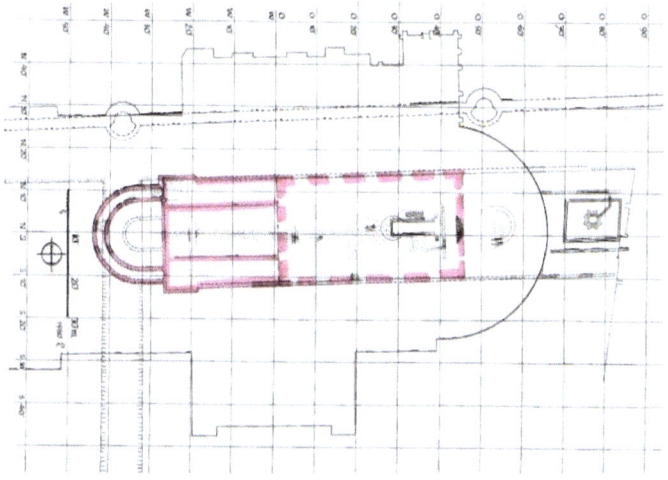

Bau Ib. 2.H. 11. Jh.

119

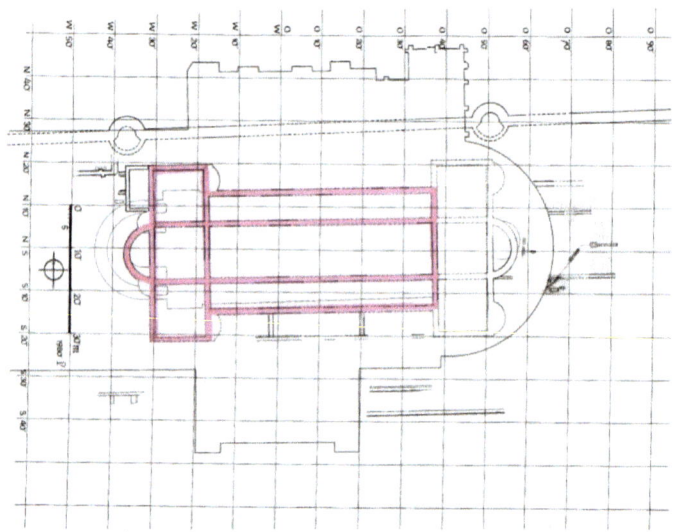

Bau IIa. Um 1100/Anfang 12. Jh.

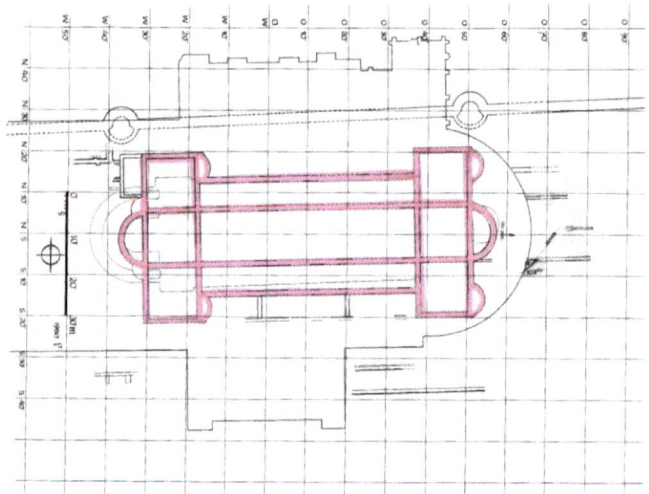

Bau IIb (sog. Alter Dom). Mitte 12. Jh.

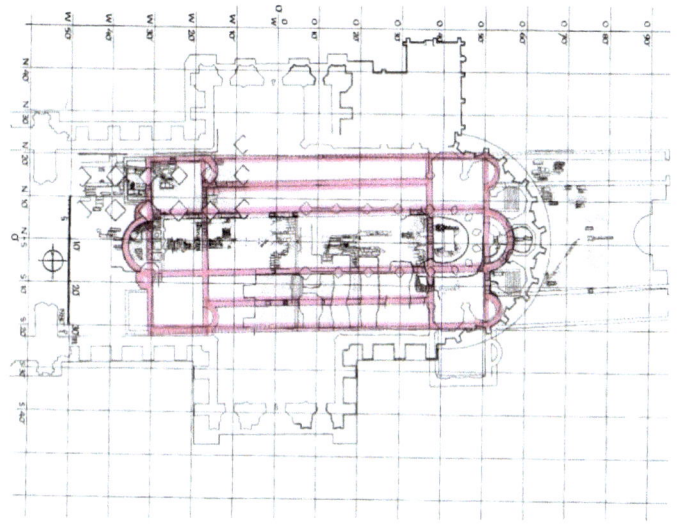

Bau IIc (sog. Umbau Brunos). 2. H. 12. Jh.

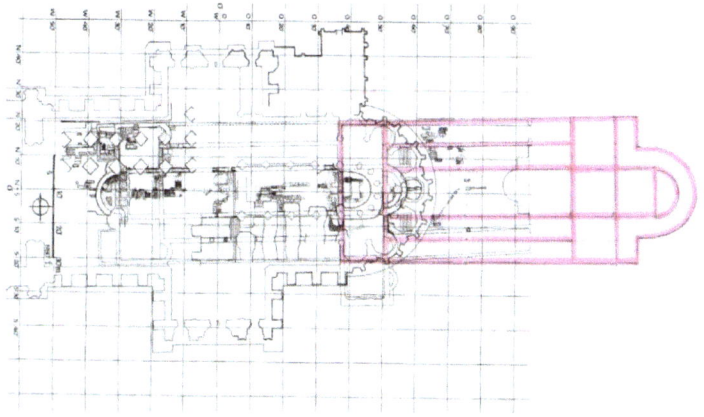

Bau III. Um 1200

121

Zeittafel

Periode	Zeit	Bauwerk
	2. Jh.	Baptisterium I

Katastrophe 238 = 940

Periode	Zeit	Bauwerk
V (Bau Ia)	1. H. 11. Jh.	Merowingische Kirche Baptisterium II
VI (Bau Ib)	2. H. 11. Jh.	Baubeginn Kirchenneubau, 1. Phase: Erweiterung nach Westen inkl. Ringatrium (geostet)
VII a (Bau IIa)	um 1100/A. 12. Jh.	Planänderung (gewestet) Westquerhaus, Westapsis
VII b (Bau IIb)	Mitte 12. Jh.	Planänderung (geostet) Ostquerhaus, Ostapsis, Ringkrypta
VIII (Bau IIc)	2. H. 12. Jh.	Erweiterung zur fünfschiffigen Kirche
(Bau III)	um 1200	Baubeginn des Neubaus im Osten (St. Maria ad gradus)
	1248	Baubeginn got. Neubau

Literatur

Doppelfeld, Otto (1954): More Romano. Die beiden karolingischen Domgrundrisse von Köln. VII. Bericht über die Domgrabung. In: Otto Doppelfeld / Willy Weyres (1980): Die Ausgrabungen im Dom zu Köln. Mainz, 159-182

Doppelfeld, Otto (1960): Das fränkische Frauengrab unter dem Chor des Kölner Domes. In: Otto Doppelfeld / Willy Weyres (1980): Die Ausgrabungen im Dom zu Köln. Mainz, 264-308

Jacobson, Werner / Schaefer, Leo / Sennhauser, Hans Rudolf (1991): Vorromanische Kirchenbauten. Katalog der Denkmäler bis zum Ausgang der Ottonen. München, Nachtragsband

Meisegeier, Michael (2017): Der frühchristliche Kirchenbau - das Produkt eines Chronologiefehlers. Versuch einer Neueinordnung mit Hilfe der HEINSOHN-These. BoD Norderstedt

Oswald, Friedrich / Schaefer, Leo / Sennhauser, Hans Rudolf (1966-1971): Vorromanische Kirchenbauten. Katalog der Denkmäler bis zum Ausgang der Ottonen. München

Schneider, Wilhelm (1980): Bestandsaufnahmen zur Domgrabung. In: Otto Doppelfeld / Willy Weyres (1980): Die Ausgrabungen im Dom zu Köln. Mainz, 785-792

Weyres, Willy (1967): Zur Baugeschichte der vorgotischen Kölner Kathedralen. In: Otto Doppelfeld / Willy Weyres (1980): Die Ausgrabungen im Dom zu Köln. Mainz, 454-497

Weyres, Willy (1969): Die Domgrabung. XVI. Die frühchristlichen Bischofskirchen und Baptisterien. In: Otto Doppelfeld / Willy Weyres (1980): Die Ausgrabungen im Dom zu Köln. Mainz, 506-520

Weyres, Willy (1970): Die Domgrabung. XVII. Die Baptisterien östlich des Domchores. In: Otto Doppelfeld / Willy Weyres (1980): Die Ausgrabungen im Dom zu Köln. Mainz, 521-570

Weyres, Willy (1971): Die Domgrabung. XVIII. Der Ostteil des spätrömischen Atriums und der fränkischen Kirche unter dem Hochchor. In: Otto Doppelfeld / Willy Weyres (1980): Die Ausgrabungen im Dom zu Köln. Mainz, 571-588

Weyres, Willy (1979/1980): Die Domgrabung. XXII. Bericht über die Ausgrabungsergebnisse 1977-1979. In: Otto Doppelfeld / Willy Weyres (1980): Die Ausgrabungen im Dom zu Köln. Mainz, 759-785

Wolff, Arnold (1971): S. Johannis in Curia. Die erzbischöfliche Pfalzkapelle auf der Südseite des Kölner Domes und ihre Nachfolgebauten. In: Otto Doppelfeld / Willy Weyres (1980): Die Ausgrabungen im Dom zu Köln. Mainz, 614-662

Die zwölf großen romanischen Kirchen in Köln - Tradition gegen Realität

Köln verfügt - neben dem Dom - bekannterweise über zwölf große, romanische Kirchen. Die Baugeschichten einiger reichen in sehr frühe Zeit zurück, zum Teil bis in die Römerzeit, auf deren Resten sie erbaut wurden.

Wie ich in den einleitenden Abschnitten dargelegt habe, ist die zeitliche Differenz zwischen Römerzeit und Mittelalter nicht so groß wie sie entsprechend der traditionellen Chronologie erscheint. Sie beträgt nur etwa ein Jahrhundert, womit die Errichtung der romanischen Bauten unmittelbar über den römischen Resten ohne weitere Zwischenschichten durchaus nicht verwunderlich ist.

Es gibt sicher eine große Anzahl von Spezialliteratur, die sich mit den romanischen Kirchen Kölns befasst hat - zweifellos mit vielen interessanten Detailinformationen. Allein aus praktischen Gründen beschränke ich mich nur auf eine ganz kleine Auswahl. Darüber hinaus bin ich der Auffassung, dass für mein spezielles Anliegen betreffend die Frühgeschichte der romanischen Kirchen Kölns mit der Erhöhung der Anzahl der Literaturquellen kein bedeutender zusätzlicher Erkenntnisgewinn verbunden ist. Alle mir bekannten Vorautoren gehen von der traditionellen Chronologie und der weitgehenden Richtigkeit der in den Quellen übermittelten Fakten.

Verwendete Quellen

Für die allgemeine Baugeschichte:

- Die Webseite des Fördervereins "Romanische Kirchen Köln": https://www.romanische-kirchen-koeln.de/index.php?id=kirchen
- punktuell die Wikipediaeinträge zu den einzelnen Kirchen
- Klier, Hiltrud (2014): Die romanischen Kirchen in Köln. Führer zu Geschichte und Ausstattung. Köln
- Schäfke, Werner (1996): Kölns romanische Kirchen. Architektur, Geschichte und Ausstattung. DUMONT Kunst-Reiseführer, Köln

Für die archäologischen Befunde (soweit die Kirchen dort aufgeführt sind):

- Oswald, Friedrich / Schaefer, Leo / Sennhauser, Hans Rudolf (1966-1971): Vorromanische Kirchenbauten. Katalog der Denkmäler bis zum Ausgang der Ottonen. München
- Jacobson, Werner / Schaefer, Leo / Sennhauser, Hans Rudolf (1991): Vorromanische Kirchenbauten. Katalog der Denkmäler bis zum Ausgang der Ottonen. München, Nachtragsband

Die "Akteure" in der Kirchengeschichte Kölns

Wenn man sich mit der Baugeschichte der großen romanischen Kirchen in Köln befasst, begegnet einem - sicher erst einmal nicht verwunderlich - immer wieder derselbe

Personenkreis historischer (oder auch nicht historischer, fiktiver) Personen der Kölner Kirchengeschichte.

Beim meinen Ausführungen zum Kölner Dom (siehe oben) war schon Bischof Maternus (trad. 313/14) aufgetaucht. Wie dort schon dargestellt, sehe ich in Maternus eine historische Person, den Vorsteher (Bischof) einer antiken, frühchristlichen Gemeinde im römischen Köln des 1. Jh. Seine Datierung in das Jahr 313 ist spätantik und lautet, korrigiert in die weströmisch-antike Datierung, 29 n. Chr.

In dieselbe Kategorie gehört vermutlich auch Bischof Severin (trad. 346-397?), traditionell der dritte Bischof von Köln, den wir aber nur aus einer Erzählung Gregor von Tours kennen [SCHÄFKE, 213]. Auch er dürfte spätantik datiert sein, womit er in den Jahren 62-113 n. Chr., d. h. in der zweiten Hälfte des 1. Jh. bis Anfang des 2. Jh. in Köln gewirkt haben könnte.

Diese frühchristlichen Bischöfe haben nichts mit den Kölner Kirchen zu tun. Zu Ihrer Zeit war der Katholizismus noch nicht Reichsreligion, noch gab es die fränkische Landeskirche, die für mich den Beginn des monumentalen Kirchenbaus im Frankenreich der Merowinger markiert.

Severin ist vermutlich der letzte der bekannten antiken Bischöfe Kölns.

Dagegen dürfte der im Zusammenhang mit St. Gereon in Erscheinung tretende Bischof Everigisil (trad. um 590, korrigiert um 1008) kein antiker Bischof gewesen sein, sondern ein Bischof der Ende des 10. Jh. begründeten fränkischen (merowingischen) Landeskirche. "Er war der erste Bischof von Köln, der einen Namen fränkischen Ursprungs trug. Everigisil wurde mehrfach von Gregor von Tours als Bischof von Köln erwähnt ... Mit ihm verbindet Gregor von Tours (Libri miraculorum I 61) die erste Erwähnung des Kults der Märtyrer der Thebäischen Legion in Köln ... Man wird annehmen können, dass Everigisil deren Kult förderte, vielleicht sogar begründete. [Wikipedia (Everigisil)]

Der fränkische Ursprung seines Namens könnte ein Hinweis sein, dass er Franke war. Es wäre durchaus nachvollziehbar, dass als erste Bischöfe der fränkischen Landeskirche zunächst Franken, die das Vertrauen des fränkischen Königshauses genossen, eingesetzt worden sind.

Der in der Kölner Bischofsliste vor Everigisil aufgeführte Bischof von Köln, Carentinus (trad. 565-67), wäre nach seiner Datierung ebenfalls kein antiker Bischof mehr. Seine korrigierte Datierung wäre 983-85 u. Z., die mir jedoch ein Stück zu früh als Bischof der fränkischen (merowingischen) Landeskirche erscheint. Denkbar wäre auch, das er fiktiv ist. Die Tradition verbindet ihn mit einer Erweiterung des Doms, der jedoch zu dieser Zeit noch gar nicht existierte.

Auch Bischof Kunibert sehe ich als Bischof der Ende des 10. Jh. begründeten fränkischen (merowingischen) Landeskirche. Er soll 627 zum Bischof von Köln geweiht worden sein. Diese Datierung lautet korrigiert 1045 u. Z., womit er zu den frühen Bischöfen der fränkischen Landeskirche zählen dürfte. Da ich den ersten Dombau in Köln in die erste Hälfte des 11. Jh. datiere (siehe Abschnitt *Köln, Dom St. Petrus*), könnte er natürlich einer der Bauherrn dieses ersten Doms in Köln gewesen sein.

Dass er zusammen mit einem Hausmeier Pippin Berater des Merowingerkönigs Dagobert I. (trad. 629-639, korrigiert 1047-1057 König des Gesamtreiches) war, ist durchaus möglich. Genauso dass er die Regentschaft zwar nicht des Reiches, sondern in Austrasien für Sigibert III. innehatte. (Nach m. M. ist Sigibert III. jedoch nie König von Austrasien geworden. Der letzte wirkliche Merowingerherrscher war nach meiner Auffassung sein Vater, Dagobert I.)

Dass Kunibert 648 aus den Quellen verschwindet - wie SCHÄFKE [SCHÄFKE, 128] anmerkt -, hängt vermutlich mit der durch Byzanz etwa zu dieser Zeit vorgenommenen Änderung des Zeitpunktes von Christi Geburt zusammen. In der neuen, bis heute gültigen christlichen Zeitrechnung entspricht dieses Jahr dem Jahr 1066.

Dass sich Bischof Kunibert in einer kleinen Kapelle in einer Fischersiedlung bestatten ließ, obwohl der merowingische Dom zu dieser Zeit bereits existent war, ist m. E. höchst unglaubwürdig. Falls er in Köln bestattet wurde, so hätte er sich mit Sicherheit in seiner Kathedrale bzw. in deren Nähe bestatten lassen. Dieser Teil der Kunibertlegende ist eindeutig ein späteres Konstrukt.

Ich halte alle diese frühen Bischöfe, die antiken wie auch die der fränkischen Landeskirche für historische Personen.

Die Bischöfe Giso (trad. 692/94-711) und Anno I. (trad. 711/15-715) tauchen nur einmal bei St. Severin auf, wo sie begraben sein sollen. Ob sie historische Personen sind oder fiktiv, ist unklar. Sollte ihre Datierung spätantik sein, so hätten Bischof Giso 1110/12-1129 und Bischof Anno I. 1129/33-1133 residiert. Sie wären damit die Bauherrn der bischöflichen Baumaßnahmen dieser Zeit. Ihre Bestattung in St. Severin halte ich für konstruiert.

In St. Maria im Kapitol befindet sich die 1160/70 gefertigte Grabplatte der Plektrudis, angeblich aus dem austrasischen Adel stammend und die Gattin des merowingischen Hausmeiers Pippin des Mittleren von Heristal. Sie soll nach 717, vermutlich 725 in Köln verstorben sein. Bei Annahme, dass ihre traditionelle Datierung spätantik ist, würde ihre korrigierte Datierung 1080-1144 entsprechen. Ihre Eigenschaft als Gattin von Pippin dem Mittleren ist in diesem Fall natürlich reine Erfindung.

In St. Pantaleon soll im Jahr 991 Kaiserin Theophanu bestattet worden sein, die zuvor (984?) der Kirche Reliquien des hl. Albinus übergeben haben soll. Nach meiner Auffassung ist Theophanu eine fiktive Person; das in der Kirche präsentierte Grab eine Falschzuweisung.

Dann sind noch die Erzbischöfe des 9. bis 11. Jh. anzuführen, wobei Bruno I. (953-65) und Anno II. (1056-75) mit ihren Aktivitäten besonders herausragen:

> Willibert (870-89)
> Hermann I. (889/90-924)
> Wichfrid (924-53)
> Bruno I. (953-65)
> Volcmar (965/66-69)
> Gero (969-76)
> Warin (976-85)
> Pilgrim (1021-36)

Hermann II. (1036-56)
Anno II. (1056-75)

Ich halte alle Kölner Erzbischöfe, die traditionell dem 9. bis 11. Jh. zugeordnet werden, für spätere Konstrukte, d. h. es hat sie nie gegeben.

Leider haben die konstruierten Erzbischöfe die realen Bischöfe überdeckt, so dass wir nach Bischof Kunibert, der nach 1066 aus den Quellen verschwindet, bis in das 12. Jh. keine Kenntnisse über die Besetzung des Bischofsstuhles haben.

Möglicherweise sind die Erzbischöfe des 12. Jh., Bruno II. von Berg (1131-1137) (St. Ursula) und Arnold II. von Wied (1151-56) (St. Gereon), wieder reale Personen. (Die Überschneidung mit Anno I. kann der konstruierten Überlieferung geschuldet sein.)

Nach meiner Auffassung erfolgt die Erhebung des Bistums Köln zum Erzbistum erst in der ersten Hälfte des 12. Jh. (siehe Abschnitt *Die Kirche*). Vielleich ist Bruno II. der erste Bischof, der vom Papsttum zum Erzbischof erhoben wurde, und damit das Original und der in der Geschichte bedeutendste Bischof Kölns. Anno II. und Bruno I. sind vermutlich rückdatierte Kopien, wobei die ihnen zugeschriebenen Taten konstruiert sind.

Durch die Verschiebung der Geburt Christi um 640 um 418 Jahre in die Vergangenheit, entstand zwischen ca. 640 und ca. 1058 eine "Leerzeit", die später mit Geschichte aufgefüllt wurde. Nicht nur das, die fehlende Schriftlichkeit bis weit in das 12. Jh. produzierte eine weitere "Leerzeit", die aufgefüllt werden musste. Die Erzbischöfe des 9. bis 11. Jh. und vermutlich auch der ersten Hälfte des 12. Jh. gehören zur Füllmasse. Damit ist die frühe Entwicklung des Bistums/Erzbistums kaum noch erkennbar.

Was ist aber mit den ihnen zugeschriebenen Handlungen betreffend des Kirchenbaus? Dass irgendjemand die Kirchen errichtet und spätere Umbauten veranlasst hat, steht ja außer Zweifel.

Durch die Installation fiktiver Bischöfe/Erzbischöfe in die chronologische Leerzeit und die Zuweisung von realen

Baumaßnahmen an diese wurde die tatsächliche Bauherrnschaft der Baumaßnahmen verdeckt. Zwangläufig wurden die Baumaßnahmen damit veraltet.

Wie gelangt man nun aber zu der tatsächlichen Baugeschichte. Einzig verlässlich sind eigentlich die Ergebnisse der archäologischen Untersuchungen. Sie liefern vielfältige Informationen über die Gestalt früherer Bauten und die Abfolge der Baumaßnahmen. Die Interpretation der Bauforscher, d. h. die Einordnung in die Geschichte, z. B. die Datierung, und in die Architekturentwicklung dagegen orientiert sich schon wieder an der falschen Chronologie und der erfundenen Geschichte. Es sind also für eine neue Rekonstruktion der Baugeschichte eigentlich nur die reinen archäologischen Erkenntnisse verwertbar.

Sehen wir uns im Folgenden die Kirchenbauten etwas näher an.

St. Andreas

Gründung eines Herrenstifts durch Erzbischof Bruno (953-65) an der Stelle der frühmittelalterlichen Kapelle St. Matthäus in fossa. Weihe 974 durch Erzbischof Gero. Vom Aussehen der Kirche des 10. Jh. ist nichts bekannt. [KLIER, 28]

Freilegung der Krypta eines urkundlich nicht nachgewiesenen Neubaus des 11. Jh. Diese nach den Bauformen 1050/60 zu datierende Krypta ist in den Umfassungsmauern erhalten, während ihre Gewölbe durch den Neubau des gotischen Chores zerstört wurden. [ebd., 28f]

" ... es entstand eine dreischiffige Basilika mit Querhaus und quadratischer Vierung, Langchor und Apsis über einer Krypta. Die aus der Vierung zugängliche 3-schiffige, 7-jochige Hallenkrypta besaß Muldennischen als Abschluß der Seitenjoche und eine rechteckige Altarnische; Nebenräume mit Rundnischen befanden sich zu Seiten des vorletzten östlichen Jochs. ... Über der Krypta lag ein flachgedeckter, polygonal geschlossener Langchor ..., den vielleicht Chorflankentürme über den Kryptennebenräumen begleiteten. Zu Seiten der westlichen Kryptenjoche, ca. 1,80m über deren

130

Laufniveau, saßen querrechteckige Winkelräume mit niedrigem Obergeschoss; an die Vierung schlossen Querflügel mit polygonalem Schluss und innerer kleeblattförmiger Ausnischung an.

Das salische Langhaus entsprach in seiner Ausdehnung dem erhaltenen aus dem frühen 13.Jahrhundert, hatte aber schmälere Seitenschiffe." [https://www.romanische-kirchen-koeln.de/index.php?id=76]

"Ungewiß bleibt, ob eine Kirche St. Andreas, die in Urkunden aus den Jahren 817 und 875 erwähnt wird, die unsere ist. Ebenso ungewiß ist, ob es eine Kirche St. Mattäus in fossa, im Graben, die Aegidius Galenius Im 17. Jh. erstmals erwähnt, je gegeben hat. ... auch die Grabungen bis in die Nachkriegszeit hinein haben keinen Aufschluß zu diesen Fragen geben können. Man fand Spuren römischer Bauten und mit der nun wieder zugänglichen Krypta eine Bauphase, von der die Quellen nichts berichten." [SCHÄFKE, 39]

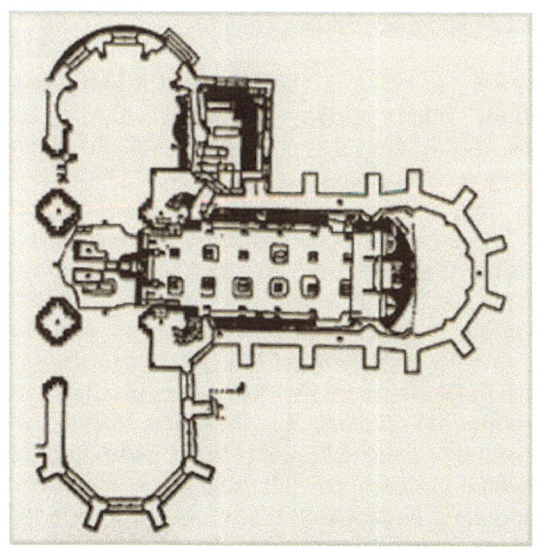

Die ergrabene Krypta des Vorgängerbaus. Entnommen aus: [https://www.romanische-kirchen-koeln.de/index.php?id=76]

"Die bestehende romanische Kirche St. Andreas ist eine um 1190-1220 entstandene dreischiffige gewölbte Basilika mit Westbau und östlichem Querhaus, die an den Ostbau des 11. Jh. (Langchor und Krypta) angefügt wurde." [KLIER, 29]
Das Löwenportal in der heutigen Sakristei (ehemals nordöstliche Vorhalle) ist eine Stiftung von 1211.
Die Gewölbe über der Vierung frühes 13. Jh.
Der Westbau, einst eingebunden in Kreuzgang und Stiftsgebäude, wurde spätestens 1244/45 vollendet. Nach Fertigstellung des Westbaus Einwölbung des Schiffs.
Das nördliche Querhaus hat nach den Spuren, die bei den Grabungen gesichert wurden, schon zu ottonischer und salischer Zeit einen apsidialen Schluss gehabt. Die Rundung hat man, nachdem die Vierung eingefügt worden war, um 1200 erneuert. [SCHÄFKE, 44f]
Um 1414 gotischer Chor und Aufgabe der Krypta.

Alternative Rekonstruktion der Baugeschichte

Die Baugeschichte m. E. völlig unspektakulär. Es gab weder einen ottonischen noch einen salischen Bau. Die Schriftquellen des 10. Jh. sind spätere Konstrukte. Zu einem Bau des 11. Jh. liegen nicht einmal solche vor.
Vielleicht Anfang des 12. Jh. Baubeginn. Fertigstellung um 1220. Die vom quadratischen Schematismus abweichenden, breiteren Querarme belegen m. E. eine Planänderung während des Baus. Möglicherweise gab es eine längere Bauunterbrechung nach Errichtung des Langchors und der Vierung. Weiterbau nach geändertem Plan.
Dass die nordöstliche Vorhalle im Zwickel zwischen Chor und nördlichen Querarm dem Zugang für die Laien diente, wie SCHÄFKE [44] anführt, sehe ich nicht; auch dass auf der Südseite eine zweite Vorhalle zu diesem Zweck vorhanden war. Der Zugang im Nordosten dürfte den Chorherren vorbehalten gewesen sein, wo vermutlich eine Verbindung zur Klausur bestand. Der ursprüngliche Laienzugang befand sich vermutlich irgendwo im Bereich des Südseitenschiffs.

Der Stadtteil um St. Andreas wurde ab 1106 in die Stadtbefestigung einbezogen. Die Entwicklung der Stadtbefestigung ist m. E. ein wichtiges Indiz für die Datierung der Kirchengründung. Natürlich war der Grundherr der Stadt Köln, der Bischof/später Erzbischof, sehr interessiert, dass seine Gründungen (wie auch die Stadt und ihre Bewohner) ausreichenden Schutz vor äußeren Feinden erhielten. Auch bei den anderen Kirchen korreliert die Entwicklung der Stadtbefestigung erstaunlich gut mit der Entstehungszeit der Kirchengründungen.

St. Aposteln

Schon 872 soll eine erste Kirche geweiht worden sein, so die Mitteilung in der Vita Brunonis zum Jahr 965.
Frühe Quellen berichten, dass durch Erzbischof Pilgrim (1021-36) die Gründung eines Kanonikerstiftes und ein Kirchenneubau erfolgt ist. Der Gründer soll 1036 im Westchor (Querschiff) bestattet worden sein.
Das Erscheinungsbild der Kirche St. Aposteln ist von dem spätromanischen Umbau ab Mitte des 12. Jh. bestimmt.

Der ältere Gründungsbau ist aber im Kern im heutigen Bau erhalten. Dieser war eine flachgedeckte Pfeilerbasilika mit durchlaufenden Westquerschiff, quadratischem Westchor über Vierstützenkrypta, rechteckigem Ostschluss.
Der quadratische Westchor von Mittelschiffsbreite ca. 2 m über Langhausniveau, gleiche Trauf- u. Deckenhöhe wie Westquerschiff und Mittelschiff.
Die Krypenzugänge aus dem Querschiff in den Längswänden über zweistöckige Winkelbauten, diese im Untergeschoss tonnengewölbt, im Obergeschoss Nebenräume des Chores, zum Querschiff in Rundbögen geöffnet.
Für das Langhaus ist ein drittes Doppeljoch gesichert. Der Ostschluss ist in den Fundamenten ergraben, ein querrechteckiger Raum, als Gegenchor zum westlichen Hauptchor gesehen.
Der Baubeginn soll im 3. Jahrzehnt des 11. Jh. erfolgt sein.

133

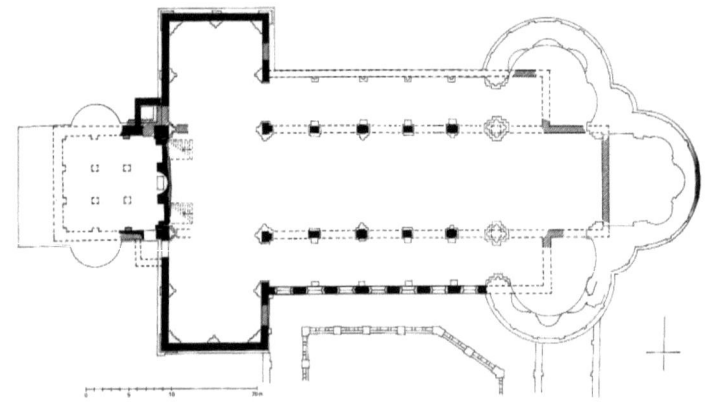

Köln, St. Aposteln. Grundriss entnommen aus [JACOBSEN/SCHAEFER/SENNHAUSER, 218].

Zuallererst: Von einem Bau, der 872 geweiht worden sein könnte, wurde archäologisch keine Spur entdeckt. Er ist somit in den Bereich der Legende zu verweisen.

Dass die Gründungsgeschichte um Erzbischof Pilgrim konstruiert ist, habe ich im Abschnitt zu den Akteuren ausgeführt.
Darüber hinaus spricht auch der Bau gegen eine solch frühe Datierung.

Der Gründungsbau war eindeutig eine gewestete Kirche. Durch die Westung des Baus und das durchgehende, römische Querhaus - symbolisch als Kopie von Alt-St.Peter zu verstehen - signalisierte der Bauherr, der Bischof, sein Bekenntnis zur römischen Kirche. Diese befand sich seit dem letzten Drittel des 11. Jh. im Wettbewerb mit dem Eigenkirchenwesen der ehemals fränkischen Landeskirche. Nächstes Beispiel eines gewesteten Baus ist der Dom zu Köln

(siehe dort). Auch in Mainz (Willigis-Dom), in Hildesheim (Azelin-Dom), in Augsburg, in Magdeburg (Nordkirche) und in Fulda (Ratgar-Basilika) entstanden gewestete Kirchen.
Alle diese gewesteten Bauten datiere ich um 1100 bzw. in den Anfang des 12. Jh.

Auch der quadratische Westchor mit der darunter befindlichen dreischiffigen Hallenkrypta spricht für eine Erbauung um 1100; ebenso die Zugänge zur Krypta über Eckbauten im Zwickel zwischen Chor und Querhausflügel.
Auch der vollständig umgesetzte quadratische Schematismus verweist in die Zeit frühestens ab 1100.

Letztendlich bleibt nur die Datierung des Gründungsbaus in die Zeit um 1100 bzw. in den Anfang des 12. Jh. Damit ist die Gründung durch einen Erzbischof Pilgrim in der ersten Hälfte des 11. Jh. ins Reich der Legende zu verweisen.
Auch hier hilft vielleicht die Entwicklung der Stadtmauer Kölns. Das Stadtgebiet um St. Aposteln wird 1106 mit einer Stadtmauer umgeben.

St. Cäcilien

St. Cäcilien und St. Peter, letztere ist die zugehörige Pfarrkirche, wurden über der zur Römerzeit weitläufigen Anlage der Thermen errichtet.

Nach [OSWALD/SCHAEFER/SENNHAUSER, 145f]:
Die ältere Gründung wahrscheinlich 881 von den Normannen verwüstet.
Umwandlung in ein Damenstift wird Erzbischof Willibert (870-89) zugeschrieben.
Erzbischof Wichfried (925-53) stellt das Stift wieder her.
Unter Erzbischof Bruno (953-65) Überführung der Reliquien des hl. Evergisilus von Tongern nach St. Cäcilien.
Schenkungsurkunde Brunos von 962 nennt St. Cäcilien "Altenmünster"
Bald nach Mitte des 12. Jh. Neubau.

Die archäologischen Ergebnisse nach [JACOBSEN/ SCHAEFER/SENNHAUSER, 218f]:

Errichtung der Kirche über spätrömischen Thermentrakt. Der Kirche gehen Gräber eines frühmittelalterlichen Friedhofs voraus.

Bau I, eine Saalkirche mit Rechteckchor, in den Abmessungen des heutigen Mittelschiffs. Dieser Bau der Gründungsbau des Erzbischofs Willibert (870-89).

Bau II, eine Saalkirche mit Rechteckchor, Längsannexen, Westchor und -krypta.
Neubau des Sanktuariums durch Umbauung des alten Rechteckchors (Ostabschluss gestört). Längsrechteckiger Nordannex, nahegelegt durch Bodenrest aus Hypokaustziegeln, höher als Kalkestrich von Bau I, gleichgroßer Südannex möglich
Gerade geschlossener Westchor, durch breite Lisenen gegliedert. Ostwand mit Fenestella auf röm. Fundament, Westkrypta mit Altar vor Ostwand
Die Erweiterungen des Saales kommen einem Neubau in mehreren Bauphasen gleich.
Die Errichtung (mangels archäologischer Kriterien) mit den Zuwendungen der Erzbischöfe Wichfried und Bruno in Verbindung gebracht. Der Westchor wegen der Lisenengliederung ähnlich St. Pantaleon und St. Maria im Kapitol wohl Mitte 10. Jh.
Die zweijochige, fünfschiffige Vorkrypta kaum vor Mitte des 11. Jh., die ihr vorgestellte Säulenarkade mit Altarerker frühestens kurz vor Mitte des 12. Jh. (mit dem dreischiffigen Neubau).

Nach [KLIER, 61f]: Etwa um 1100-70 Umbau zur dreischiffigen Pfeilerbasilika mit flachgedecktem Mittelschiff und gewölbten Seitenschiffen. In dieser Zeit Westempore mit darunter befindlicher Kryptenvorhalle neu gebaut. Im Osten Chorjoch und Apsis.

Kreuzgang und Stiftsgebäude wurden im 12. Jh. im Westen neu gebaut, der ottonische Kreuzgang im Norden aufgegeben. Der so genannte "fränkische Bogen" erhielt sich nur, weil er in eine später errichtete, heute aber nicht mehr existierende Maternuskapelle an dieser Stelle einbezogen worden war.

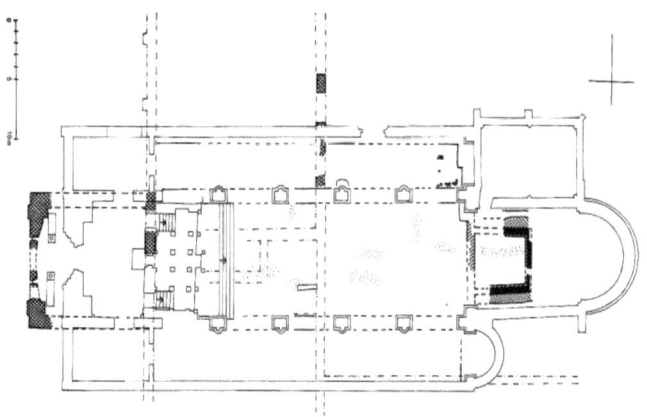

[JACOBSEN/SCHAEFER/SENNHAUSER, 219]

Nach [SCHÄFKE, 73ff]: Der heutige Bau um die Mitte des 12. Jh. Es gibt keine Baunachrichten. Schlichte dreischiffige, flachgedeckte Pfeilerbasilika ohne Querhaus. Der Westteil der Nordwand vom Vorgängerbau übernommen. Beide Seitenschiffe mit kleinen Apsiden geschlossen. Im Osten gewölbtes Chorjoch mit Apsis, Damenempore im Westen über der Krypta. Zierliche Säulenstellung vor der übernommenen Krypta, der kleine Vorbau trug wohl den Altar des Stiftschors.
Das Mittelschiff nach Westen, als niedriger Westchor ausgebaut, mit einem großen Portal.
Die Seitenschiffe und der Chor schlicht kreuzgratgewölbt.
Skulptiertes Tympanon über dem Nordportal um 1160

Alternative Rekonstruktion der Baugeschichte

Alle Nachrichten in den Schriftquellen des 9./10. Jh. sind konstruiert. Sie liefern keine Hinweise auf die reale Baugeschichte. Diese kann ausschließlich aus den archäologischen Ergebnissen gewonnen werden.

Der erste Kirchenbau steht unmittelbar auf den Resten der römischen Thermen, welche spätestens seit der globalen Naturkatastrophe um 940 in Trümmern lagen.

Ich sehe die Errichtung der ersten Kirche, vermutlich eine nicht bischöfliche Eigenkirche, in der zweiten Hälfte des 11. Jh. Der Saalbau mit dem kleinen Rechteckchor erfuhr in den folgenden Jahrzehnten verschiedene Umbauten, so eine Vergrößerung des Chors und möglicherweise die Ergänzung durch die Annexbauten.

Vermutlich kurz vor der Mitte des 12. Jh. wird im Westen ein im Grundriss etwa quadratischer, offenbar zweigeschossiger Baukörper angebaut, der von der bisherigen Forschung als Westchor gedeutet wird. (Der ursprüngliche Westbau erstreckte sich weiter nach Westen als die heutige Westfassade. Diese wurde im 19. Jh. einschließlich der Treppenspindeln neu errichtet.)

Das Untergeschoss dieses Baukörpers wird als Krypta angesehen, mit Zugängen in der Ostwand jeweils im Norden und im Süden in das Mittelschiff. In der Mitte vor der Ostwand ein Altar, darüber eine Einblicköffung, die den Einblick vom Langhaus in die Krypta erlaubte.

Ich sehe in diesem Baukörper keinen Westchor, sondern eher einen üblichen Westbau mit im Untergeschoss einem kryptenartigen, überwölbten Raum und darüber eine Empore, geöffnet zum Mittelschiff komplett oder durch eine Arkadenstellung.

Einen vielleicht ähnlichen Westbau finden wir in der Kirche St. Marien auf dem Münzenberg in Quedlinburg. Auch dort ein kryptenartiger Raum unter der Nonnenempore mit zwei Zugängen vom Langhaus. (siehe [MEISEGEIER 2019, 220ff])

Die Errichtung des Westbaus dürfte mit der Funktionsänderung der Kirche zur Damenstiftskirche (oder Nonnenklosterkirche?) im Zusammenhang stehen. Die

Empore wäre damit eine Nonnenempore wie wir sie aus zahlreichen anderen romanischen Nonnenklosterkirchen kennen.

Möglicherweise gab es keinen direkten Zugang von den Wohnräumen der Stiftsdamen/Nonnen zur Empore wie anderenorts vielfach, da das Fußbodenniveau der Empore relativ niedrig war und ein kleiner Treppenaufgang im Seitenschiff, ähnlich der heutigen Lösung, ausreichend war. Da der Bau offenbar nicht von Laien benutzt wurde, gab es dabei keine Probleme. Eine Laienbereich mit einem Kreuzaltar gab es nicht, da für die Pfarrdienste eine gesonderte Kirche, St. Peter, in unmittelbarer Nähe errichtet wurde.

Die Errichtung des Westbaus dürfte der Startschuss für die komplette Umgestaltung des Langhauses und der Ostteile gewesen sein. Jetzt entstand das dreischiffige Langhaus, das neue Chorquadrat und die Hauptapsis sowie die Nebenapsiden als östlicher Abschluss der Seitenschiffe. Vermutlich haben sich die umfangreichen Baumaßnahmen bis in das 13. Jh. hingezogen.

Die Anordnung des Portals in der heutigen Westfassade dürfte das Werk des Architekten des 19. Jh. sein. Der ursprüngliche Eingang befand sich m. E. im südlichen Seitenschiff, während das Nordportal der Zugang für die Stiftsdamen/Nonnen von der im Norden gelegenen Klausur zu ihren Plätzen vor dem Altarbereich war.

Der so genannte Fränkische Bogen ist ein Rest des Kreuzgangs auf der Nordseite. Vermutlich wurde der Kreuzgang nachträglich errichtet, weshalb man separate Bogenstellungen für die Auflage der Dachkonstruktion errichtete. Der Kreuzgang mit den Stiftsgebäuden auf der Westseite ist vermutlich einer Planänderung oder späteren Neuerrichtung (in der zweiten Hälfte (?) des 12. Jh.) zuzuschreiben.

Die sogenannte Vorkrypta ist einer nachträglichen Erweiterung der Nonnenempore in das Langhaus "geschuldet". Ihre Errichtung gehört zu den Baumaßnahmen im Langhaus.

St. Georg

Das Stift St. Georg soll von Erzbischof Anno II. (1056-75) nach der Überlieferung an der Stelle eines dem hl. Cäsarius geweihten Oratoriums errichtet worden sein.

Der dreischiffige Bau ohne Querschiff mit östlicher Apsis wurde über den Resten eines gallo-römischen Tempels (?) erbaut, unter weitgehender Nutzung der römischen Fundamente. Von der Apsis sind nur die Ansätze erhalten, das weitere beim Bau der Krypta des 11. Jh. zerstört.
Wegen der Nutzung der römischen Fundamente wird dieser erste Kirchenbau in das "5. Jh." (mit Fragezeichen!) datiert. [OSWALD/SCHAEFER/SENNHAUSER, 146f]
Abweichend wird in diesem Bau auch das im 7. Jh. erbaute Caesarius-Heiligtum gesehen [https://www.romanische-kirchen-koeln.de/index.php?id=87].

Im Zusammenhang mit der Gründung des Chorherrenstift durch Erzbischof Anno II. um 1059 Kirchenneubau als dreischiffige, doppelchörige, flachgedeckte Säulenbasilika mit einer fünfschiffigen Hallenkrypta. Die Klausurgebäude im Osten.
Schon 1067 soll die Kirche fertiggestellt und die Reliquien des hl. Georg in die neuerbaute Kirche übertragen worden sein.
Um 1074 soll die Weihe der Stiftskirche erfolgt sein.

Die Einwölbung von Langhaus und Chor um 1150. Vor 1180 bis 1188 Ersatz der Westapsis des Ursprungsbaus durch einen monumentalen Westchor über quadratischem Grundriss.
Ursprünglich war ein höherer Turmaufbau geplant, der jedoch unterblieb; vermutlich aufgrund einer zu dünnen finanziellen Decke [SCHÄFKE, 86].

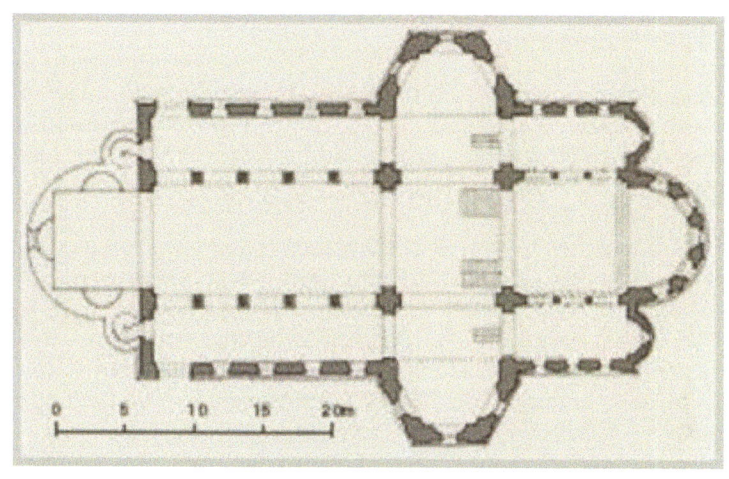

Köln, St. Georg. Anfang 12. Jh. Grundriss entnommen aus
[https://www.romanische-kirchen-koeln.de/index.php?id=87]

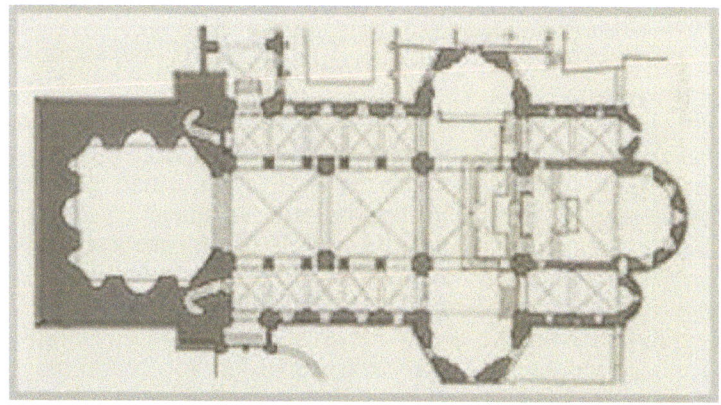

Köln, St. Georg. Um 1188. Grundriss entnommen aus
[https://www.romanische-kirchen-koeln.de/index.php?id=87]

Das Cäsarius-Heiligtums halte ich für eine fromme Legende. Der erste Kirchenbau, der zum Teil auf römischen Fundamenten errichtet wurde, dürfte vielleicht um die Mitte des 11. Jh. zu datieren sein. Er war vermutlich keine bischöfliche Eigenkirche.

Den Baubeginn des Nachfolgebaus sehe ich Anfang des 12. Jh. im Zusammenhang mit der Gründung des Chorherrenstifts.

Die Westapsis könnte für die Absicht sprechen, dass ursprünglich ein gewesteter Bau errichtet werden sollte, man sich aber während des Baus umentschieden hat und doch einen geosteten Bau errichtete. Die Anordnung der Klausurgebäude im Osten könnte für die ursprüngliche Westung sprechen.

Dass eine doppelchörige Kirche das ursprüngliche Konzept darstellte, sehe ich eher nicht. Bei doppelchörigen Kirchen diente der Westchor der Verehrung eines besonderen Stifters, die für St. Georg nicht überliefert ist.

Möglicherweise orientierte man sich an etwa zeitgleichen Bauten im näheren Umfeld. Für gewestete Kirchenbauten gibt es in Köln prominente Beispiele, so der Bau der Phase VIIa (nach DOPPELFELD) als auch St. Aposteln, die ich beide um 1100/Anfang 12. Jh. datiere.

Es sprechen noch weitere Merkmale für die Datierung in das 12. Jh., so der quadratische Schematismus, der im Mittelschiff und den Seitenschiffen zur Anwendung kam, und die ausgeschiedene Vierung (gemäß dem Grundriss). Weiter, die Nebenchöre, die in den Reformordenskirchen des beginnenden 12. Jh. fast zum Bauprogramm gehörten. Auch die bis unter die Nebenchöre ausgedehnte Krypta gehört frühestens in das 12. Jh.

Für die tonnengewölbten Zwischenjoche im Querhaus, in Fortsetzung der Seitenschiffe, gibt es ein Beispiel aus dem 12. Jh., die Ulrichskirche in Sangerhausen, ab 1116 errichtet.

Auch die Nischengliederung der Querhausapsiden gehört in das 12. Jh. Der apsidiale Schluss der Querarme in St. Andreas datiert in die Mitte des 12. Jh.

Es spricht nichts, außer den fragwürdigen Schriftquellen, für eine frühere Entstehung.

Die Baumaßnahmen dürften das ganze 12. Jh. hindurch angedauert haben.

Der Neubau des Westbaus im ausgehenden 12. Jh. war anscheinend das letzte große Vorhaben, das am Ende nicht vollendet werden konnte, da die notwendigen finanziellen Mittel nicht zur Verfügung standen. Das Patronatsrecht, das 1179 das Eigenkirchenrecht ablöste, entzog dem ursprünglichen Eigenkirchenherrn die Einkünfte, womit dieser den Kirchenbau jetzt allein aus seinem Privatvermögen finanzieren musste.

Das Stadtgebiet um St. Georg wurde ab 1106 in die Stadtbefestigung einbezogen - ein weiteres Indiz für eine Errichtung im 12. Jh.

St. Gereon

»Bei Köln ist eine Kirche, in der 50 Männer aus jener heiligen Thebäischen Legion den Märtyrertod erlitten haben sollen. Und weil der wunderbare Bau mit seinem Mosaikschmuck wie vergoldet erglänzt, haben die Kölner sich gewöhnt, ihn "Die Goldenen Heiligen" zu nennen.« [KLIER, 89]

Diese Zeilen Gregors von Tours sollen gemäß Tradition dem römischen Nischenzentralbau gegolten haben, der heute noch Kernbau der romanischen Kirche St. Gereon ist und als Ersterwähnung gesehen wird. Sie sind in Gregors *Libri octo miraculorum* (Acht Bücher der Wunder), Buch 1: *Liber in gloria martyrum* (Buch zum Ruhm der Märtyrer) enthalten.

Doch von Anfang an:

Bisherige Rekonstruktion der Baugeschichte

Bzgl. der traditionellen Baugeschichte beziehe ich mich hauptsächlich auf die Webseite des Fördervereins "Romanische Kirchen Köln" [https://www.romanische-kirchen-koeln.de/index.php?id=97&L=%2Fetc%2Fpasswd].

In der ersten Hälfte oder Mitte des 4. Jh. wurde auf einem römischen Gräberfeld westlich vor der Stadt an der Stelle eines kleineren Grabbaus ein relativ großer Nischenzentralbau mit ovalem Grundriss, einem Apsidennarthex und ein Atrium im Westen errichtet, nach der Tradition ein Memorialbau zu Ehren von Märtyrern, der vielleicht bereits als Kirche diente.
Im 6. Jh. erfolgte ein erster Umbau im Inneren.

Um 590 berichtet Gregor von Tours († 594) über die Verehrung von Märtyrern der Thebäischen Legion in der Kirche 'ad sanctos aureos' ('Zu den goldenen Heiligen'). Diese Bezeichnung soll auf die Ausstattung des Inneren mit Goldmosaiken hindeuten.
Im Jahr 612 soll der Merowingerkönig Theoderich in der Kirche die Huldigung der Franken entgegengenommen haben.
Um 839 wird erstmals ein Stift an der Kirche bezeugt; das Atrium und seine Anbauten dienen angeblich als Stiftsgebäude.
Im frühen 9. Jh. wird der hl. Gereon als Patron der Kirche genannt.
Während der Regierungszeit des Kölner Erzbischofs Hildebold (vor 787 - 818) gibt es vermutlich eine bauliche Veränderung: ein rechteckiger Chor entsteht anstelle der Apsis, eine Außenkrypta wird gebaut. 818 wird Hildebold in St. Gereon bestattet.

866 gilt das Stift St. Gereon als ranghöchste Kirche der Kölner Diözese nach dem Dom (entsprechende Nennung in der Gunthar'schen Güterumschreibung).

Um 1062 ?? - 1067/69 werden an der desolaten Kirche unter Erzbischof Anno II. (1056-1075) umfangreiche Baumaßnahmen vorgenommen: anstelle der Apsis (oder des späteren Chores) Bau eines langgestreckten Chores mit Krypta (Weihe 1069).

1121 werden die Gebeine des hl. Gereon gefunden und seither als Reliquien verehrt.

Von 1151-1156, unter dem Kölner Erzbischof Arnold von Wied, wurde der Chor umgestaltet. Erweiterung um ein von Türmen flankiertes Chorquadrat mit Apsis. Verlängerung der Krypta nach Osten. Ausstattung des Chores mit Wandmalereien und Mosaikfußboden.

1180 wurde das Stift St. Gereon in die staufische Stadtbefestigung einbezogen.

Um 1190/91 - 1212 erfolgte die Erneuerung des Heiligengrabes in der Krypta und des darüberstehenden Gereonaltares im Chor. Altarweihe und Erhebung der Reliquien im Jahr 1212.

In der zweiten Hälfte des 12. Jahrhunderts - Anfang des 13. Jahrhunderts wurde der Kreuzgang des Stifts errichtet.

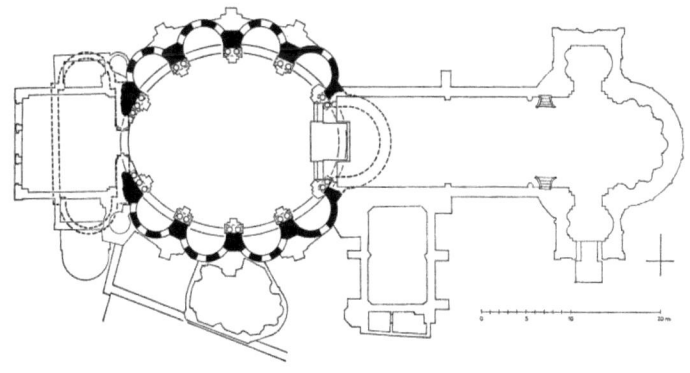

Köln, St. Gereon. Grundriss entnommen aus [OSWALD/SCHAEFER/SENNHAUSER, 147f]

1210/19 - 1227 wurde der antike Kernbau erhöht, außen ummantelt und zu einem Zehneck (Dekagon) umgestaltet: über dem beibehaltenen ursprünglichen Erdgeschoss werden drei Geschosse errichtet (Emporen, Laufgang mit Fächerfenstern, Geschoss mit Lanzettfenstern). Den Abschluss bildet eine Rippenkuppel. Außen Errichtung von Strebepfeilern und -bögen, Zwerggalerie und Zeltdach.

Um 1220/30 wurden die Stiftsgebäude erneuert und eine neue Vorhalle im Westen erbaut.

Die Nachrichten in den frühen Quellen

Ich komme noch einmal auf Gregor von Tours und seine "Ersterwähnung" zurück.
Bzgl. der Richtigkeit dieser Nachricht sind m. E. große Zweifel angebracht. Ob von Gregor die Implantierung der Legende um die Märtyrer der Thebäischen Legion in Köln beabsichtigt war oder dieser Passus eine spätere Ergänzung eines anderen Autors ist, kann hier nicht geklärt werden.
Zur Erinnerung: Gregor von Tours (trad. 538-594) korrigierte Lebenszeit war 956-1012 u. Z.

Möglicherweise gab es einen Wettstreit um die Lokalisierung der Märtyrerstätte der Thebäischen Legion zwischen Köln und St. Maurice d'Agaune im schweizerischen Wallis, wo ebenfalls im 11. Jh. der Kult um den hl. Mauritius entsteht (siehe *Anhang*). Salomonisch teilte man sich den Ruhm.

Nach [OSWALD/SCHAEFER/SENNHAUSER, 147f] erfolgt die Überlieferung des hl. Gereon zuerst im Martyrologium von 627/28. Diese spätantike Datierung würde auf das Jahr 1045/46 u. Z. verweisen. Ich halte das Martyrologium jedoch für ein späteres Pseudepigraph. Vermutlich wurde der hl. Gereon im frühen 12. Jh. "geschaffen".
Im Jahr 612 soll der Merowingerkönig Theoderich in der Kirche die Huldigung der Franken entgegen genommen haben [https://www.romanische-kirchenkoeln.de/index.php?id=97&L=%2Fetc%2Fpasswd].

Vermutlich ist dem Verfasser der o. a. Webseite hier ein Irrtum unterlaufen; einen Merowingerkönig Theoderich gab es meines Wissens nicht. Vielleicht war Theuderich II. gemeint, der von 596-613 (korrigiert 1014-1031 u. Z.) König des Teilreiches Burgund war. Doch warum sollte der sich im Teilreich Austrasien huldigen lassen? Vielleicht war auch Theudebert II., der von 596-612 (korrigiert 1014-1030 u. Z.) in Austrasien herrschte, gemeint, jedoch warum sollte der sich im letzten Jahr seiner Herrschaft huldigen lassen? Es dürfte klar sein, dass die Huldigung eines merowingischen Königs durch die Franken im Jahr 612 (korrigiert 1030) in dem antiken Bau mit Sicherheit pure Erfindung ist.

Die in den (gefälschten) Schriftquellen enthaltene Erwähnung eines Stifts um 840 gilt als erstmaliger Beleg von Gereons Patronat der Kirche.

Der fiktive Erzbischof Anno II. soll an der desolaten Kirche umfangreiche Baumaßnahmen vorgenommen haben, wobei der desolate Zustand des Bauwerks bei dieser Nachricht vielleicht bemerkenswert ist.

Alternative Rekonstruktion der Baugeschichte

Der ovale Nischenzentralbau mit größerer, hufeisenförmiger Nische im Osten und Apsidennarthex im Westen ist eindeutig ein römischer Bau. Die traditionelle Datierung um 350-65 [KLIER, 89] ist spätantik und lautet korrigiert 66-81 n. Chr. Ob das Atrium wirklich schon zum römischen Bau gehörte, erachte ich für zweifelhaft.

Die Errichtung innerhalb der römischen Nekropole weist diesen eindeutig als Grabbau aus. Aufgrund der aufwendigen Gestaltung ist der Bau sicher einer reichen römischen Familie zuzurechnen.

Im Jahr 455, korrigiert im Jahr 171, eroberten die Franken, genauer die Rheinfranken, die Stadt und machten sie zum Sitz ihres Teilkönigreichs. Eine Nutzung des Grabbaus durch die Rheinfranken sehe ich nicht, zumal er außerhalb der eigentlichen römischen Stadt lag und die Nekropole sicher weiter genutzt wurde.

Im Jahr 509, das ist korrigiert das Jahr 225, einverleibten sich die Merowinger unter Chlodwig das Rheinfränkische Teilreich.

Im Jahr 238, korrigiert das Jahr 940 u. Z., ereignete sich die globale Naturkatastrophe. In der Katastrophe wurde u. a. die Nekropole verwüstet und der Grabbau vermutlich schwer in Mitleidenschaft gezogen.

Erst gegen Ende des 10. Jh. wird von den Merowingern die fränkische Landeskirche gegründet und Köln als einer der Bischofssitze bestimmt. Vor diesem Zeitpunkt ist kein Kirchenbau denkbar, jedoch fränkische Begräbnisse in dem Bau durchaus.

Der Grabbau lag immer noch außerhalb der ummauerten Stadt. Abgesehen von einer ersten Erweiterung der Stadtbefestigung, angeblich im 10. Jh., wird die Stadtbefestigung erst ab 1108 erweitert, wobei das Gebiet um St. Gereon noch nicht einbezogen war. St. Gereon wird erst bei der Erweiterung von 1180 - 1220 durch Mauern geschützt. Wenn St. Gereon so bedeutend war, wieso wurde es erst so spät in die Stadtbefestigung einbezogen?

Wie die Quellen Fälschungen bzw. Pseudepigraphen sind, sind auch die Nachrichten des 9. Jh. bis einschließlich 11. Jh. sämtlich spätere Erfindungen.

Den Umbau des römischen Grabbaus zu einer Kirche sehe ich am Beginn des 12. Jh. Die wundersame "Auffindung" der Gebeine Gereons 1121 könnte der Start für den Kirchenbau gewesen sein, wie z. B. in Erfurt die "Auffindung" der Gebeine von Adolar und Eoban 1153 der Startschuss für den Domneubau ab 1154 war. In Köln wird der Zentralbau wiedererrichtet. Anstelle der großen Ostnische wurde ein rechteckiger Chor angefügt.

Noch während des Baus erfolgte eine Planänderung zu einem Langchor mit Apsis ähnlich St. Severin, wo zur selben Zeit ein solcher sich im Bau befand.

Ebenfalls in die erste Hälfte des 12. Jh. verorte ich das so genannte Atrium als Kreuzgang der Klausur und die Errichtung der Klostergebäude.

Noch vor Fertigstellung des Langchores (nach Mitte des 12. Jh.) erfolgte eine weitere Planänderung. Der Langchor erhielt jetzt Chorflankentürme. Um 1190 wurde die so genannte Confessio eingebaut.

Die Altarweihe erfolgte 1212. Ab 1210 wurde der Zentralbau zu einem Dekagon umgebaut.

St. Kunibert

St. Kunibert ist die jüngste große romanische Kirche Kölns. Nach der Tradition bestimmte Kunibert, 627 zum Bischof von Köln geweiht, eine Papst Clemens geweihte Kirche zu seiner Grabstätte. Vermutlich hat er sie auch erbauen lassen. "Die nächsten Jahrhunderte in der Geschichte von Stift und Kirche sind dunkel." [SCHÄFKE, 128]

866 Erwähnung des Stifts in der Bestätigung der Guntharschen Güterumschreibung.

Mitte des 11. Jh. dreischiffiger Neubau mit von Türmen bekröntem Westbau.

1074 Erhebung der Gebeine der beiden Ewaldi und 1168 die von Kunibert zur Ehre der Altäre.

Vor 1210 wurde auf Betreiben des Propstes des St. Kunibertstifts, des späteren Erzbischofs von Trier, Theoderich von Wied, mit dem Neubau einer Kirche begonnen. Diese eine dreischiffige, gewölbte Basilika mit doppeltürmigem Chorhaupt über einem kryptenartigen Brunnenraum und mit breitausladendem Westquerhaus.

1247 Weihe.

1261 Fertigstellung mit dem oberen Geschoss des Westturmes

Alternative Rekonstruktion der Baugeschichte

Die Verknüpfung des Kirchenbaus mit dem vermutlich realen, um die Mitte des 11. Jh. residierenden Bischof Kunibert sehe ich als späteres Konstrukt.

Die 866 durch König Lothar II. erfolgte Bestätigung der Guntharsche Güterumschreibung ist eine spätere Fälschung, ebenso das Testament von Erzbischof Bruno von 965, in dem die beiden Ewaldi und Kunibert bedacht wurden. Auch die Erhebung der Gebeine der beiden Ewaldi 1074 gehört für mich dem Konstrukt an.

"Bisherige Grabungen haben Spuren der frühen Stiftsgebäude nachgewiesen, die Fundamente der Vorgänger der heutigen Kirche sind im Mittelschiff des romanischen Baus erschlossen worden." [SCHÄFKE, 128]
Leider konnte ich keine Informationen zu den "erschlossenen" Vorgängerbauten finden. Im Katalog der Denkmäler bis zum Ausgang der Ottonen (Vorromanische Kirchenbauten) ist St. Kunibert überhaupt nicht enthalten, d. h. die Verfasser sehen keine archäologischen Spuren bis 1024.

Da das Gebiet um St. Kunibert 1106 in die Stadtbefestigung einbezogen wurde, könnte durchaus in der ersten Hälfte des 12. Jh. ein Kirchenbau bestanden haben. Dass ein solcher lange vor 1106 errichtet wurde, denke ich nicht. Welche Gestalt dieser hatte, entzieht sich meiner Kenntnis.

1168 sollen die Gebeine des hl. Kunibert zur Ehre der Altäre erhoben worden sein. Vielleicht hat dieser Akt die Anregung für den Neubau gegeben. Die von KLIER angegebene Bauzeit 1215 bis 1247 [KLIER, 106] erscheint mir etwas kurz. Ein Baubeginn um 1180 erscheint mir glaubhafter.

Die kryptenartige Raum unter dem Chor hat möglicherweise nie als Kultraum gedient. Dazu erscheint seine Gestaltung zu schlicht. Er war vielleicht wirklich reine Substruktion für den Chor aufgrund des zum Rhein abfallenden Geländes.

St. Maria im Kapitol

Den Namen hat St. Maria im Kapitol vom römischen Kapitolstempel, an dessen Stelle die Kirche erbaut wurde. Der Name ist jedoch erst seit 1189 überliefert [KLIER, 120].

St. Maria im Kapitol soll nach den Quellen die Stiftung einer Eigenkirche auf dem Hügel des Kapitolstempels durch Plektrudis (†726?) sein, die auch hier bestattet wurde.

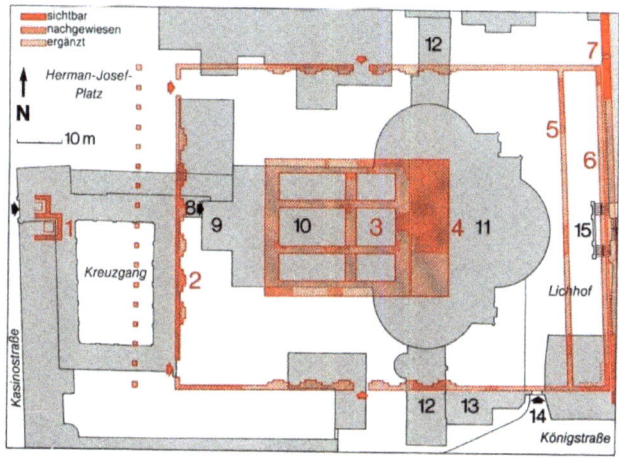

GRUNDRISSE VON RÖMISCHEM KAPITOLSTEMPEL UND KIRCHE
ST. MARIA IM KAPITOL (NACH GERTA WOLFF)

Bezirk des Kapitolstempels. Plan entnommen aus [KLIER, 120]

An der Kirche wirkende Kanoniker sollen durch Erzbischof Bruno (953-965) wegen der Ansiedlung von Benediktinerinnen aus Remiremont nach St. Andreas versetzt worden sein. [JACOBSEN/SCHAEFER/SENNHAUSER, 222]

"In schriftlichen Quellen wird die Kirche erstmals in Ruotgers Lebensbeschreibung Erzbischofs Brunos (953-965) erwähnt." [SCHÄFKE, 143]

Nach KLIER [121] soll Plektrudis, die Frau des Hausmeiers Pippin, um 690 in dem römischen Tempelbezirk einen Damenkonvent mit Marienkirche gegründet haben.

"Da aus der Zeit der Plektrudis keine Befunde nachgewiesen sind, wird Verwendung des römischen Bauwerks als erste Kirche vermutet." [OSWALD/SCHAEFER/SENNHAUSER, 148]

Die erhaltene Bausubstanz des röm. Tempels jedoch "ohne gesicherte Hinweise für die kirchliche Nutzung" [JACOBSEN/SCHAEFER/SENNHAUSER, 222].

Der heutige Bau von Äbtissin Ida bestimmt, die nach Überlieferung des 18. Jh. 1060 starb. Ida, Schwester von Theophanu, Äbtissin in Essen (1039-58), beide Töchter des Pfalzgrafen Ezzo, dieser verheiratet mit einer Schwester Kaiser Otto III. [SCHÄFKE, 144]

Der Bau eine dreischiffige Basilika, im Osten ein Dreikonchenchor, ursprünglich flachgedeckt. Die drei Konchen mit Umgängen in Seitenschiffbreite. Der Westabschluss ein nach Westen vorgezogener etwa quadratischer Mittelturm, an dessen Nordost- bzw. Südostecke je ein Treppenturm. Im Obergeschoss zum Mittelschiff geöffnete Empore. Die Emporenöffnung mit Säulenstellung ähnlich denen der Empore im Aachener Oktogon.

Unter dem Chor und der ausgeschiedenen Vierung geräumige dreischiffige Krypta.

Das Langhaus wurde auf den Resten des römischen Tempels errichtet, mit derselben Ausrichtung.

"Auffallend und für die damalige Zeit ungewöhnlich sind die drei Konchen, die dem Grundriss der Geburtskirche in Bethlehem folgen." [Wikipedia]

"Ob diese spezielle Grundrissgestalt des kleeblattförmigen Dreikonchenbaus ihr Vorbild in dem erstaunlich übereinstimmenden Chor der Geburtskirche in Bethlehem hat ..." [KLIER, 122]

"Die unter der Kirche gelegene Krypta hat fast die Ausmaße der des Speyerer Doms." [Wikipedia] Nicht nur die Ausmaße, sondern auch die Säulen mit ihren Kapitellen und Basen ähneln denen in Speyer.

Die Westturmgruppe ... war in der Nachfolge von St. Pantaleon zu sehen." [ebd., 122]

"... mit der Westempore unverändert ein Zitat kaiserlichen Anspruchs. Die Öffnung dieser Empore nimmt mit ihrer Arkade ... unverkennbar Bezug auf die gleichartigen Emporen der Pfalzkapelle Karls des Großen in Aachen." [ebd., 122]

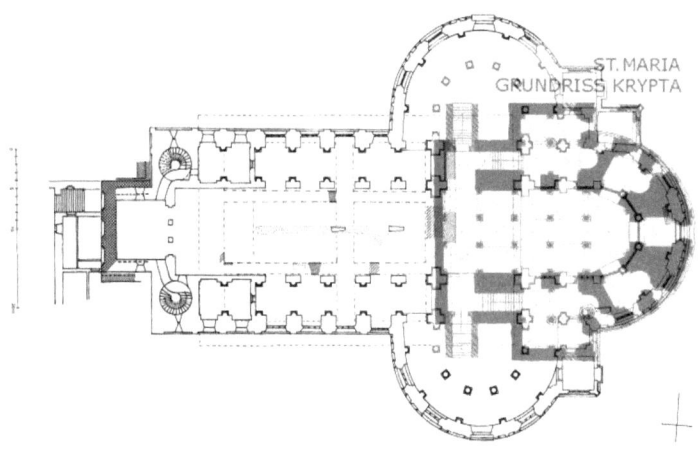

Köln, St. Maria im Kapitol. Grundriss entnommen aus [JACOBSEN/SCHAEFER/SENNHAUSER, 223] mit Einblendung der Krypta

Nun zur Datierung. Dass vor dem stehenden Bau bereits ein Vorgängerbau existierte, dafür gibt es nicht einen Beleg. Was ist mit der Gründung einer Eigenkirche durch Plektrudis?

Wie eingangs ausgeführt, könnte Plektrudis - sofern sie eine historische Person ist - von ca. 1080 bis 1144 gelebt haben. Die Gründung einer Eigenkirche im ersten Viertel des 12. Jh. ist erst einmal aus meiner Sicht nicht unplausibel.

Zum Grab der Plektrudis: "Der 0,40 m unter dem derzeitigen Kirchenboden in der Mittelachse angetroffene Ziegelsplittestrich, ... , wohl doch römisch, in der Kirchenachse von Trapezsarkophagen des 8./9. Jhs. gestört, der östliche als Grablege der Plektrudis angesehen." [JACOBSEN/SCHAEFER/SENNHAUSER, 222]

Die Grabplatte der Plektrudis wurde 1160/70 angefertigt.

Dass der aktuelle Bau schon in der ersten Hälfte des 11. Jh. errichtet sein soll, ist ausschließlich den gefälschten Quellen "zu verdanken".

Die Ostteile sollen eine ziemlich exakte Kopie der Geburtskirche darstellen. Wie in [MEISEGEIER 2017, 89ff] ausgeführt, sehe ich in der Geburtskirche einen Bau des 12. Jh., errichtet unter den Kreuzfahrern.

Damit erachte ich die Auffassung, dass der Dreikonchenchor von St. Maria im Kapitol eine Kopie der Ostteile der Geburtskirche ist, für fraglich, auch wegen der Umgänge um die Konchen in Köln. Ich gehe jedoch davon aus, dass beiden Bauten das gleiche Grundrisskonzept zugrunde lag. Wie die Bauhütten in Bethlehem und in Köln zu demselben Plan gelangten, muss hier offenbleiben. Verbindungen zwischen den Kreuzfahrern und ihrem Herkunftsgebieten dürften auf jeden Fall bestanden haben. Vermutlich mussten auch die Baumeister aus den Herkunftsländern heranbeordert werden, wobei die unmittelbare Herstellung dann sicher örtlichen Handwerkern oblag.

Nun besitzt St. Maria im Kapitol nicht den einzigen Dreikonchenchor in Köln und Umgebung. Der Dreikonchenchor von Groß St. Martin entsteht nach 1150, der von St. Aposteln ab 1200, der von St. Quirin in Neuss ebenfalls nach 1200, die in Konchen endenden Querarme des Bonner Münsters nach 1150, die von St. Andreas in Köln um 1200.

Weitere Indizien für die Datierung: Die große Krypta in Speyer entsteht erst ab Anfang des 12. Jh. (siehe dort).

Der Westbau von Pantaleon wurde auch erst in der ersten Hälfte des 12. Jh. errichtet (siehe unten).

Auch die Emporenarkaden des Aachener Oktogons dürften frühestens in der zweiten Hälfte des 11. Jh./1. Hälfte 12. Jh. entstanden sein (siehe dort).

Zusammengenommen folgt daraus, dass St. Maria im Kapitol frühestens im zweiten Viertel des 12. Jh. erbaut wurde. Der durch die Chorumgänge um alle drei Konchen hinsichtlich seiner Konzeption viel kompliziertere Entwurf, als z. B. Groß St. Martin, spricht sogar für eine spätere Entstehung, vielleicht doch erst in der zweiten Hälfte des 12. Jh.

St. Maria Lyskirchen

St. Maria in Lyskirchen ist die kleinste der zwölf großen romanischen Kirchen Kölns und entstand in ihrer heutigen Form zwischen 1198/1200 und 1225.

Wikipedia: "Der Legende nach wurde die Kirche von Bischof Maternus im frühen vierten Jahrhundert gegründet. Im Jahr 948 wurde erstmals eine private Marienkapelle in Form einer schlichten Saalkirche urkundlich erwähnt. Wahrscheinlich handelte es sich um eine Eigenkirche eines Herren Lisolvus oder Lysolfus ... Der Bau wurde im Jahr 1067 durch Erzbischof Anno II. dem von ihm gegründeten Chorherrenstift St. Georg als Pfarrkirche inkorporiert und trug damals den Namen St. Maria in Noithusen. ... Im 12. Jahrhundert wurde sie wahrscheinlich dreischiffig ausgebaut und um 1135/42 erstmals urkundlich als „ecclesia Lisolvi" (Kirche des Lisolvus) erwähnt. Über diesen Vorgängerbau haben archäologische Untersuchungen nur wenige Erkenntnisse gebracht."

Der Legende nach soll die Krypta die Zelle des hl. Maternus sein. Es ist jedoch geklärt, dass die Krypta Bauteil der romanischen Kirche ist, die um 1220 errichtet wurde. [SCHÄFKE, 162]

"Eine Art archäologischer Probebohrung hat aber 1972 Spuren von Vorgängerbauten erkennen lassen. Eine ältere Mauerecke verwandte römisches Baumaterial in Zweitnutzung und ein jüngerer Mauerzug, schon mit Tuffstein verblendet, verlief genau in der Linie der Pfeiler des heutigen Schiffs. ... Die erste kleine Kapelle ist nach den gefundenen Spuren durch einen Saalbau ersetzt worden. Dessen Maße scheinen dann die Breite des Mittelschiffs der heutigen Kirche bestimmt zu haben." [SCHÄFKE, 163]

"Der erste nachrömische Fußboden liegt etwa 2,85 m unter dem heutigen. Der nächste, der des Saalbaus, liegt 1,70 m darunter, und der eigentliche Fußboden des romanischen Baus liegt immer noch 60 cm unter dem heutigen Boden." [SCHÄFKE, 165]

"Aus der Bauzeit der Kirche liegen keine Nachrichten vor. ... Erst aus dem folgenden 14. Jh. sind uns Nachrichten über Stiftungen vornehmer Kölner Familien überliefert." [SCHÄFKE, 164]

St. Maria Lyskirchen nicht im gebundenen System, was bei den beengten Grundstücksverhältnissen nicht ging. Man hätte dann die engen Emporen und Seitenschiffe kaum noch betreten können. [SCHÄFKE, 165]

Der südliche Chorturm nicht mehr erhalten oder ursprünglich nicht ausgebaut. Durch die Erneuerung der Chorapsis 1658-62 Veränderung der romanischen Chorfassade. Das Innere bei der Umgestaltung im 17. Jh. tiefgreifend verändert. Die romanischen Emporenbrüstungen wurden durch barocke Baluster ersetzt. Nur im westlichen Joch die ursprünglichen Drillingsbögen der Emporen noch erhalten. [KLIER, 137f]

Alternative Rekonstruktion der Baugeschichte

Die Legende von der Gründung durch Bischof Maternus, der wahrscheinlich im 1. Jh. Bischof in Köln war, ist vielleicht eine schöne Geschichte, mehr aber auch nicht.

Auch die Erwähnung 948 in einer, m. E. gefälschten Urkunde ist für die Baugeschichte unbrauchbar, ebenso die Nachricht zum Jahr 1067, als Erzbischof Anno die Kirche dem

Chorherrenstift St. Georg als Pfarrkirche inkorporiert haben soll.

Als erste verwendbare Nachricht sehe ich die urkundliche Erwähnung als „ecclesia Lisolvi" (Kirche des Lisolvus) um 1135/42, offenbar eine Eigenkirche eines Lisolvus.

Der archäologisch nachgewiesene Saalbau in der Breite des heutigen Mittelschiffs könnte diese Eigenkirche gewesen sein.
Mit der Bestimmung als Pfarrkirche und Zuordnung zum Chorherrenstift St. Georg etwa um die Mitte des 12. Jh. könnte die Idee eines Neubaus zusammenhängen. Nur kurze Zeit vorher, in der ersten Hälfte des 12. Jh., waren die mit Chorflankentürmen versehenen Langchöre von St. Severin und auch von St. Gereon begonnen worden. Vielleicht beabsichtigte man für die Ostteile von St. Maria Lyskirchen das gleiche Konzept. Die von den Türmen flankierte Apsis dürfte eine vergleichbare Ansicht erzeugt haben, wie St. Severin bzw. St. Gereon.
Unter der Verwendung der Fundamente des Saalbaus wurde der Bau des Langchors und der Chorflankentürme begonnen. Ich denke, dass das erste Konzept für die Ostteile keine Dreischiffigkeit enthielt. Noch während der Errichtung der Ostteile erfolgte vermutlich eine längere Bauunterbrechung und eine Planänderung. Der Grund dafür könnten finanzielle Probleme gewesen sein. "Wahrscheinlich aufgrund Geldmangels wurde nur der Nordturm fertiggestellt. Die Krypta der Vorgängerkirche wurde aufgegeben und die neue auf den Raum unter Chorquadrat und Apsis beschränkt." [Wikipedia]

Auch bei St. Georg führten finanzielle Schwierigkeiten zur Einstellung der Bautätigkeit (siehe dort). Meine Vermutung ist, dass die Einführung des Patronatsrechtes (1179), das das Eigenkirchenrecht ablöste, der Grund dafür war. Dadurch wurde dem früheren Eigenkirchenherr die ökonomische Basis für die Fortführung des Baus entzogen.
Der Beginn der Fortführung des Baus könnte mit dem traditionell angenommenen Baubeginn 1198/1200 identisch sein. Unter teilweiser Verwendung der bereits fertiggestellten Bauteile (Chor, Apsis, Krypta (?), untere Geschosse der

Chorflankentürme) wurde ein deutlich reduzierter Bau errichtet. Die ursprünglichen Ostteile erhielten einen Westabschluss und zusätzlich relativ breite Seitenschiffe.

Die Abweichung vom quadratischen Schematismus kann nicht, wie SCHÄFKE meint, den beengten Grundstücks-verhältnissen und der beschränkten Begehbarkeit von Seitenschiffen und Emporen geschuldet sein [SCHÄFKE, 165].
Das Mittelschiff hatte ca. 6 m Breite im Lichten, womit die Seitenschiffe immerhin noch 3 m breit gewesen wären; als Verkehrsweg, wozu sie üblicherweise dienten, durchaus ausreichend. Vielleicht sollten jedoch die Seitenschiffe nicht nur die Nebenfunktion der Zugänglichkeit zum Hauptraum, dem Mittelschiff, erfüllen, sondern - nach der Reduzierung des Baus - zusätzlich dem Aufenthalt der Gläubigen während des Gottesdienstes dienen, was bei den geringen Abmessungen des Kirchenbaus dann vielleicht nachvollziehbar wäre. Einer solchen Nutzung würden auch die relativ weiten Mittelschiffsarkaden entsprechen. Die späteren Hallenkirchen perfektionieren dieses System weiter durch die Angleichung der Seitenschiffshöhe an die Höhe des Mittelschiffs.

Emporen werden als Räume m. E. generell überschätzt. Eine größere Breite bietet keine Vorteile. Die relativ kleinen Emporenöffnungen würden sowieso nur den unmittelbar vor den Öffnungen Befindlichen einigermaßen Einblick in das Schiff und auf das dortige Geschehen bieten. Zum anderen war die Zugänglichkeit der Emporen über schmale Stiegen bzw. Treppenspindeln kaum für eine größere Anzahl von Menschen geeignet. Ich denke, dass solche Emporen vielleicht vorwiegend gestalterischen Wert besaßen. (Vielleicht wurden sie schon bei der Errichtung in ihrer möglichen Nutzung überschätzt.)
Übrigens wurden in der Stiftskirche Gernrode die Emporen noch im 12. Jh. wieder entfernt - m. E. aus Gründen der Praktikabilität. (Dort war man durch das Querhaus natürlich noch weiter vom Ort des Geschehens entfernt.)

Groß St. Martin

Die staufische Kirche überbaut die südöstliche von vier römischen, um einen Hof angeordneten dreischiffigen Pfeilerhallen (Horrea, 2. Jh.) und steht mit Ihren Westjochen über der Südzufahrt des Hofes und über dem Ostteil der Südwesthalle. Eine frühmittelalterliche Nutzung der römischen Bausubstanz ist nur in der südöstlichen Horrea nachzuweisen [JACOBSEN/SCHAEFER/ SENNHAUSER, 222].

Zu einem nicht genau zu benennenden Zeitpunkt nach dem Ende der Römerherrschaft (455) Umnutzung der südöstlichen Lagerhalle. Die erkennbaren Spuren nachträglicher Verschönerungen werden u. a. der Umnutzung zur Kirche zugeschrieben. [KLIER, 153]

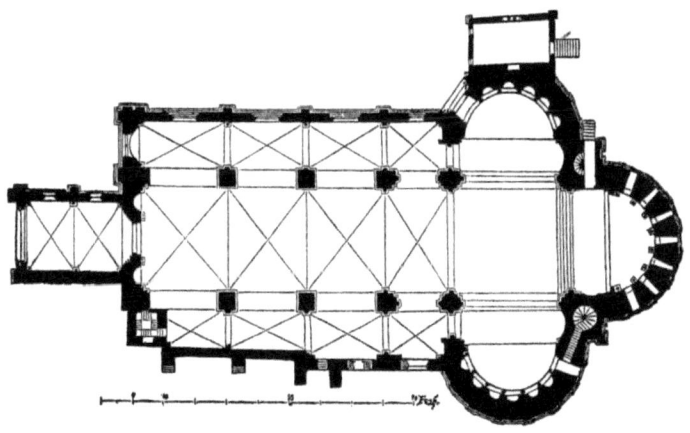

Grundriss von 1872 Quelle: https://upload.wikimedia.org/ wikipedia/commons/5/5f/Gross_St_Martin_-_Grundriss_- _vor_1872.png

Das Martins-Patrozinium wird gern als Beleg für eine fränkische Gründung gesehen. Jedoch gibt es erst unter Erzbischof Bruno (953-65) schriftliche Nachrichten über die Gründung eines Herrenstifts, das noch vor dem Ende des

159

10. Jh. in eine Benediktinerabtei umgewandelt wurde [ebd., 153]. Diese wurde wohl mit irischen Mönchen besetzt.

Unter Erzbischof Anno II. (1056-75) Errichtung zweier Chortürme und westliche Verlängerung der Kirche. Um 1100 entstand eine östliche Krypta oder eine Confessio, deren Westwand mit gewölbter und farbig gefasster Nische in der Ausgrabungszone zu sehen ist. Außerdem wird für diese Zeit der Bau einer westlichen Dreiturmgruppe angenommen. [KLIER, 153]

Nach dem Stadtbrand von 1150 wiederaufgebaut. Weihenachricht von 1172.

Ein erneuter Brand 1185. Der Umfang der Schäden ist nicht bekannt. "Das genaue Schadensausmaß ist nicht bekannt, es wird jedoch vermutet, dass der Brand zum Anlass genommen wurde, den beschädigten Bau komplett abzureißen." [Wikipedia]

Der aktuelle Bau 12./13. Jh. Die zu Groß St. Martin gehörige Pfarre und Pfarrkirche St. Brigiden 1172 erstmals erwähnt.

Alternative Rekonstruktion der Baugeschichte

Groß St. Martin wurde auf den Resten römischer Lagerhäuser des 2. Jh. errichtet. Diese dürften in der Katastrophe von 238=940 zumindest zum großen Teil zerstört worden sein. Die Bearbeitung der römischen Pfeiler und die Reste eines Fußbodens, die SCHÄFKE einer karolingischen Nutzung und KLIER sogar einer Umnutzung zur Kirche zuschreiben, dürften eher zu einer profanen Nachnutzung in den ca. 150 Jahren nach der Katastrophe bis zum Beginn des Kirchenbaus gehören.

Das Patrozinium St. Martin lässt zwar an eine fränkische Gründung denken, zumal die Merowinger real bis Mitte des 11. Jh. herrschten. Es ist jedoch keineswegs zwingend. Infolge der fast zweihundert Jahre dauernden fränkischen Herrschaft dürften genügend fränkische Wurzeln auch noch im 12. Jh. in Köln vorhanden gewesen sein.

Selbst in den bis in das 12. Jh. konstruierten Quellen ist eine Gründung vor dem 10. Jh. nicht belegbar. Diese beginnen erst im 10. Jh., wonach Erzbischof Bruno ein Stift gegründet haben soll, das 989 in ein benediktinisches Schottenkloster umgewandelt worden sein soll.

Zu einem Vorgängerbau gehört vermutlich ein Fundamentkomplex, der im Westjoch der Kirche freigelegt wurde und dessen Westseite mit der staufischen Westfront bündig liegt und "für eine Dreiturmanlage gehalten werden kann. Sie ist ... nicht einheitlich und frühestens gegen Ende des 11. Jhs., eher im 12. Jh. entstanden". [JACOBSEN/SCHAEFER/SENNHAUSER, 224]

Diesem Bau zugehörig ist möglicherweise auch die um 1100 datierte östliche Krypta, die beim Bau des Trikonchos zugeschüttet worden ist.

Vermutlich gehören die von SCHAEFER/JACOBSEN beschriebenen Bauten I, Ia und Ib zu diesem Bau (siehe [JACOBSEN/SCHAEFER/SENNHAUSER, 222ff]). Ihre falsche ottonische Datierung leiteten sie aus der schriftlichen Überlieferung ab, ohne in Erwägung zu ziehen, dass diese später entstanden und konstruiert sein könnte.

Aufgrund der spärlichen Angaben sehe ich eine (unter Nutzung der verbliebenen römischen Bausubstanz) dreischiffige Basilika ohne Querhaus und einem etwas eingezogenen Chorquadrat mit gerade geschlossenem Chor, darunter eine Hallenkrypta, im Westen eine Dreiturmgruppe, bestehend aus einem Mittelturm, begleitet von zwei Treppentürmen. Eine Errichtung um 1100 ist durchaus plausibel. Für Chortürme, wie sie Erzbischof Anno II. zugeschrieben werden, gibt es nicht einen Anhaltspunkt.

Traditionell wird die Errichtung des Neubaus nach dem Stadtbrand von 1150 gesehen. Eine 1172 überlieferte Weihe wird dem Trikonchos zugeschrieben (Wikipedia).

Weitere Baunachrichten zwischen 1150 und 1172 gibt es nicht. "Auch die beiden erwähnten sind nicht sehr überzeugend. Die Weihenachricht ist spät überliefert und der Brand nur zu vermuten." [SCHÄFKE, 182]

Vorbild für den Dreikonchenchor soll St. Maria im Kapitol gewesen sein. St. Maria im Kapitol datiere ich jedoch frühestens in das zweite Viertel, eher in die zweite Hälfte des 12. Jh. (siehe dort).

1185 wird über einen weiteren Brand berichtet. Über dessen Schäden ist nichts bekannt. Danach soll erst die obere Etage des Chores neu entstanden sein. [KLIER, 154]

SCHÄFKE erwähnt, dass bei einer Bauuntersuchung durch ZIMMERMANN keine Bauunterbrechung zwischen Ober- und Untergeschoss im Trikonchos festgestellt werden konnte. [SCHÄFKE, 183]

Ich denke, dass der Neubau von Groß St. Martin erst nach dem Brand von 1185 begonnen wurde und der Dreikonchenchor erst ab um 1200 entsteht.

" Die Überlänge der Pfeiler ... hat oft dazu verführt, ein späteres Baudatum als unseren Zeitraum zwischen 1150 und 1172 anzunehmen. Eine gotische Steilheit scheint Vorbild zu sein, und der Wechsel zwischen enger, fensterloser Pfeilerstellung und weiterer, fensterrahmender Stellung in lebendigem Rhythmus betont den Eindruck." [SCHÄFKE, 183]

SCHÄFKE [184] erwähnt, dass ursprünglich das Langhaus als Saal entstehen sollte, was an der Arkadengliederung der Apsiden auf beiden Seitenzu sehen ist, die einfach weiter läuft und von den Wänden der Seitenschiffe überschnitten wird. Man entschied sich jedoch diesbezüglich um und errichtete die Seitenschiffe. Ein Grund für den ursprünglichen Verzicht auf Seitenschiffe könnte die Pfarrkirche St. Brigiden gewesen sein, die im Bereich des südlichen Seitenschiffs stand und die beim Bau desselben baulich einbezogen wurde, was heute noch durch die Unregelmäßigkeit des Grundrisses in diesem Bereich auffällig ist. Offensichtlich bestand die Kirche St. Brigiden bereits vor Errichtung des Neubaus.

St. Pantaleon

"Die Architektur der Kirche gehört, trotz aller Veränderungen und Restaurierungen, zu den großen Leistungen der ottonischen Baukunst" [SCHÄFKE, 200].

Doch von Anfang an: Erste urkundliche Erwähnung 867 in der Bestätigung der Güterumschreibung Erzbischofs Gunthars (850-864, †873) durch König Lothar II. (855-69), in der neben anderen Stiften in Köln, Bonn und Xanten St. Pantaleon zugehörig zum Schatz und zum Besitz des Doms aufgeführt wird [SCHÄFKE, 194].

Es geht großartig weiter [OSWALD/SCHAEFER/ SENNHAUSER, 151]: Nach der Vita Brunonis (Leben des Erzbischofs Brun von Köln) des Ruotger († nach 968/69), Mönch in St. Pantaleon in Köln, erhielt Erzbischof Bruno (953-965) von Papst Agapet II. das Pallium und Reliquien des hl. Pantaleon.

955/57, unter Erzbischof Bruno, wird St. Pantaleon mit Benediktinermönchen besetzt.

965 wird Erzbischof Bruno in St. Pantaleon bestattet.

966 Einsturz der Kirche; beim Neubau wurden die Gebeine des Märtyrers Maurinus aufgefunden. Die Wiederweihe erfolgte 980.

Kaiserin Theophanu übergab 984(?) die Reliquien des hl. Albinus an die Kirche und bestimmte ihren Begräbnisplatz in deren Nähe.

991 wurde Theophanu im südl. Querflügel vor dem Altar des hl. Paulus bestattet.

Unter Abt Rudolf (1121-1123) erfolgte die Wiederherstellung der verfallenen Klostergebäude.

Um 1160/70 wird die Kirche dreischiffig ausgebaut.

Im frühen 13. Jh. Umbau des südl. Querarmes und Anfügung der Katharinenkapelle.

1216 Weihe des Hochaltars und der Altäre in den Seitenapsiden.

Bisherige Rekonstruktion der frühen Baugeschichte

Die 866/67 als Annexkirche des Doms urkundlich genannte "ecclesia s. Pantaleonis" "von FUßBROICH im Nordannex, von VERBEEK in dem axial zwischen den Querannexen ergrabenen Gemäuer der spätrömischen Villa suburbana vermutet." [JACOBSEN/SCHAEFER/SENNHAUSER, 225]

Bau I war nach SCHAEFER [ebd., 225] eine Saalkirche mit gestelztem Chor und Apsis über einer Stollenkrypta, Querflügeln mit Apsiden und einem Westwerk.

Fundamente des Langschiffes laufen ohne Zäsur über die Querflügel hinweg bis zum Chorrechteck.

Die tonnengewölbte Winkelgangkrypta mit Scheitelnische. Für einen Altar in der Krypta gibt es keine Hinweise. Ein (aufgegebener) Außenzugang in der Nordwand. Eine von MÜHLBERG in der Westwand des Querstollens vermutete Memoria wegen späterer Eingriffe archäologisch nicht nachweisbar.

Die Langwände des Schiffes und Chors außen mit Lisenen, innen flache Blendbögen auf Lisenen. Kurzer, um eine Stufe angehobener Mönchschor. Neben den Zugängen der Krypta Treppen zum querrechteckigen Vorchor über der Krypta.

Die niedrigen Querflügel mit Ostapsiden und durch weite Scheidbögen voll zum Schiff geöffnet.

Das Westwerk querrechteckig und knapp über die Außenfluchten des Saales vortretend. Laut FUßBROICH nach der Fundamentlegung nicht weitergeführt, wofür jedoch sichere Anzeichen fehlen.

Das geplante Westwerk nach FUßBROICH ein quadratischer Mittelturm zwischen quadratischen Treppentürmen, die Eingangshalle auf vier Stützen dreischiffig gewölbt, im Westen drei (?) Portale, zum Schiff drei offene Arkaden. Über der Eingangshalle hohe Empore, darüber ein freies Turmgeschoss.

Nach SCHAEFER wurde der Bau 964/65 begonnen und 980 geweiht (ohne Westwerk?).

Westlich eines Vorhofs in der Achse der Kirche ein achtseitiger Zentralbau. An den Seiten des Oktogons vier Kreuzarme, Konchen an den Diagonalseiten. Aufgehendes in Ansätzen vorhanden, keine Wandputz- oder Estrichreste.

Nach MÜHLBERG nicht ausgeführt, nach FUßBROICH nicht weit über die Fundamente hinaus gediehen.

MÜHLBERG sieht diesen Bau im 2. Viertel des 9. Jh. und deutet ihn als Baptisterium.

FUßBROICH sieht darin das Mausoleum des Klostergründers, das 965 stillgelegt und vor Beginn des Westwerk Ia (siehe unten) aufgegeben wurde. Weitere Deutungen verschiedener

Autoren: Heiliges Grab, Reliquienkapelle, Oratorium des hl. Privatus.

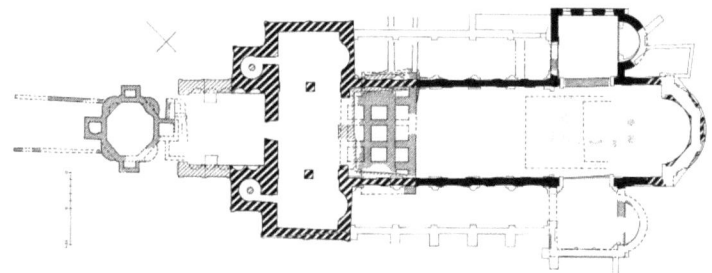

Köln, St. Pantaleon. Grundriss entnommen aus [JACOBSEN/SCHAEFER/SENNHAUSER, 226]

Nach SCHAEFER erfolgte nur kurze Zeit später ein umfassender Umbau (Bau Ia) mit Erweiterung des Chors, Umbau der Krypta, Verlängerung des Schiffes und neuem Westwerk.

Im Einzelnen: Neubau der Chorapsis (nach Einsturz?).

In der Krypta Quergang und Umgang in der neuen Apsis breiter angelegt, an den Stollenwänden und an den neuen Pfeilern in der Apsis Vorlagen mit Karnieskämpfern (für Gurte?), Tonnengewölbe, Rundbogenfenster über dem Altar im Apsisscheitel, und zu seiten der nachgewiesenen Altäre an den Stirnseiten der Längsgänge. Sarkophag Brunos im Längsgang der Apsis.

Zwischen den Querannexen erhöhter Mönchschor.

Verlängerung des Langschiffes mit dem Neubau des Westwerks.

Das Westwerk im Kern erhalten. Um quadratischen Mittelturm drei Bauteile, in den westlichen Winkeln zwei Treppentürme. Der Mittelturm als Schachtturm durchgehend, gegen das Schiff in großem Bogen, die seitlichen Emporenflügel in Doppelarkaden übereinander, die Westseite in Dreierarkade über Eingang im Erdgeschoss geöffnet. Im alten Teil des tonnengewölbten Eingangsraumes je zwei Rundnischen. Die seitlichen Räume ostwärts gerichtet durch flache gerundete Wandnischen im Erdgeschoss und leicht vortretende Apsidiolen im Emporengeschoss.

SCHAEFER nimmt an, dass dieser Umbau nach 984 begonnen wurde. Er sieht diesen im Zusammenhang mit der Stiftung der Albinusreliquien und Förderung des Klosters durch Kaiserin Theophanu, Den Bauabschluss sieht er schon 996/97.
Da erst in romanischer Zeit erfolgt (um 1160/70), wird die Anfügung von Seitenschiffen, womit die Kirche zur dreischiffigen Basilika wurde, von SCHAEFER nicht mehr behandelt. Genauso der im frühen 13. Jh. erfolgte Umbau des südlichen Querarms und die Anfügung der Katharinenkapelle.

ROSNER geht etwas ausführlicher auf die beiden Bauphasen der Krypta ein, wobei er die von MÜHLBERG für Bau I rekonstruierte "Confessio" bezweifelt, da eine solche nach seiner Auffassung "kein unabdingbarer Bestandteil einer Gangkrypta" sei [ROSNER, 319].
Nach ROSNER war ein südlicher Außenzugang in Entsprechung zu dem auf der Nordseite nur z. T. ausgeführt und wurde vor Fertigstellung der Krypta aufgegeben [ebd., 319].

Alternative Rekonstruktion der Baugeschichte

Die erfundene Geschichte um die Gründung und frühe glanzvolle Entwicklung hat den Blick auf die wirkliche Baugeschichte verstellt. Als erste reale Baunachrichten sehe ich die Errichtung - nicht die Wiederherstellung (!) - der Klostergebäude in der Zeit um 1120 und den dreischiffigen Ausbau um 1160/70.
Ich sehe in St. Pantaleon ein Eigenkloster des Kölner Bischofs. Einen weiteren Vorgängerbau gab es nicht. Die unter St. Pantaleon ergrabene römische Villa suburbana war seit mehr als einhundert Jahren Ruine.

Doch zunächst die Klärung einiger Detailfragen: Die Außeneingänge zur Winkelgangkrypta des Baues I waren keine wirklichen Außeneingänge. Mit an Sicherheit grenzender Wahrscheinlichkeit sollten sie über Eckbauten zu Kryptazugängen in den Querarmen führen. Solche Kryptazugänge kennen wir von Limburg an der Haardt, von Goseck, von Merseburg, von Speyer (siehe dort) und von St. Aposteln (siehe dort).

Diese Lösung wurde jedoch frühzeitig, noch vor Fertigstellung der Kryptaaußenwände aufgegeben - zugunsten von Zugängen parallel der Chorwände. Damit ist jedoch klar, dass die Querarme zur ursprünglichen Konzeption gehörten.

Weiterhin war für die Krypta von Bau I - entgegen der Auffassung von ROSNER - auf jeden Fall eine Grabkammer mit Confessio vorgesehen. Ich denke, dass ROSNER darin irrt, dass eine solche "kein unabdingbarer Bestandteil einer Gangkrypta" sei. Die Gangkrypta hätte ohne ein Heiligengrab schlichtweg keinen Sinn. Sein Verweis auf Beromünster ist nach meiner Meinung unzutreffend. In Beromünster war der Sarkophag mit den Heiligengebeinen frei aufgestellt.

Der Chor von Bau I war vermutlich gerade geschlossen, d. h. Bau I hatte noch keine Ostapsis. Die flache Scheitelnische in der Krypta enthielt vielleicht ursprünglich ein mittiges Fenster.

Bei Bau Ia wurde die Chorapsis nicht ersetzt, sondern neu errichtet. Die neue Apsis war vermutlich mit einer Kalotte überwölbt. Für eine ausreichende Stabilität der neuen Apsis aufgrund des Gewölbeschubs der Kalotte mussten ihre Schultermauern neu errichtet und tiefer gegründet werden [JACOBSEN/SCHAEFER/SENNHAUSER, 227].

Ich sehe die Baugeschichte wie folgt:

Die ursprüngliche Planung sah einen Saalbau mit querhausähnlichen Annexen im Osten, einer Winkelgangkrypta unter dem querrechteckigen Chor und einem für das 11. Jh. typischen Westbau mit einem Mittelturm über einer eingewölbten Eingangshalle, einer zum Mittelschiff geöffneten Empore und seitlichen Treppentürmen vor. Zu

167

dieser Planung gehörte die westlich der Kirche ergrabene Taufkapelle. Die Winkelgangkrypta war für die Präsentation eines Heiligengrabes konzipiert, wobei ein solches vermutlich nie vorhanden war. Dieser Bau wurde in einer ersten Bauphase in seinen Fundamenten komplett angelegt. Diese Verfahrensweise ermöglichte es, verschiedene Bauteile gleichzeitig aufzuführen.

Den Baubeginn datiere ich in die zweite Hälfte, vielleicht eher in das letzte Viertel des 11. Jh. Für diese Datierung sprechen m. E. der Westbau, der gerade Chorschluss (u. a. Limburg an der Haardt, Hirsau St. Peter und Paul, St. Gallen) und der noch nicht verwirklichte quadratische Schematismus.

Bereits kurz nach Baubeginn erfolgten erste Planänderungen, z. B. die Zugänge zur Krypta. Ob der Westbau überhaupt begonnen wurde, ist unklar. Auf jeden Fall entschied man sich für eine deutliche Erweiterung nach Westen und einen komplett neuen Westbau.

Auch die Taufkapelle wurde nach bescheidenen Anfängen nicht weitergebaut und aufgegeben. Der allgemeinen Entwicklung folgend wurde die Taufe in den westlichen Bereich der Kirche verlegt, womit ein getrennter Bau entfiel.

Weiterhin wurde der gerade Chorschluss durch eine Apsis ersetzt. In diesem Zusammenhang wurde die bisherige Winkelgangkrypta zu einer Hallenkrypta erweitert.

Alle diese Baumaßnahmen sehe ich in der ersten Hälfte des 12. Jh. bis etwa Mitte des 12. Jh. Parallel erfolgte die Errichtung der Klostergebäude.

Nach der Mitte des 12. Jh. entschied man sich für den Umbau zu einer dreischiffigen Basilika, der traditionell 1160/70 gesehen wird. Auch danach war der Bau noch nicht abgeschlossen, was die Baumaßnahmen am südlichen Querarm belegen. Die Katharinenkapelle dürfte die Funktion einer Sakristei erfüllt haben.

Die Schlussweihe des Baus erfolgte 1216. Eine vorab erfolgte, vielleicht auch teilweise Innutzungnahme des Baus gab es vermutlich nicht.

Möglicherweise ist die Entwicklung der Stadtbefestigung Kölns ein Indiz für die zeitliche Einordnung der Errichtung der Kirche, da der Schutz der neuen Kirchengründung sicher ein wichtiges Anliegen war. St. Pantaleon befindet sich in dem zuletzt ummauerten Stadtgebiets von Köln, dessen Ummauerung erst 1180-1220 errichtet wurde.

Was ist mit den Gräbern Erzbischof Brunos und von Kaiserin Theophanu? Da ich beide für fiktiv halte, können die Grabmäler nur Falschzuweisungen sein.

Damit stellt sich die Frage bzgl. des Westbaus: Ist dieser Vorbild oder Kopie des Westbaus von Münstereifel?
Der Westbau des Stifts St. Chrysanthus und Daria in Münstereifel soll Mitte des 11. Jh. errichtet worden sein und galt bisher als Kopie von St. Pantaleon.
Mit meiner neuen Datierung von St. Pantaleon in die erste Hälfte des 12. Jh. könnte sich das umkehren. Nach meiner Auffassung ist jedoch auch Münstereifel zu früh datiert, weshalb die gestellte Frage offenbleibt. Ggf. sind beide Westbauten auch etwa gleichzeitig.

St. Severin

Die Kurzfassung der Baugeschichte nach
[OSWALD/SCHAEFER/SENNHAUSER, 154]:
Nach einer im 11. Jh. verfälschten Urkunde des Kölner Erzbischofs Wichfried (925-53) von 948(?): An der Stelle der heutigen Kirche errichtete der hl. Severin (um 400 Bischof von Köln) eine Kirche, in der er auch begraben wurde. In seiner Kirche wurden die Kölner Bischöfe Giso (um 700) und Anno I. (fr. 8. Jh.) beigesetzt.
Unter Anno I. angeblich Angliederung eines Chorherrenstiftes.
Um 948 unter Erzbischof Wichfried Errichtung eines Oratoriums, das dem hl. Severin geweiht wurde. Anlässlich dieser Gelegenheit(?) Übertragung der Severingebeine in einen neuen Sarg.

1043 Weihe eines von Erzbischof Pilgrim (1021-36) begonnenen Kirchenbaus durch Erzbischof Hermann II.
1237 Weihe einer Erweiterung der Ostteile der Kirche
2. Hälfte des 13. Jh. Umbau des Langhauses, um 1400 Westturm, ab 1479 erneuter Umbau des Langhauses.

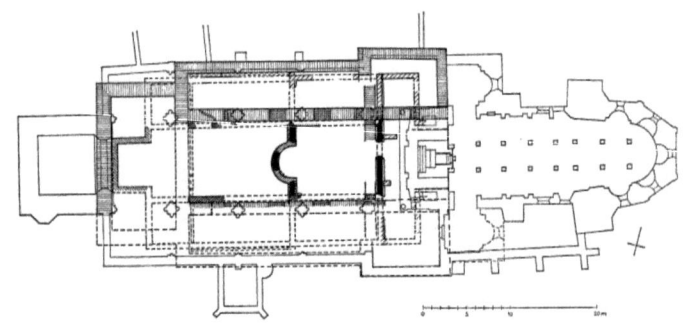

Köln, St. Severin. Grundriss entnommen aus [OSWALD/SCHAEFER/SENNHAUSER, 155]

Die Vorgängerbauten

Nach [OSWALD/SCHAEFER/SENNHAUSER, 155f] und [JACOBSEN/SCHAEFER/SENNHAUSER, 228]:

Bau I (Saalkirche mit Apsis)
Im beiderseits der Straße nach Bonn sich erstreckenden Gräberfeld gelegen, Achse rechtwinklig auf die Straße ausgerichtet. Gewesteter Saal mit den Abmessungen 11,60 x 7,60 m i. L.
Dat.: Ende 4. Jh.

Bau Ia (Dreischiffige (?) Anlage mit Vorhalle)
Erweiterung von Bau I um zwei sehr breite Nebenräume und Vorhalle
Dat.: 1. Hälfte 5.Jh. oder 6. Jh.

170

Bau Ib (Dreischiffiger Fachwerkbau (?))
nach Spuren von Holzständerwänden Erweiterung oder Erneuerung in Fachwerkbauweise, wegen fränkischen Gräbern, die die Fundamente von Bau I und Ia stören
Dat.: 6.-7. Jh.

Bau II (Dreischiffige Anlage mit Rechteckchor)
Neubau oder einem solchen nahekommende Erweiterung von Bau Ia. Ostflucht beibehalten, Verlängerung nach Westen auf ca. 33 m. Eingezogener Rechteckchor, das Langhaus wohl dreischiffig, der Narthex vermutlich beibehalten.
Aus römischen Abfallmaterial und Teilen von Sarkophagen. Mauerdicke 0,60 m.
Dat.: 2. Hälfte 8. Jh.

Bau III (Dreischiffige, geostete Anlage mit Westbau, Querflügeln und Rechteckchor (?) über Stollenkrypta)
Langhaus von vier Jochen, die längsrechteckigen, gemauerten Pfeiler ohne Basen teilweise aufrecht erh., durch Zungenmauern getrennter, querrechteckiger Chorraum im Osten (evtl. um Gangbreite der Stollenkrypta nach Osten vortretend), flankiert von östlich fluchtenden (?) Nebenräumen, die an den Seiten querhausartig vortreten, Westbau querrechteckig ohne Unterteilung.
Einbau einer Confessio (heutige Anordnung im Zusammenhang mit dem Bau der Krypta vor 1043)
urspr. Winkelgang im Osten mit im Scheitel nach Westen abzweigenden Stollen zur Confessio, die Längsstollen an den Chorwänden, Annahme eines Raumes im Osten ähnlich Meschede oder Esslingen, Zugänge von Westen winklig oder geradlinig (?)
Dat.: um 948, mit dem von Erzbischof Wichfried für die Neubettung der Gebeine des hl. Severin geschaffenen Oratorium begonnen.
Der aufgemessene Obergaden des Mittelschiffs und die großen Scheidbögen der Querflügel eher dem 11. Jh. angehörig.

Alternative Rekonstruktion der Baugeschichte

Als erste reale Baunachricht sehe ich die Nachricht über die Weihe von 1237. Alle früheren Nachrichten entstammen gefälschten bzw. konstruierten Quellen und sind für die Baugeschichte von St. Severin wertlos.

Zum Bau: Der auf die Straße ausgerichtete kleine Bau mit Apsis (Bau I) innerhalb eines römischen Friedhofs war ein römischer Grabbau, keine Kirche. Die Datierung in das ausgehende 4. Jh. ist spätantik. Korrigiert in die weströmisch antike Datierung: Anfang 2. Jh.
Die in der Folgezeit erfolgten Anbauten im Osten, Norden und Süden und im Westen (Bau Ia/Ib) galten der Erweiterung des Grabbaus.
Bau II dürfte die Wiederherstellung des Grabbaus nach der Katastrophe von 238/940 gewesen sein. Auch dieser Bau war noch kein Kirchenbau.

Die erste Kirche ist nach meiner Auffassung Bau III, ein dreischiffiger, geosteter Bau mit Querhaus und Rechteckchor im Osten, Winkelgangkrypta und Westbau.
Der heutige Winkelgang entspricht nicht der ursprünglichen Situation. Die von OSWALD vorgeschlagene Rekonstruktion [OSWALD/SCHAEFER/SENNHAUSER, 156] dürfte zutreffend sein. Dass im Osten eine Aufweitung des Winkelgangs zu einem Raum erfolgte, ist jedoch spekulativ.
Ich datiere diesen Bau in die zweite Hälfte des 11. Jh.

In der ersten Hälfte des 12. Jh. Errichtung des Langchors, flachgedeckt, mit Krypta und Chorflankentürmen. Umbau der Winkelgangkrypta.
1230-37 Neubau oder Fertigstellung des Langchors oberhalb des Kryptengeschosses, polygonale Apsis

St. Ursula

Eine zwischen Mitte des 4. und frühen 5. Jh. entstandene Inschrift (Clematius-Inschrift) in der Kirche überliefert an dieser Stelle das Martyrium von Jungfrauen.

Ein römischer Grabstein des 4./5. Jh. der "unschuldigen Jungfer Ursula" wurde 1893 als Teil des dritten Pfeilers des südlichen Seitenschiffs entdeckt; er soll dort im 12. Jh. wie eine Reliquie eingemauert worden sein.

867 Nennung "monasterium b. virginum" mit Kanonikern (Guntharsche Güterteilung).

922 Erzbischof Hermann I. (890-925) übergibt das Kloster an Kanonissen.

980 Schenkung Erzbischof Warins (976-84)

1003 angeblich Einsturz

Der heutige Bau hauptsächlich 1. H. 12. Jh., Westbau Anfang 13. Jh., äußeres Südschiff Ende 13. Jh.

Bisherige Rekonstruktion

Nach [JACOBSEN/SCHAEFER/SENNHAUSER, 228f]:
Bau I
Dreischiffige Pfeilerbasilika (?) mit Pastophorien, vermutlich ohne Vorgänger auf dem röm. Gräberfeld errichtet. Drei als "Ausgangspunkt" gedeutete Bestattungen in der Hauptachse nach HELLENKEMPER ohne Einfluss auf die Standortwahl.
Rekonstruktion des Aufgehenden strittig: dreischiffige Halle auf gebälktragenden Holzstützen oder basilikaler Aufbau auf Säulen oder Pfeilern - aufgrund der erhaltenen Bausubstanz vermutlich von Beginn an Pfeilerarkaden
Verwendung römischen Altmaterials, Die Datierung "wohl 4. Jh." aufgrund der nicht unumstrittenen Bauinschrift.

Bau Ia
Anlage des Ambo im Mittelschiff. Möglicherweise Erweiterung des südlichen Seitenschiffes zeitgleich
Dat. vor 6./7. Jh. (aus Bezug auf den Ambo im Dom und in Boppard abgeleitet)

Bau Ib

Umbau der liturgischen Anlagen durch Abschranken des nach Westen vorgezogenen und in das Südschiff ausgedehnten Chores.

Bau eines 6 m breiten Mauerblocks (Altar mit Reliquiengrab?) unmittelbar westlich des Ambo, Anlage eines gemauerten Grabschachtes im Rund des (aufgegebenen?) Ambo

Dat.: 866 oder danach, frühestens spätes 9. Jh.

Bau Ic

Nach Abbruch des Altarblockes und Leeren des gemauerten Grabschachtes im Rund des Ambo Erhöhung des Fußbodens um einen halben Meter. Einbau des T-förmigen Reliquienmonuments mit elf sargförmigen Reliquienkammern. Anbau einer südlichen Nebenapsis.

Dat.: nach Doppelfeld romanisch [OSWALD/SCHAEFER/ SENNHAUSER, 157]

frühere Entstehung nicht ausgeschlossen (wegen Erwähnung der Zahl der 11000 Jungfrauen schon im 10. Jh.) [ebd., 157]

Alternative Rekonstruktion der Baugeschichte

Schriftquellen des 9.-11. Jh. sind für die Baugeschichte unbrauchbar.

Die Clematius-Inschrift wurde nach meiner Auffassung im 12. Jh. erstellt. Sie sollte der Installation der Legende um die 11000 Jungfrauen dienen.

Der in dem Gräberfeld aufgefundene Grabstein der Ursula wurde zur Verknüpfung der Ursula-Legende mit der Legende der 11000 Jungfrauen benutzt, indem er im 12. Jh. "wie eine Reliquie" in einem Pfeiler des südl. Seitenschiffs vermauert wurde.

Die Errichtung des Baus ist insgesamt dem beginnenden Märtyrer-/Reliquienkult zuzurechnen, der in der zweiten Hälfte des 11. Jh. allgemein, so auch in Köln, beginnt. Die Errichtung des Baus inmitten eines römischen Gräberfeldes (wie St. Severin) war planmäßig in diesem Sinn. Einen Bezug auf ein besonderes Grab gab es nicht.

Das Stadtgebiet um St. Ursula wurde 1106 in die Stadtbefestigung einbezogen.

Bau I
Dreischiffige Pfeilerbasilika unter Verwendung römischen Altmaterials. Bischöfliche Eigenkirche.
Dat.: Baubeginn um 1100/Anfang 12. Jh., Weihe 1135
Der nachträgliche Einbau des Ambos im Mittelschiff und die Erweiterungsmaßnahmen auf der Südseite gehören zu diesem Bau, ebenso der spätere Umbau der liturgischen Anlagen und darauf folgend das Reliquienmonument westlich des Ambo.

Bau II
Neubau als dreischiffige Pfeilerbasilika mit Emporen, flachgedecktem Langchor mit halbrunder Apsis, östlichen Querarmen und einem turmgekrönten doppelgeschossigen Westbau (umfängt mit seinen Mauern den Bau I).
OSWALD erwähnt Baureste salischer Prägung auf der Westempore und im Langhaus [OSWALD/SCHAEFER/ SENNHAUSER, 156], was auf einen Umbau von Bau I hinweisen könnte. Auch der Hinweis von SCHÄFKE, dass der romanische Bau - wie die Grabungen nachgewiesen haben sollen - mit seinen Mauern den spätantiken Bau umfangen würde, könnte in dieser Richtung interpretiert werden. [SCHÄFKE, 229]
Dat.: Baubeginn 1160/70, 1224 Weihe des Kreuzaltars
Die Reliquiengrabung vor Baubeginn des Langchores war nicht der Grund für den Neubau, sondern war die Gelegenheit, sich mit weiteren Reliquien zu versorgen.
Um 1230 Errichtung des Turms.

Literatur

Jacobson, Werner / Schaefer, Leo / Sennhauser, Hans Rudolf (1991): Vorromanische Kirchenbauten. Katalog der Denkmäler bis zum Ausgang der Ottonen. München, Nachtragsband

Klier, Hiltrud (2014): Die romanischen Kirchen in Köln. Führer zu Geschichte und Ausstattung. Köln

Meisegeier, Michael (2017): Der frühchristliche Kirchenbau - das Produkt eines Chronologiefehlers. Versuch einer Neueinordnung mit Hilfe der HEINSOHN-These. BoD Norderstedt

Meisegeier, Michael (2019): Frühe Kirchenbauten in Mitteldeutschland. Alternative Rekonstruktionen der Baugeschichten. 2. überarbeitete und ergänzte Auflage. BoD Norderstedt

Oswald, Friedrich / Schaefer, Leo / Sennhauser, Hans Rudolf (1966-1971): Vorromanische Kirchenbauten. Katalog der Denkmäler bis zum Ausgang der Ottonen. München

Schäfke, Werner (1996): Kölns romanische Kirchen. Architektur, Geschichte und Ausstattung. DUMONT Kunst-Reiseführer, Köln

Lorsch, Benediktinerabtei St. Petrus, Paulus und Nazarius - romanischer Kirchenbau normal

Das Kloster soll kurz vor 764 gegründet worden sein. Von 767-774 sei die Verlegung an die heutige Stelle erfolgt. 774 soll die Kirche von Erzbischof Lullus von Mainz in Anwesenheit Karls des Großen geweiht worden sein. Seit 772 Reichskloster.
Die Kirche soll die Grablege des ersten ostfränkischen Königs Ludwig des Deutschen (gest. 876) und seiner Dynastie gewesen sein, wofür 876-882 eine Gruftkapelle errichtet wurde. In dieser ist angeblich eine Altarweihe im Jahr 1052 bezeugt.

1555 erfolgte die Aufhebung des Klosters, ab 1621 der Abbruch.

Von der Kirche nur ein Rest aus der Mitte des 12. Jh. und Reste der romanischen Zweiturmfront erhalten.

Einzig komplett erhaltenes Bauwerk ist die so genannte Torhalle oder auch Königshalle, westlich auf der Achse der ehemaligen Kirche gelegen.

"Allerdings geht sie (die Gründungsgeschichte - MM) im Wesentlichen auf den erst im späten 12. Jahrhundert verfassten Lorscher Codex (*Codex Laureshamensis*) zurück und ist entsprechend quellenkritisch zu betrachten. Er enthält neben kurzen erzählenden Abschnitten vor allem Abschriften älterer Urkunden." [LAMMERS, 181]

Wie ich eingangs ausgeführt habe, halte ich alle Schriftquellen bis hinein in das 12. Jh. für Fälschungen bzw. Pseudepigraphen. M. E. ist der Lorscher Codex ein deutlich späteres Pseudepigraph. Die darin enthaltenen "Abschriften" älterer Urkunden sind konstruiert, d. h. frei erfunden. Der Codex diente der Schaffung von Geschichte und gehört zum Konstrukt der Karolingergeschichte. Auch die Altarweihe von 1052 dürfte reine Erfindung sein.

Damit ist die überlieferte Gründungsgeschichte einschließlich der Grablege Ludwig des Deutschen etc. hinfällig.

Die Datierungen des 8. Jh. sind dem Konstrukt der Karolingerzeit zugehörig und für die Rekonstruktion der Baugeschichte einfach unbrauchbar.

Bisherige Rekonstruktion der Baugeschichte

Nach SCHAEFER/OSWALD soll die erste Kirche (Bau I) eine dreischiffige, querhauslose Basilika mit einem querrechteckigem Westbau mit zurückgesetzten Treppentürmen in der Flucht der Seitenschiffe gewesen sein. Der Ostschluss ist unbekannt. "Wie weit das Langhaus dem erhaltenen Teil des 12. Jh. entsprach, ist nicht zu klären." [OSWALD/SCHAEFER/SENNHAUSER, 179].

177

Westlich vor der Kirche ein Atrium, davor ein breiterer Vorhof mit der freistehenden Torhalle.

Der Westbau wahrscheinlich Dreiturmgruppe, der Mittelbau mit dreischiffiger Eingangshalle, von niedrigen Treppentürmen flankiert. Datierung: Weihe 774, Fertigstellung frühes 9. Jh.
Im Osten nachträglich eine Außenkrypta ("Ecclesia varia") angebaut, ein "einschiffiger Bau mit (innen) eingezogener Halbkreisapsis, vom Altarhaus der Klosterkirche durch rampenartige Treppe zu erreichen. Das Niveau der Gruftkirche etwa 4 m tiefer als das der Hauptkirche. ... Wölbung des Baues - nicht nur der Apsis - wahrscheinlich." Datierung: nach 876. [ebd., 181]

Nach JACOBSEN [JACOBSEN/SCHAEFER/SENNHAUSER, 251f] das große Atrium, in dem die Torhalle steht, wohl erst romanisch.
Dem Westwerk vorgelagert ein Atrium (im Bereich der heute noch bestehenden romanischen Kirchenverlängerung). Datierung zwischen ca. 770 und ca. 800.
Die bauplastische Ausgestaltung der Grabkapelle soll für die Namensgebung verantwortlich gewesen sein.

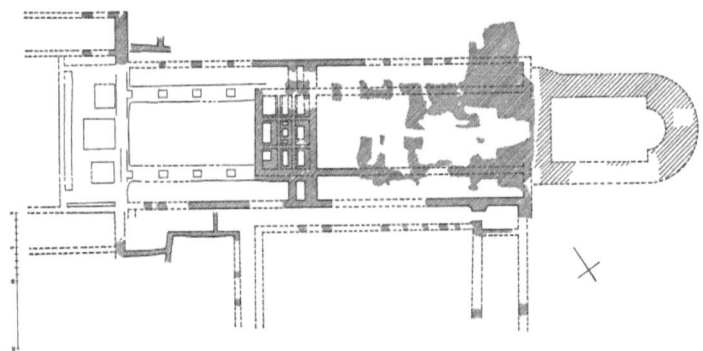

Lorsch, St. Petrus, St. Paulus und St. Nazarius, Grundriss aus [OSWALD/SCHAEFER/SENNHAUSER, 180]

Neuere Forschungen liefern in Detailfragen ein etwas anderes Bild. So wurde ein Grab im verbliebenen Kirchenfragment untersucht. Die C14-Untersuchung ergab ein Alter der Bestattung 11./frühes 12. Jh. Die Fundsituation belegt, dass sich das Grab für längere Zeit außerhalb eines Gebäudes befand, was bedeutet, dass "...im Bereich des heutigen Kirchenfragments frühestens im 11. Jahrhundert ein Kirchenbau errichtet wurde." [LAMMERS, 186]

Nach SCHEFERS gab es das große (jüngere) Atrium gar nicht. Der südliche Gang war nachweisbar, dagegen der nördliche nicht. Der Plan von BEHN war offensichtlich in mehreren Punkten "geschönt", so auch zur Lage des Haupt-Torbaus. Weiterhin sei das von BEHN als karolingisch eingeordnete Mauerwerk der ecclesia varia (Gruftkapelle) nicht karolingisch, sondern eher 11. Jh., womit sich die Lage der Königsgräber neu stelle. Auch fand sich von einer karolingischen Klausur keine Spuren. Die Türme der Doppelturmfassade waren offenbar doch ursprünglich freistehend.

Trotzdem haben die neuen Erkenntnisse den Glauben an die karolingische Geschichte des Klosters Lorsch bisher nicht erschüttern können.

Alternative Rekonstruktion der Baugeschichte

Ich sehe als den ersten Kirchenbau in Lorsch den von SCHAEFER/OSWALDs beschriebenen Bau I, eine dreischiffige Kirche ohne Querhaus mit einem querrechteckigem, vermutlich zweigeschossigen Westbau, flankiert von Treppentürmen, von der der ursprüngliche Ostschluss nicht bekannt ist. Entgegen SCHAEFER/OSWALD datiere ich die Errichtung in die zweite Hälfte des 11. Jh.

Dieser Bau war eine Eigenkirche, wie alle Kirchenbauten vor dem 12. Jh. Die Eigenkirche gehörte offenbar zu einer älteren Siedlung. "So kann es als sicher gelten, dass das Kloster am Rand einer Siedlung angelegt wurde, die mindestens seit dem 7. Jahrhundert bestanden haben muss und von der bisher so gut wie nichts bekannt war." [LAMMERS, 188]

Eine erste Änderung erfuhr der Ostschluss. Der ursprüngliche Ostabschluss wurde anscheinend durch einen sehr massiven Anbau, nach SCHAEFER/OSWALD eine Außenkrypta, ersetzt, die so genannte Gruftkapelle oder Grabkapelle. Die etablierte Forschung sieht in ihr die "Ecclesia varia" aus den Schriftquellen.

Die Identifizierung als Gruft- oder Grabkapelle fußt auf der Annahme der Königsgräber. Die jüngeren Untersuchungen haben jedoch ergeben, dass der Bau nicht karolingisch, sondern "eher aus dem 11. Jh." stammt, womit die angenommene Funktion und Rekonstruktion sehr anzuzweifeln ist.

Nach meiner Auffassung ist der östliche Anbau ein neues, vergrößertes Sanktuarium mit darunter befindlicher Hallenkrypta. Der Ostschluss der Krypta innen mit eingezogener Apsis. Möglicherweise war das gesamte Sanktuarium inkl. Apsis tonnengewölbt, woraus die massiven Wände resultieren.

Als Bauzeit sehe ich den Anfang des 12. Jh. Die Vergrößerung des Chorbereichs könnte mit der Klostergründung zusammenhängen, die ich im 12. Jh. sehe. Der Platzbedarf des Konvents erforderte vermutlich die Erweiterung im Osten. Ebenfalls im 12. Jh. wird auch die Klausur an der Südseite der Kirche errichtet. Die angebliche karolingische Klausur gab es nie. Bei den jüngeren Untersuchungen wurden keine Spuren einer solchen entdeckt. Ihre Rekonstruktion fußte allein auf den Schriftquellen.

Zeitgleich gab es im Westen entsprechende bauliche Veränderungen. So wurde westlich der Kirche eine zunächst freistehende Doppelturmfassade mit einer großen Durchgangsöffnung errichtet. Mauern im Norden und Süden verbanden die Türme mit dem alten Westbau, womit eine Art Hof entstand (Atrium?). Dieser wurde für Bestattungen genutzt. [LAMMERS, 186]

Solche von der Westfassade abgerückte Doppelturmfassaden sind auch andernorts zu finden, z. B. in Hirsau und in Paulinzella. Sie datieren alle in die erste Hälfte des 12. Jh. Üblicherweise wurde der Zwischenraum zwischen der

Doppelturmfassade und dem Kirchenbau mit einer Vorhalle/Vorkirche geschlossen, so wie in Lorsch auch, dort nur in einer weiteren Bauphase. Im Zusammenhang mit dem Halberstädter Dom habe ich zu dieser Bauentwicklung in der romanischen Architektur etwas ausgeführt (siehe [MEISEGEIER 2019, 67f]).

Ich glaube nicht, dass für diese Erweiterung ein Brand die Veranlassung gab. Den Brand gab es möglicherweise nur auf dem Papier bzw. Pergament.

Um die Mitte des 12. Jh. wurde der alte Westbau aufgegeben und niedergelegt und die Vorkirche errichtet, von der heute noch ein Rest steht.

Die Torhalle

Noch einige Bemerkungen zur so genannten Torhalle oder Königshalle.

Über die Bauzeit ist man sich ziemlich uneins. Traditionell wird sie zwischen 774 und um 950 datiert. JACOBSEN sieht ihre Errichtung ab 876, UNTERMANN in der Zeit Ludwigs des Frommen (814-840).

"Der Bau der Torhalle lässt sich nach Radiocarbonmessungen, die 2016 veröffentlicht wurden, auf die Zeit um 900 eingrenzen." [Wikipedia]

Es dürfte klar sein, dass bei meiner Rekonstruktion eine Torhalle als doch untergeordneter Bau im Vergleich zur Klosterkirche vor dem 12. Jh. keinen Platz hat; eine Königshalle gleich gar nicht.

Als "Accessoire" war sie sicher die letzte Baumaßnahme und gehört sicher erst in die 2. Hälfte des 12. Jh.

Nach meiner Auffassung markierte die so genannte Torhalle den Startpunkt des Prozessionswegs in die Kirche, weshalb sie exakt in der Achse des Kirchenbaus errichtet wurde.

Mit dem eigentlichen Zugangstor zum Klosterbereich, das nicht in der verlängerten Kirchenachse sondern weiter westlich lag, und der Klostermauer war sie in keiner Weise verbunden; sie war also kein Tor in strengen Sinn. M. E. hatte der Raum über den Durchgängen keine besondere Funktion. Er ergab sich aus der gewählten Bauform zwangsläufig. Die beidseitigen Treppentürme gaben darüber hinaus dem Bauwerk ein gewisses wehrhaftes Aussehen.

Die Fassadengestaltung ist sicher bemerkenswert und ohne Beispiel. Wir müssen jedoch bedenken, dass die romanische Baukunst wesentlich farbiger war als sie uns heute erscheint. Das betraf i. d. R. jedoch mehr den Innenraum. Kunst am Bau ist üblicherweise eine spätere Entwicklungsstufe.

Die "Torhalle" stand auch nicht in einem Atrium, wie die archäologischen Untersuchungen klar ergeben haben. Bei der Rekonstruktion des großen, so genannten jüngeren Atrium war BEHN die Phantasie durchgegangen.

Der südlich der "Torhalle" nachgewiesene Gang war vermutlich die befestigte Zuwegung vom Haupttor des Klosters zur Klausur.

Vermutlich hatten sich die hohen Erwartungen hinsichtlich des Prozessionsgeschehens nicht erfüllt, weshalb die große Durchgangsöffnung in der Doppelturmfassade im Zusammenhang mit der Errichtung der Vorkirche zu einem Portal verkleinert wurde [PAPAJANNI]. Damit hatte die "Torhalle" ihre ursprüngliche Funktion verloren.

Wenn ich spekulieren darf: Vielleicht erhoffte man den Aufstieg zum Bistum, was sich aber letztendlich zerschlagen hat.

Literatur

Lammers, Dieter (2014): "Aktuelle archäologische Ergebnisse zur Gründungsgeschichte des Klosters Lorsch" In: Deutsche Gesellschaft für Archäologie des Mittelalters und der Neuzeit e.V. Bd. 27 (2014), 181-190

Jacobson, Werner / Schaefer, Leo / Sennhauser, Hans Rudolf (1991): Vorromanische Kirchenbauten. Katalog der Denkmäler bis zum Ausgang der Ottonen. München, Nachtragsband

Meisegeier, Michael (2019): Frühe Kirchenbauten in Mitteldeutschland. Alternative Rekonstruktionen der Baugeschichten. 2. überarbeitete und ergänzte Auflage. BoD Norderstedt

Oswald, Friedrich / Schaefer, Leo / Sennhauser, Hans Rudolf (1966-1971): Vorromanische Kirchenbauten. Katalog der Denkmäler bis zum Ausgang der Ottonen. München

Papajanni, Katarina (-): Baugeschichte des Kirchenfragments. https://www.kloster-lorsch.de/klosterlorsch/archaeologie-baugeschichte/klosterkirche/

Schefers, Hermann (-): Auf der Suche nach einem Bild des Klosters. Zur Geschichte der Archäologie und Bauforschung in Lorsch
https://www.kloster-lorsch.de/klosterlorsch/archaeologie-baugeschichte/

Seligenstadt, Einhardsbasilika - ohne Einhard zum Ersten

Im Jahr 828 soll Einhard die Übertragung der Reliquien der hll. Marcellinus und Petrus in die bestehende Kirche St. Maria und Bartholomäus veranlasst haben, den Vorgängerbau der 1817 abgebrochenen Kirche östlich der Klosterkirche. Nach OSWALD eine Saalkirche mit Rechteckchor [OSWALD/SCHAEFER/SENNHAUSER, 311]. Die in der Literatur, z. B. bei IMHOF/WINTERER, zu findende Beschreibung als Saalbau mit Apsis und zweigeschossigem Westwerk etc. ist offenbar eine irrtümliche Rekonstruktion, vermutlich aufgrund des Translationsberichtes Einhards.

Nach traditionelle Auffassung um 830 Errichtung der heutigen Basilika mit Ringkrypta, z. T. mit Baumaterial aus dem verfallenen Römerkastell. Fertigstellung vor 854, wahrscheinlich 840. Die zwei quadratischen Westtürme (um 1100 [KIESOW, 257]) wurden im 19. Jh. durch die heutige neoromanische Doppelturmfassade ersetzt. Die Sakristei wird in das 11. Jh. datiert. Vierungsturm und Chor wurden im 13. Jh. errichtet bzw. umgebaut. Dabei wurde die Ringkrypta aufgegeben.

Die Ringkrypta mit innenliegendem Umgang und im Scheitel nach Westen abzweigendem Mittelstollen. Dieser durch Quermauern dreigeteilt. Im östlichen Abschnitt Spuren eines Altars. Der mittlere Raum die eigentliche Confessio (mit Fenestella in der Ostwand). Der westliche Raum gilt als Grabstätte von Einhard und Imma [OSWALD/SCHAEFER/SENNHAUSER, 309].

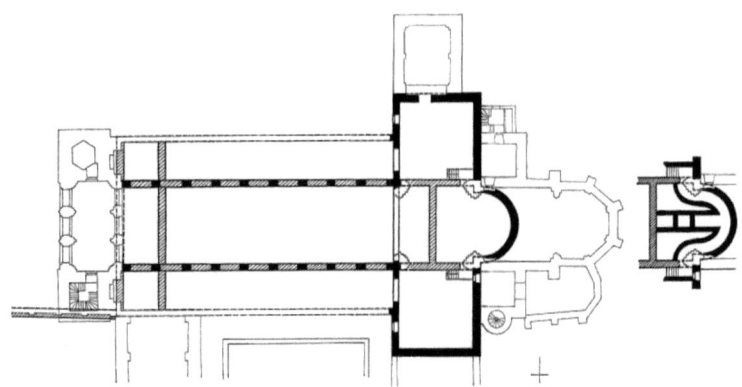

Seligenstadt, Einhardsbasilika, Grundriss aus [OSWALD/SCHAEFER/SENNHAUSER, 310]

Die Gründungsgeschichte sowie die karolingischen Datierungen sind konstruiert und durchweg unbrauchbar.

Gibt es zwingende Anhaltspunkte für eine sehr frühe Datierung? Ich denke nein. Eher im Gegenteil.

184

Auffällig ist die Verwendung des quadratischen Schematismus, der üblicherweise kaum vor 1100 vorkommt. Die quadratischen Querhausarme haben dieselbe Abmessungen wie die Vierung. Die Seitenschiffe besitzen die halbe Breite des Mittelschiffs. Die quadratischen Joche im Langhaus werden durch jeden zweiten Arkadenpfeiler markiert.

Die Höhe des Langhauses beträgt das Zweifache der Breite. Diese Proportionen deuten auf einen Bau des ausgehenden 11. Jh. bzw. sogar erst 12. Jh.

Ein weiteres Indiz ist das Hineinziehen des Chorpodiums in die Vierung, um die seitlichen Zugänge zur Krypta zu ermöglichen. Diese Lösung kommt erst in der ersten Hälfte des 12. Jh. auf.

Ringkrypten sind kein Beweis für eine besonders frühe Entstehung. Sie wurden auch noch in der zweiten Hälfte des 12. Jh. errichtet, wie das Beispiel von S. Apollinare in Classe belegt (siehe [MEISEGEIER 2019, 61]).

Auch die Verwendung von gebrannten Ziegeln (römisches Format?) spricht nicht für eine frühmittelalterliche Entstehung. Ab der Mitte des 12. Jh. werden ganze Kirchen aus Backsteinen errichtet, wobei diese sicher vorwiegend im natursteinarmen Norden Deutschlands Verwendung fanden.

Ich sehe folgende alternative Baugeschichte:

Errichtung einer ersten Saalkirche (St. Maria und Bartholomäus ?) 1. Hälfte 11. Jh./Mitte 11. Jh. östlich der späteren Klosterkirche.

Um 1100 Errichtung der Klosterkirche westlich der ersten Kirche. Vermutlich war ursprünglich eine schlichte Westfassade vorgesehen. Man entschied sich jedoch nachträglich um zugunsten einer Art Doppelturmfassade, die vor die schon errichtete Westfassade gesetzt wurde. Das Querfundament östlich der ursprünglichen Westfassade dürfte das am Baubeginn angelegte Fundament des beabsichtigten

Westschlusses sein, das infolge einer ersten Planänderung nicht benutzt wurde.

Unter dem Hauptaltar befand sich vermutlich ein Altargrab (Bodengrab der Reliquien der hll. Marcellinus und Petrus ?). Darüber war die Confessio angeordnet, die bis auf die Fenestella unzugänglich durch Wände abgetrennt war. Dass der Raum zwischen der Westwand der Confessio und der westlichen Abschlusswand des Chors eine Bestattung enthielt, erachte ich für ein Phantasiegebilde.

Der Altar vor der Confessio ist mit Sicherheit eine spätere Zutat. Die Krypta war ursprünglich ohne Altar.

Eher gegen Mitte des 12. Jh. (nicht im 11. Jh.) wird die Sakristei an den Nordarm des Querhauses angebaut. Nach Mitte des 12. Jh. werden solche Räume auch in anderen Kirchenbauten errichtet (z. B. in den Stiftskirchen in Quedlinburg und Gernrode).

Ab 1240 Neubau der Ostteile mit Aufgabe der Krypta.

Literatur

Imhof, Michael / Winterer, Christoph (2013): Karl der Große. Leben und Wirkung, Kunst und Architektur. Michael Imhof Verlag Petersberg

Kiesow, Gottfried (1984): Romanik in Hessen. Stuttgart

Meisegeier, Michael (2019): Frühe Kirchenbauten in Mitteldeutschland. Alternative Rekonstruktionen der Baugeschichten. 2. überarbeitete und ergänzte Auflage. BoD Norderstedt

Oswald, Friedrich / Schaefer, Leo / Sennhauser, Hans Rudolf (1966-1971): Vorromanische Kirchenbauten. Katalog der Denkmäler bis zum Ausgang der Ottonen. München

Solnhofen, Sola-Basilika - Gründung eines Eigenkirchenherrn namens Sola?

Im kleinen bayrischen Örtchen Solnhofen ist eine Kirchenruine zu besichtigen, die in der Kunst- und Kirchengeschichte einen größeren Bekanntheitsgrad erlangt hat - die Sola-Basilika.

Wikipedia: "Die Sola-Basilika ... zählte mit ihrer äußerst qualitätvollen Ausstattung mit Stuck und vegetabilen Kapitellen zu den bedeutenden Kirchenbauten des frühen 11. Jahrhunderts. Die heute ruinöse Basilika war einst die Kirche einer Propstei des Klosters Fulda und Grabeskirche des Heiligen Sola. Der Schmuck der Basilika ist eines der frühesten Beispiele für die Verwendung von Stuckmaterial in der Region, und das Sola-Grab zählt zu den größten kunstgeschichtlichen Sehenswürdigkeiten Mittelfrankens. ...

Die Sola-Basilika wurde auf den Fundamenten mehrerer Vorgängerkirchen errichtet. Die beiden ältesten Kirchen entstanden vermutlich im 7. Jahrhundert als Eigenkirchen eines herrschaftlichen Hofes."

Bis vor kurzem galt - für einige bis heute - sogar der Bau des heute in das 11. Jh. datierten letzten Baus als karolingisch.

Solnhofen in den "frühen" Schriftquellen

Zwischen 754/55 (Tod des hl. Bonifatius) und 761/62 (Tod des hl. Wunibald) Gründung einer Einsiedelzelle durch den Angelsachsen Sola, einen ehemaligen Fuldaer Mönch. Karl der Große beschenkte Sola mit dem später nach diesem benannten Ort. 794 übereignete Sola den Besitz dem Kloster Fulda. Nach späterer Überlieferung schenkte Kaiser Ludwig der Fromme dem Fuldaer Nebenkloster 19 Ländereien, nach späteren Autoren 819.

Nachricht einer Kirchenweihe in Solnhofen zwischen 1065 und 1071 im Pontificale des Eichstätter Bischofs Gundekar II. (1057-75) nicht mit einem bestimmten Bau zu verbinden. [OSWALD/SCHAEFER/SENNHAUSER, 315]

Bisherige Rekonstruktionen der Baugeschichte

Nach OSWALD [OSWALD/SCHAEFER/SENNHAUSER, 315ff] und JACOBSEN [JACOBSEN/SCHAEFER/ SENNHAUSER, 392ff]:

Bau I (Saalkirche mit Zwillingsapsiden)
Fast quadratisches Schiff, im Osten zwei unregelmäßig gestelzte Apsiden.
Dat.: über Schichten des späten 6. Jh., Mitte 7. Jh.

Bau Ia (Errichtung einer großen Ostapsis)
Errichtung einer halbrunden Apsis anstelle der abgebrochenen Zwillingsapsiden
Dat.: 7. Jh.

Bau Ib (Errichtung eines rechteckigen Ostabschlusses)
Geringfügige Verlängerung des Langhauses nach Osten und Abschluss durch nicht eingerückten, abgeteilten Chorraum, Ostwand durch romanische Krypta zerstört. Zwischen Chor und Langhaus Schrankensubstruktion mit axialem, 70 cm breiten Durchlass.
Dat.: Wohl noch 7. Jh.

Bau II (Holzkirche ?)
OSWALD: In einer über Bau I/Ib verteilten Planierschicht eingebrachte Pfostenlöcher. Kein zugehöriger Fußboden nachweisbar. Von der Flucht aller früheren und späteren Bauten abweichend.
Dat.: erste Zelle Solas um 760?
JACOBSEN: Rekonstruktion der Pfostenlöcher als Holzkirche nicht ganz sicher. Nach den hist. Umständen aber als erste Eremiten-Cella Solas gut denkbar.
Dat.: zw. 744 und 754?

Bau III (Saalkirche)
Über den Fundamenten des Baus I/Ib neu errichtet. Gedrungener Raum, im östlichen Drittel durch Mauerzungen ein Altarbereich abgetrennt, ohne Einrückung. Zahlreiche

Reste von Wandputz mit reicher Bemalung im Abbruchschutt gefunden.
Dat.: 2. H. 8. Jh.

Bau IIIa (Anbau eines Rechteckchores und Verlängerung des Langhauses)
Langhaus um fast das Doppelte nach Westen verlängert. Die schwachen Zungenmauern des Rechteckchores könnten lediglich Schranken getragen haben.
Dat.: wohl im Zuge der Umwandlung in ein Fuldaer Nebenkloster bald nach 794

Bau IV (Dreischiffige Basilika mit geradem Chorschluss und Krypta)
OSWALD: *Langhaus:* Acht Arkaden, je sechs Säulen mit mittlerem Trennungspfeiler, auf der Nordseite auch die zugehörigen Wandpfeiler erhalten bzw. ergraben. Die Säulen mit schlichten Wulstbasen, leicht geschwellte Schäfte und variierende, rankenverzierte Kapitelle. Die Pfeiler ohne Fußglieder.
Krypta: Im Verband mit dem Langhaus. Einem quergestreckten Raum an der Ostseite drei rechteckige Kammern angegliedert. Eingänge über Stufen aus dem Seitenschiff. Der Mittelstollen springt nach Osten vor, ihm gegenüber in der Westwand seichte Rechtecknische. Tonnenwölbung. Ein mit Platten belegter Platz zwischen den Chorstufen lässt eine Öffnung zur Krypta erschließen.
Chor: Wohl dreiteilig wie die Krypta, vermutlich zugehörig im Schutt der Krypta gefundene kleinere Säulenbasen. Mindestens je vier Stufen hinauf. Wandvorlagen eines Triumphbogens am Choreingang.
Ausstattung: Im Westteil des Nordschiffes das Solagrab erhalten. Mehrfach umgebaut. Ein in der Krypta vermauert gefundener Sarkophag vielleicht hier ehemals aufgestellt. Darüber Reste von Wandmalereien, ein zugehöriger Titulus paläographisch als spätestens 1. H. 9. Jh. bestimmt. Im Schutt gefundene Reste von Stuckverzierungen der Arkadenbögen vom Ausgräber als gleichzeitig angesprochen, ohne zwingende Beweise. Dat.: 1. H. 9. Jh.

JACOBSEN: Bau IV (OSWALD) wird ausgeschieden, da zu der Weihe von 1065/71 gehörend.

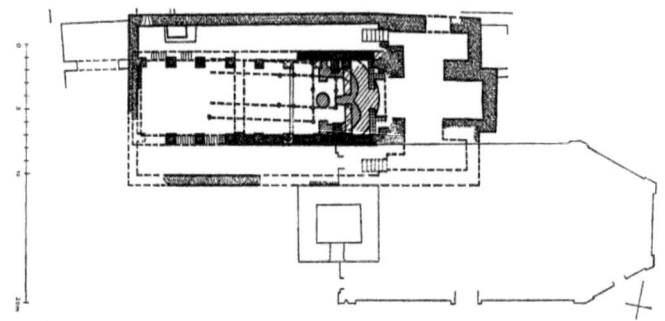

Solnhofen, Sola-Basilika mit Vorgängerbauten. Grundriss aus [OSWALD/SCHAEFER/SENNHAUSER, 316]

Nach HÜTTIG [HÜTTIG, 9ff]:

Kirche 1 (Saalkirche mit Doppelapsis, um 650 n. Chr.)
Saal ca. 9,5 x 7 m, Doppelapsis (Motiv aus Oberitalien bis Sardinien und Korsika, Mission aus dem norditalienischen Raum)

Kirche 2 (Langgezogene Saalkirche, 2. H. 7. Jh.)
rechteckige Steinkirche mit geräumigem Chorraum. Gegenüber Kirche 1 nach Osten deutlich verlängert. Schmaler Durchgang zwischen dem großen Raum für die Gemeinde und dem Altarraum im Osten. Kirche wurde durch ein gewaltsames Ereignis zerstört, längere Zeit als Ruine verbleibend

Kirche 3 (Saalkirche, vermutlich Bethaus des Hl. Sola, 2. H. 8. Jh.)
zwischen 742 und 754 errichtete der angelsächsische Mönch Sola eine Wohnung und auf den Resten der alten Kirche ein Bethaus. Die durch Brand beschädigte Trennwand zwischen Gemeinde- und Altarraum wurde abgebrochen.

Kirche 4 (Langgestreckte Saalkirche; vermutlich erste Klosterkirche, nach 794)
Das Benediktinerkloster Fulda errichtete hier eine Propstei und erbaute eine neue Saalkirche, die gegenüber Kirche 3 deutlich nach Westen verlängert wurde. Der Altarbereich der Kirche 3 wurde nun anscheinend zum Mönchschor. Im Anschluss daran öffnet sich die Ostwand in einer Breite von 1,5 m zu einem stark eingezogenen rechteckigen Altarraum

Kirche 5 (Dreischiffige Basilika mit rechteckigem Chorraum und Krypta, 1. H. 9. Jh.)
Die vorh. Saalkirche bekam zwei Seitenschiffe mit je acht Arkaden. Ausstattung mit Wandmalereien (mit Inschrift), Stuckverzierungen, reich verzierte Kapitelle und ein Medaillon Kaiser Ludwig des Frommen.
Am Ostende Ansätze eines dreiteiligen Chors und Reste einer Krypta. Diese 2 m tiefer als das Mittelschiff und über Stufen von zwei stollenartigen Zugängen links und rechts des Chorraumes zugänglich. Der Chorraum 0,9 m höher als das Mittelschiff über vier Stufen erreichbar.
Im nördl. Seitenschiff das Solagrab (Tumba), ursprünglich im Freien liegend. Tumba bauzeitlich mit Kirche.

Nach ILLIG/ANWANDER [ILLIG/ANWANDER, 372]:

Kirche 1: Kleiner, eher quadratischer Raum mit eingezogener Doppelapsis (um 950, auf Weingarten folgend)

Kirche 2: Der Kirchenraum wird bald verlängert und vor dem Altarbereich mit einer Trennwand geteilt (um 960; vermutlich nur zweigeteilte Bauphase)

Kirche 3: Nach Brand wird die Trennwand entfernt, dafür die Saalkirche weiter westlich mit Mauerzungen eingeschnürt; einfache Apsis (nach 1000; bislang so genanntes Oratorium des hl. Sola)

Kirche 4: Der Bau wird noch einmal nach Westen verlängert und erhält eine rechteckige Apsis (erste Klosterkirche, um 1040)

Kirche 5: Dreischiffige Basilika ohne Querhaus, mit flach geschlossenen Chor in allen Schiffen; Stützenwechsel im Kirchenschiff mit erhaltenen Kapitellen; die stuckumrahmten Arkaden waren noch stärker als die Kapitelle von reiner Kerbschnitt-Technik geprägt; Stollenkrypta, erhöhter Chor (Weihe um 1070)

Alternative Rekonstruktion der Baugeschichte

Die schillernde Gründungsgeschichte ist selbstredend konstruiert, d. h. frei erfunden. Davon unabhängig existieren natürlich die archäologischen Zeugnisse. Sie allein sind für die Rekonstruktion der Baugeschichte heranzuziehen.
Solnhofen dürfte nach dem Abzug der Römer bis 496/97 alamannisch gewesen sein und wurde danach merowingisch. Nach Begründung der fränkischen Landeskirche, vermutlich Ende des 10. Jh., wurde das eroberte Gebiet der Alamannen und des ehemaligen Thüringer Königreichs formell dem Bistum Mainz zugeordnet. Die Suffraganbistümer Würzburg und vermutlich auch Eichstätt wurden erst in der ersten Hälfte des 12. Jh., nach der Erhebung des Bistums Mainz zum Erzbistum, gegründet. Damit dürfte auch die Nachricht im Pontificale des Eichstätter Bischofs Gundekar II. (1057-75) über eine Weihe in Solnhofen zwischen 1065 und 1071 ein späteres Konstrukt sein.

Der Bau I, der kleine Saalbau mit Zwillingsapsiden als Ostabschluss, wurde nach JACOBSEN über Schichten des späten 6. Jh. errichtet. Archäologisch sind die Schichten des

6./7. Jh. i. d. R. spätantik datiert. Zur richtigen Einordnung sind die spätantiken Datierungen zu korrigieren. Die Schichten des späten 6. Jh. gehören damit in die Zeit der Jahrtausendwende. Die Datierung des Baus durch JACOBSEN in die Mitte des 7. Jh. rückt den Bau in die Jahre 1060/70. Auch wenn diese Datierung mit der überlieferten Nachricht eine Weihe zwischen 1065 und 1071 exakt übereinstimmt, erachte ich die Nachricht für konstruiert, da es im 11. Jh. noch keinen Bischof in Eichstätt gegeben haben kann.

Im historischen Kontext erscheint die Datierung um 1060/70 für Bau I plausibel.

Das Motiv der Zwillingsapsiden in Solnhofen, wie auch in Reichenau-Mittelzell, ist sicher aus dem oberitalienischen Bereich entlehnt. Die dort häufiger anzutreffenden Dreiapsidensäle, die m. E. auch alle zu früh datiert sind, legen diese Herkunft nahe.

Die Datierung von ILLIG/ANWANDER der ersten Kirche in die Mitte des 10. Jh. ist zwar schon ein Fortschritt gegenüber der traditionellen Datierung in karolingische Zeit, jedoch immer noch deutlich zu früh.

Die nachfolgenden Bauten/Umbauten (Bau Ia, Ib, III, IIIa) lassen sich schwer zeitlich eingrenzen. Ich sehe diese Baumaßnahmen sämtlich nach 1060/70, jedoch noch im 11. Jh.

Die von OSWALD rekonstruierte Holzkirche (Bau II) erachte ich für eine Fehlinterpretation. Schon JACOBSEN hält die Rekonstruktion wegen des fehlenden zugehörigen Fußbodens für nicht sicher. HÜTTIG als auch ILLIG/ANWANDER erwähnen eine Holzkirche gar nicht.

Erst der als Ruine heute noch erhaltene Kirchenbau (Bau IV nach OSWALD, Kirche 5 nach ILLIG/ANWANDER und HÜTTIG) liefert m. E. Anhaltspunkte für eine glaubhaftere Datierung.

Der Bau war eine dreischiffige, querhauslose Basilika mit einer Krypta im Osten unter dem Chor. Die Langhausarkaden Säulen bis auf die Mittelstütze (Pfeiler).

Die Ostteile des Kirchenbaus besitzen deutliche Parallelen zu denen der Klosterkirche St. Maria auf dem Münzenberg in Quedlinburg (siehe [MEISEGEIER 2019, 220ff]).

Die Münzenbergkirche ist ebenfalls eine dreischiffige Kirche ohne Querhaus, abweichend von Solnhofen jedoch eine reine Pfeilerbasilika. Auch sie hat einen dreiteiligen Ostbau. Im Gegensatz zu Solnhofen, wo der Chor gerade geschlossen ist, endete das Mittelschiff in Quedlinburg in einer Apsis.

Wie in Solnhofen befand sich unter dem Chor eine Krypta mit Kryptennebenräumen im Norden und Süden. Der Hauptraum der Krypta ist in Quedlinburg abweichend von Solnhofen dreischiffig. Bei der geringen Breite des Mittelschiffs in Solnhofen waren Stützenstellungen für die Überwölbung nicht erforderlich. Zumindest in der östlichen Rechtecknische des Mittelraums dürfte ein Altar gestanden haben, möglicherweise auch in den Ostnischen der Kryptennebenräume. In der westlichen Nische des Mittelraumes befand sich eine Einblicköffnung, von der man aus dem Langhaus in die Krypta blicken konnte, ähnlich wie die von mir rekonstruierte Einblicköffnung in der Ostkrypta der Stiftskirche in Gernrode.

Ob der Chor ebenfalls dreiteilig war, möchte ich bezweifeln. Ich denke eher an Chornebenräume, die ausschließlich vom Chor aus zugänglich waren, wie in Quedlinburg auch. Die Nutzung als Sakristei und Schatzkammer ist naheliegend. Dass in den Seitenschiffen neben den Zugängen zur Krypta auch Aufgänge zum Chor vorhanden waren, wie die Pläne vor Ort es zeigen, erachte ich als Fehlrekonstruktion.

Die Säulenarkaden werden in Solnhofen von einem mittigen Pfeiler unterbrochen. Ich denke, dass die Bezeichnung Stützenwechsel nicht richtig ist. Es geht vermutlich um die Markierung der Mitte. Auch dafür gibt es in Sachsen ein Beispiel: Die Stiftskirche in Gernrode.

Das Mittelschiff besteht zwar aus vier Quadraten mit der Mittelschiffsbreite als Seitenlänge bzw. zwei Arkadenabständen, jedoch ist der quadratische Schematismus nicht wirklich realisiert, da die Seitenschiffsbreite größer als die halbe Mittelschiffsbreite ist, unabhängig von einer ganz fehlenden Vierung,

Bei der Münzenbergkirche in Quedlinburg sehe ich den Baubeginn um 1100 und demzufolge eine Hauptbauzeit im 12. Jh. [MEISEGEIER 2019, 236f]. Das Langhaus der Stiftskirche in Gernrode entstand ebenfalls im 12. Jh. [ebd., 200f].

In ähnlicher Zeitstellung sehe ich den Bau IV (OSWALD und JACOBSEN) bzw. die Kirche 5 (ILLIG/ANWANDER und HÜTTIG).

Den Turmanbau an der Südseite datiere ich abweichend von der traditionellen Sichtweise ebenfalls erst in das 12. Jh. Übrigens hat auch die Quedlinburger Münzenbergkirche einen Turmanbau auf der Südseite, aus dem 12. Jh.

In Solnhofen als auch in Quedlinburg befand sich die Klausur jeweils auf der Nordseite.

Auch die Solnhofener Kapitelle sind der ersten Hälfte des 12. Jh. zuzuordnen.

Die Stuckausstattung an den Arkaden sowie das Medaillon dürften dann um die Mitte des 12. Jh. entstanden sein.

Wikipedia (Stuck): "So haben sich hier, in den heutigen Bundesländern Niedersachsen und Sachsen-Anhalt, eine Reihe bedeutender mittelalterliche Kunstwerke aus Stuck erhalten, besonders aus dem 12. und 13. Jahrhundert. Zu nennen sind das Heilige Grab in der Stiftskirche in Gernrode, die Chorschranken in St. Michaelis in Hildesheim, der Liebfrauenkirche in Halberstadt sowie der Stiftskirche in Hamersleben, die Westempore der ehemaligen Klosterkirche in Kloster Gröningen (heute Berlin, Staatliche Museen, Bode-Museum), das Tympanon der Hildesheimer Godehardikirche, das Giebelrelief der Domvorhalle in Goslar oder der Apostelzyklus in der Ganderheimer Stiftskirche."

Von der jüngeren Forschung wird die Stuckausstattung des Heiligen Grabes in Gernrode noch in das 11. Jh. datiert. In [MEISEGEIER 2018, 37ff] plädiere ich jedoch für eine Datierung um 1150/60.

Das so genannte Solagrab in seiner heutigen Form entstammt dem 15. Jh. "In diesem Grabmal haben Archäologen und Bauforscher vier frühere Tumben nachgewiesen, deren älteste bereits in das nördliche Seitenschiff der Sola-Basilika hineingebaut worden ist." [Schautafel vor Ort]

Denkbar wäre, dass beim Neubau des 12. Jh. ein Grabmal in Form einer Tumba für den früheren Grund- und Eigenkirchenherrn und Gründer der Kirche im Seitenschiff errichtet wurde. Ob dieser Sola hieß, wovon der Ort Solnhofen ("Hof des Sola"?) seinen Namen hat? Vermutlich hat dieser seine angelsächsische Geschichte erst später vom Kloster Fulda erhalten. Eine Heiligsprechung durch die römische Kirche gab es anscheinend nicht.

Die Vorgängerbauten und selbst der Neubau des 12. Jh. dürften noch allein dem Eigenkirchenherrn und seiner kleinen Gemeinde gedient haben. Die Einrichtung eines Klosters sehe ich erst im Laufe des 12. Jh.

Literatur

Hüttig, Eberhard (1999): Die Evang.-Luth. St.Veit-Kirche in Solnhofen mit Sola-Basilika. Solnhofener Hefte, Nr. 1, Hrsg. Pfarramt Solnhofen

Illig, Heribert / Anwander, Gerhard (2002): Bayern und die Phantomzeit. Archäologie widerlegt Urkunden des frühen Mittelalters. Eine systematische Studie. Teil I, S. 364-375

Jacobson, Werner / Schaefer, Leo / Sennhauser, Hans Rudolf (1991): Vorromanische Kirchenbauten. Katalog der Denkmäler bis zum Ausgang der Ottonen. München, Nachtragsband

Meisegeier, Michael (2018): Das Heilige Grab in Gernrode - alles klar, oder? Eine alternative Baugeschichte. BoD Norderstedt

Meisegeier, Michael (2019): Frühe Kirchenbauten in Mitteldeutschland. Alternative Rekonstruktionen der Baugeschichten. 2. überarbeitete und ergänzte Auflage. BoD Norderstedt

Oswald, Friedrich / Schaefer, Leo / Sennhauser, Hans Rudolf (1966-1971): Vorromanische Kirchenbauten. Katalog der Denkmäler bis zum Ausgang der Ottonen. München

Speyer, Dom St. Maria und St. Stephan - Vorgängerbau identifiziert?

Vorgängerbau

Erstmals urkundlich erwähnt wurde ein Bischof von Speyer im Jahr 346 [Wikipedia]. Diese Datierung ist spätantik und entspricht dem Jahr 62. Die antiken Bischöfe waren lediglich Vorsteher einer christlichen Gemeinde ohne weltliche Befugnisse. Ein Dombau ist in diesem Zusammenhang nicht zu erwarten. Die frühen Christen bauten noch keine Kirchen. Ihre Kulträume befanden sich i. d. R. in privaten Wohngebäuden (Hauskirchen).

Nach KUBACH ist jedoch Speyer in merowingischer Zeit als Bischofsstadt bezeugt [KUBACH, 1]. Damit könnte Speyer zu den Altbistümern gehören, welche im Zusammenhang mit der Begründung der fränkischen Landeskirche entstanden. Vielleicht ist die anscheinend gehemmte Entwicklung des Bistums (Suffraganbistum des Bistums Bamberg) dem Streit mit der römischen Kirche zu "verdanken" (siehe unten).
Aufgrund der Erwähnung eines Bischofs 614/615 und eines Doms um 665 [KUBACH, 127] sieht die Forschung noch einen merowingischen Vorgängerbau, von dem aber bisher keine Spuren gefunden wurden.
"Vom Vorgängerbau des Domes wissen wir aber nichts Sicheres; auch die jüngsten Forschungen haben das Dunkel nicht gelichtet, das über dem - vielleicht unscheinbaren - Bau

liegt. Man könnte sogar erwägen, ob sich nicht etwa der Bischof mit seiner Kirche in einen Römerbau eingerichtet habe, wie es an anderen Orten erwiesen ist." [ebd., 1]

Vielleicht ist hier der Forschung zu helfen. Speyer wurde traditionell Ende des 5. Jh. nach einer kurzen Herrschaft der Alamannen fränkisch. In der Schlacht 496/497 bei Zülpich und einer weiteren Schlacht 506 besiegten die Franken unter Chlodwig die Alamannen und Speyer wurde Teil des fränkischen Königreichs [Wikipedia]. Die o. a. Datierungen sind wieder spätantik und müssen korrigiert werden. Damit fand die Schlacht bei Zülpich im weströmisch-antiken Jahr 212/213 bzw. 914/915 u. Z. statt, die Schlacht von 506 im weströmisch-antiken Jahr 222 bzw. 924 u. Z..
Das heißt, spätestens seit 924 u. Z. ist Speyer merowingisch und bleibt es bis 1057, dem Jahr des Todes von König Dagobert I.

Der bezeugte merowingische Bischof ist in diesem Zeitfenster zu suchen. Da die fränkische Landeskirche erst Ende des 10. Jh./um 1000 begründet wurde, kann ein fränkischer Bischof erst nach der Jahrtausendwende existent sein (siehe Abschnitt *Die Kirche*). Die Erwähnung eines Bischofs 614/615 und eines Doms 665 (siehe oben) entspricht korrigiert in u. Z. 1032/1033 bzw. 1083 und steht dem nicht entgegen.
Es gibt einen Kirchenbau in Speyer, der seine Gründung in merowingischer Zeit sieht. Das ist die abgegangene Kirche St. German. Nach legendärer Überlieferung soll sie von König Dagobert I. (trad. 629-639) gegründet worden sein [OSWALD/ SCHAEFER/SENNHAUSER, 317]. Die Regierungszeit von Dagobert I. ist korrigiert 1047-1057 u. Z.
Wikipedia zu St. German (Speyer): "Bei Ausgrabungen am Germansberg in den Jahren 1946/47 konnten die Fundamente einer merowingerzeitlichen Anlage des 7. Jahrhunderts sowie einer salierzeitlichen Klosterkirche des 11. Jahrhunderts mit Querhaus und Apsiden festgestellt werden. Es wurden zudem römische Spolien gefunden, die – ähnlich wie beim Bau des Speyerer Doms – wiederverwendet wurden ..."

Der merowingische Bau war eine schlichte Saalkirche mit Rechteckchor und Annexbauten, wobei möglicherweise ein römischer Bau wiederverwendet wurde [ebd., 317].
Um 1100 (1092?) unter Bischof Johannes I. von Speyer (1090-1104) erfolgte die Umwandlung in ein Augustiner-Chorherrenstift [ebd., 317].

Nach meiner Auffassung ist St. German der Vorgängerbau des Doms. Es ist kaum anzunehmen, dass gleich am Anfang der kirchlichen Entwicklung in Speyer zwei Kirchen von den Merowingern gegründet worden sind. Der Domneubau erfolgte in ca. 1.1 km Entfernung vom Altbau, verglichen mit anderen Nachfolgebauten relativ weit entfernt. Vermutlich hat man den neuen Standort für günstiger erachtet. Ich sehe keine zwingenden Gründe für die unmittelbare Nähe des Neubaus.
Falls die legendäre Überlieferung der Gründung durch Dagobert I. zutreffend ist, müsste der merowingische Bau zwischen 1047 und 1057 gegründet worden sein.
Vermutlich war dieser erste Kirchenbau eine königliche Eigenkirche. Mit dem Ende der Merowingerherrschaft wurde der Kirchenbau vermutlich bischöfliches Eigentum.
Um 1100, als der Altbau als Dom nicht mehr benötigt wurde, wurde die Kirche mit Augustiner-Chorherren besetzt, die offensichtlich danach einen Neubau vornahmen.

Der Dom

Wikipedia zur Baugeschichte: "Der salische König und spätere Kaiser Konrad II. ließ vermutlich 1025 den Bau mit dem Ziel beginnen, die größte Kirche des Abendlands zu errichten.
Urkundliche Schriftquellen über die Gründung des Speyerer Domes sind nicht überliefert.
Weder Konrad II. noch sein Sohn Heinrich III. erlebten den Abschluss der Arbeiten. Heinrich III. stiftete zur Altarweihe des Hochaltars 1046 das Speyerer Evangeliar.
Erst unter dem Enkel Heinrich IV. wurde der Bau im Jahr 1061 geweiht. In der Forschung wird dieser Bauabschnitt als „Speyer I" bezeichnet. Der Bau umfasste einen Westbau, ein

dreischiffiges Langhaus mit anschließendem Querhaus. Der Chor war schon damals flankiert von zwei Türmen. Die ursprüngliche Apsis trat nach außen hin rechteckig in Erscheinung, war innen jedoch gerundet. Das Mittelschiff des Langhauses besaß eine flache Decke, die Seitenschiffe jedoch wurden eingewölbt – es entstand der erste nachantike große Gewölbebau (abgesehen von der Aachener Pfalzkapelle) nördlich der Alpen.

Knapp 20 Jahre nach der Vollendung von Speyer I ließ Heinrich IV. den Dom zur Hälfte einreißen, um ihn noch größer wieder aufzubauen: Im Mittelschiff wurde die Decke abgetragen, der Bau wurde um fünf Meter erhöht. Statt der flachen Holzdecke entstand das größte Kreuzgratgewölbe im damaligen Reichsgebiet, und auch der Wandaufriss erfuhr entscheidende Veränderungen. Im Ostteil wurde der Bau bis auf die Fundamente abgetragen und auf bis zu acht Metern starken Fundamenten neu gegründet. Es blieben lediglich die unteren Geschosse der Chorflankentürme, sowie Teile des Querhauses erhalten. Die Krypta von Speyer I blieb nahezu unberührt.

Im Todesjahr Heinrichs IV., 1106, war der neue Dom fertiggestellt: Mit einer Länge von 444 römischen Fuß (134 Meter) und einer Breite von 111 römischen Fuß (33 Meter) war er eines der größten Bauwerke seiner Zeit. In der Länge wurde der Speyerer Dom von der Abteikirche von Cluny mit ihrer Vorkirche übertroffen, der umbaute Raum jedoch ist beim Speyerer Dom mit über 40.000 Kubikmetern größer. Diese Veränderungen unter Heinrich IV. sind in der Forschung als „Speyer II" bekannt, wobei im heutigen Bau zwischen Bauteilen von Speyer I und Speyer II unterschieden wird."

KUBACH unterscheidet zwei Bauphasen, die er mit Bau I und Bau II bezeichnet. Bau I ist der 1025/1030 begonnene Dombau. Als Bau II bezeichnet er die ab 1080 erfolgte völlige gestalterische Überarbeitung von Bau I einschließlich Einwölbung.

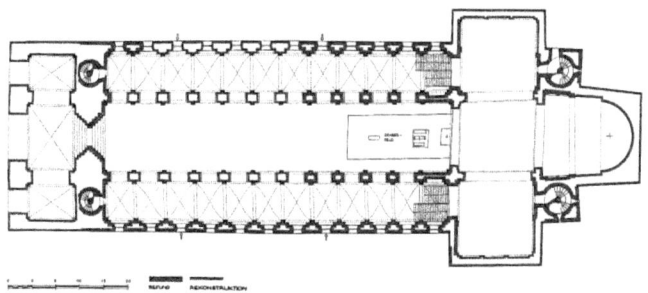

Speyer Bau I, entnommen aus [KUBACH, 55]

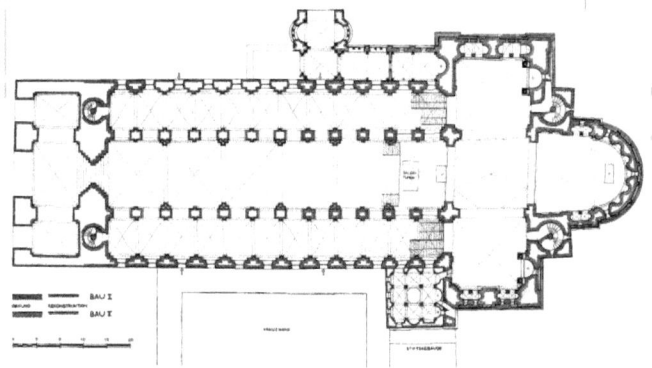

Speyer Bau II, entnommen aus [KUBACH, 87]

Deutlich detaillierter ist die Baugeschichte und architektonische Gestaltung bei KUBACH behandelt.

Anzumerken ist, dass beide Bauphasen durch zahlreiche Planungsänderungen während des Baus gekennzeichnet sind. Die Details sind für mein Anliegen nicht von Belang und können bei KUBACH nachgelesen werden.

Die einschneidendsten Änderungen bei Bau I sind die Ausdehnung der Krypta auf das gesamte Querschiff und die Verlängerung der Schiffe nach Westen [KUBACH, 54].

M. E. wird hier die übliche Verfahrensweise beim mittelalterlichen Kirchenbau deutlich.
Dem Kirchenbau lag kein durchgeplantes Konzept zugrunde. Am Beginn erfolgte das Anlegen des vorgesehenen Gesamtgrundrisses und der Bau der Fundamente. Danach wurden die aufgehenden Bauteile errichtet, beginnend im Osten oder auch im Osten und Westen oder über den gesamten Grundriss. Die Detailgestaltung des Aufgehenden erfolgt während des Baufortschritts, was ständige Planänderungen einschließt.

Nach KUBACH ist der Dombau in Speyer 1025/1030 mit der Krypta begonnen worden.
Die Bauabfolge bei der Krypta als ältesten Bauteil des Doms erscheint mir besonders interessant, da hieraus m. E. Rückschlüsse auf die zeitliche Einordnung möglich sind.

In einer ersten Bauphase erstreckte sich die Krypta nur unter dem Chorquadrat einschließlich Apsis.
Bereits hier sind mehrere Planänderungen erkennbar. Der älteste Teil der Krypta (Krypta-Ostarm) hatte die ursprünglich vorgesehenen Zugänge in den Westjochen der Nord- und Südwand. Der Zugang von der Oberkirche erfolgte vom Querhaus über Treppenabgänge im Winkel zwischen Querhaus und Chor ähnlich der Zugangslösung bei der Klosterkirche in Limburg an der Haardt. Noch vor Fertigstellung wurde diese Lösung aufgegeben. An der Stelle der Treppenabgänge wurden die Chorflankentürme errichtet, von denen die Krypta durch ein etwas höher liegendes Portal (mit entsprechenden Stufen im Kryptaraum) zugänglich war.
"In der Baugeschichte ist damit Speyer eines der ersten Beispiele für Chorflankentürme, genauer: Chorwinkeltürme."
[KUBACH, 13]

Im Zusammenhang mit der Erweiterung der Krypta auf das Querhaus wurde dann auch diese Zugangsvariante über die Chorflankentürme noch vor ihrer Fertigstellung aufgegeben.

In der Westwand besaß diese älteste Krypta einen mittigen Durchgang (entsprechend dem Mittelschiff der Krypta) zu einem etwas tiefer liegenden Raum. Dieser irritierte die Forschung, da damals die Kryptaerweiterung noch gar nicht geplant war.

Dieser westlich gelegene Raum könnte ein Westannex für ein geplantes Stiftergrab gewesen sein, ähnlich der Anlage in der Krypta des Doms zu Merseburg.

Nach einer weiteren Planänderung wurde die Krypta unter die Vierung und die Querschiffsarme zu der noch heute erlebbaren riesigen Unterkirche erweitert. Der Zugang zur Krypta erfolgte nun über eine so genannte Vorkrypta, das ist eine Erweiterung der Krypta um ein Joch westlich der Vierung und anschließenden Treppenaufgängen zum Mittelschiff. Die Vorkrypta wurde jedoch kurze Zeit später wieder aufgegeben.

KUBACH sieht die Entstehung dieser Krypta in den 1030er Jahren, da 1039 und 1043 die ersten beiden Kaisergräber zwischen den Treppen zur Vorkrypta angelegt wurden und spätestens etwa 1040 mit den Mittelschiffsmauern begonnen wurde [ebd., 16].

Offensichtlich datiert KUBACH den Baufortschritt am Dom zum großen Teil anhand der traditionellen Sterbedaten der im Dom Bestatteten. Ich halte jedoch die Personen und deren Lebensdaten für komplett konstruiert, womit die auf dieser Basis rekonstruierte Baugeschichte nicht stimmen kann.

Nach meiner Auffassung irrt KUBACH bezüglich der Datierung des Speyerer Baus. Auch sehe ich keine zwei separaten Bauphasen. Sicher sah das ursprüngliche Konzept anders aus, als sich der Bau nach seiner Fertigstellung präsentiert.

Der so genannte Bau I (Speyer I) ist m. E. nie als separater Bau in Nutzung genommen worden. Die Baumaßnahmen von Bau II (Speyer II) schlossen sich meiner Meinung nach unmittelbar an die Baumaßnahmen von Bau I an. Der Bau wurde i. W. in einem Zug errichtet, eben mit zahlreichen mehr oder weniger umfassenden Planänderungen.

Entgegen der Forschung sehe ich den Baubeginn erst um 1080. Die Krypta nur unter dem Chor mit den separaten Zugängen im Winkel zwischen Chor und Querhaus unterstützen diese Datierung. Um 1100 sind die Chorflanken- bzw. Chorwinkeltürme nicht mehr zu früh.

Noch vor seiner Fertigstellung erfolgte die Planänderung zu einem der größten romanischen Kirchenbauten nördlich der Alpen, vielleicht angeregt durch die gigantische, gewölbte burgundische Abteikirche Cluny III, deren Ostteile 1095 geweiht wurden, die jedoch erst Mitte des 12. Jh. fertiggestellt wurde.

Das Mittelschiff wurde verlängert und ein Westbau hinzugefügt. Die Krypta wurde unter die jetzt ausgeschiedene Vierung und die Querhausarme erweitert. Dieser Umbau wird in den Anfang des 12. Jh. zu datieren sein.

Während die Ostteile, insbesondere das Querhaus mit der ausgeschiedenen Vierung, dem quadratischen Schematismus folgen, ist dieser im Langhaus noch nicht konsequent verwirklicht. Vermutlich waren die Bauarbeiten am Langhaus schon so weit fortgeschritten, dass eine Änderung zu problematisch gewesen wäre.

Um die Mitte des 12. Jh. sehe ich die letzte große Planänderung: die Einwölbung des Baus und die Errichtung der Vierungstürme. Diese Baumaßnahmen dürften sich bis in das 13. Jh. erstreckt haben.

Die Kaisergräber

Offenbar sind die Kaisergräber für KUBACH ein wichtiger Datierungsgrund, weshalb ich darauf näher eingehen möchte.

THIEBES erläutert die Vorgehensweise um die kaiserlichen Bestattungen wie folgt: "Die Särge ... wurden in dem noch nicht vollendeten Dom unmittelbar vor der Krypta auf den

204

Boden des Mittelganges gestellt. Heinrich IV. ließ die Särge zu einem Block zusammenfassen, Erde darüber füllen und eine Decke darüber ziehen. ... Die Särge waren in die Erde gebettet. Die Särge der späteren Verstorbenen wurden in diese Erde gesenkt, oberhalb der tief liegenden salischen Sarkophage." [THIEBES, 47]

Nach KUBACH wurde Konrad II. in einem Steinsarkophag im Erdboden des Mittelschiffs bestattet, "so daß sein Deckel, eine einfache Steinplatte, über dem Estrich sichtbar blieb. Der Deckel ist mit drei Eisenbändern gesichert, wohl deshalb, weil die Bauarbeiten noch im Gange waren. Dieses Grab ist am alten Platz erhalten ... Neben ihm wurden vier Jahre später das Grab der Kaiserin Gisela und 1056 das des Sohnes, Kaiser Heinrich III., eingerichtet." [KUBACH, 19f]

Um 1050 soll ein erster Umbau der Grablege erfolgt sein. Die Vorkrypta einschließlich Treppen war abgebrochen worden. Der Zugang zur Krypta erfolgte über Treppen in den Seitenschiffen. Den Grund sieht KUBACH in der Vergrößerung des Gräberfeldes, eines ummauerten und etwas eingetieften Bereichs von 9 x 21 m [ebd., 56]. In diesem Zusammenhang wurde am Ostende des Mittelschiffs (an der Stelle der ehemaligen Vorkrypta), vor der Stirnwand der Krypta, die das Langhausniveau um ca. 3 m überragte, der Kreuzaltar angeordnet. Davor befanden sich die Stiftergräber. "Die Grabanlage wird erst durch diese Erweiterung vom Stiftergrab zur dynastischen Grablege." [ebd., 57]

Kurz nach dem ersten Umbau erfolgte ein zweiter (um 1060). Die drei ersten Saliergräber wurden 80 cm hoch übermauert und nach Westen hin mit einem profilierten Sockel versehen. Östlich davon wird der Fußboden auf die gleiche Höhe gebracht. [ebd., 58]

Bei der Bestattung Berthas (1090) und Kaiser Heinrich IV. (1111) wurden die Steinsärge zu beiden Seiten der drei älteren Sarkophage angeordnet, aber in verschiedener Höhenlage. Mauerblock und Sockel wurden entsprechend nach beiden Seiten angestückt.

Die neuen Särge wurden "in die inzwischen aufgehöhte Anlage eingetieft. Damals war vermutlich das genaue Niveau der älteren Gräber gar nicht mehr bekannt, und es spielte - da unsichtbar - auch keine Rolle mehr." [ebd., 89]

Schon wenig später ein neuer Umbau. Der Gräberbezirk wurde erhöht.
"1125 wird das Grab Heinrich V. in dieser Aufschüttung oberhalb der älteren Gräber angelegt. ... Mit dieser Erhöhung ist der eigentliche Königschor, chorus regum, geschaffen. Hier wird ein tumbenförmiges Grabmal errichtet, auf dem Inschriftplatten an die vier salischen Herrscher und Kaiserinnen erinnern:
FILIVS HIC. PATER HIC. AVVS HIC.
PROAVVS IACET ISTTIC.
HIC PROAVI CONIVNX. HIC
HENRICI SENIORIS." [ebd., 89f]

"Die Tumba wurde 1689 zerstört, ihre Inschrift ist jetzt im Fußboden des Königschores über den Gräbern wiederholt." [ebd., 90f]

In der Folgezeit wurde der Königschor weiter nach Westen verlängert. "Die Bestattungen, mit denen die Hohenstaufen die salische Tradition wiederaufnehmen, setzen diese Veränderungen voraus. 1184 wird Beatrix, die Gattin Kaiser Friedrich I. Barbarossa, hier beigesetzt und neben ihr die kleine Prinzessin Agnes. 1213 folgt ihr Sohn, König Philipp von Schwaben ... Die letzten Bestattungen erfolgen um 1300: 1291 König Rudolf von Habsburg, 1309 die gegnerischen Könige Adolf von Nassau und Albrecht von Österreich. ... In der dritten Reihe sind fünf Speyerer Bischöfe bestattet." [ebd., 106]

Da ich die Geschichte der Karolinger und Ottonen, aber auch der Salier und Staufer für konstruiert erachte, d. h. im wesentlichen für frei erfunden, ist eine glaubhaftere Erklärung für die Kaisergräber erforderlich.

Zunächst zweifele ich die Begräbnisse natürlich nicht an. Auch halte ich die Abfolge und baulichen Veränderungen der Grablegen - wie KUBACH sie darstellt - i. W. für zutreffend. Die überlieferten Namen der Bestatteten und die Jahresangaben ihres Todes würde ich jedoch unbedingt in Zweifel ziehen. Sie sind allein aus der konstruierten Mittelaltergeschichte gewonnen. Diese ist die Grundlage für die heutige Tradition.

Die realen Bestattungen dürften dem damaligen Eigenkirchenherrn und seiner Familie zugehören. Zweifellos gehörte der Eigenkirchenherr einem mächtigen regionalen Adelsgeschlecht an, wie der prächtige Dombau belegt. Ob dieses Adelsgeschlecht die Salier waren, möchte ich hier offenlassen. Vermutlich war es nicht der Bischof selbst, wie z. B. in Mainz und Köln. Die angeblichen staufischen Bestattungen halte ich für Bestattungen desselben Adelsgeschlechtes. Staufisch wurden sie nur durch die konstruierte Geschichte. Möglicherweise auch die Bestattungen der Habburger und des Hauses Naussau.

Ich denke auch, dass sich der Eigenkirchenherr des Speyerer Doms den Bestrebungen der römischen Kirche widersetzte. Ich schließe das aus dem Bestreben, mit dem riesigen Kirchenbau in Cluny (Cluny III) gleichzuziehen bzw. diesen in den Abmaßen sogar zu übertreffen. Ein solcher Wettbewerb ist nur vor dem Hintergrund einer antagonistischen Haltung verständlich. Vielleicht ist aus diesem Szenario die Legende des Streites zwischen Heinrich IV. und Papst Gregor VII. entstanden.

Abweichend von KUBACH denke ich, dass die drei ältesten Sarkophage nach (Teil)Fertigstellung des Doms aus dem Vorgängerbau in den Kirchenneubau überführt worden sind. Die von der Tradition angenommene Bestattung in einem unfertigen Dombereich halte ich für eine relativ skurrile Vorstellung. Mit der um 1100 erfolgten Einrichtung eines Augustiner-Chorherrenstifts in der Kirche St. German, welche ich als Vorgängerbau ansehe, war die Stiftergrablege dort fehlplatziert.

Eine Übertragung in den neuen Dom lag auf der Hand. Ich sehe diese in der ersten Hälfte des 12. Jh. Die weiteren Bestattungen kamen nach und nach dazu.

Die Ausweisung der Bestattungen als Kaisergräber ist eine spätere "Ausgestaltung". Diese dürfte im 16./17. Jh. erfolgt sein. Die Neugestaltung im 17. Jh. dürfte die neue Zuweisung der Bestattungen enthalten haben.

Literatur

Kubach, Hans-Erich (2011): Der Dom zu Speyer. 5. Auflage, WBG Darmstadt

Oswald, Friedrich / Schaefer, Leo / Sennhauser, Hans Rudolf (1966-1971): Vorromanische Kirchenbauten. Katalog der Denkmäler bis zum Ausgang der Ottonen. München

Thiebes, Bruno (2012): Kleines Dombuch. Einführung in Geschichte, Bau und Bedeutung des Domes zu Speyer. 13. Auflage, neu bearbeitet und ergänzt von Hans Ammerich, Speyer

Steinbach bei Michelstadt, Einhardsbasilika - ohne Einhard zum Zweiten

Angeblich von Einhard (um 770-840) gegründet. Um 822/824 bis 827 soll die dreischiffige Pfeilerbasilika mit dreiapsidialem Ostschluss und einer weitläufigen Gangkrypta sowie dreiteiligem Westbau errichtet worden sein.
Die Zugänge zur Krypta "über lange Treppen in den Seitenschiffen, unter den Querarmen kreuzförmige Erweiterung mit je einer Apsidiole und einem Altar, unter der Hauptapsis Mittelstollen mit nischenartigen Erweiterungen und Altar, dahinter Nischenöffnung ins Freie in ganzer Höhe, nach Westen Verlängerung des Hauptstollens bis fast zur Mitte des

Langhauses (bis unter Kreuzaltar?), am Ende seitliche Nischen, als geplante Grabstellen für Einhard und Imma gedeutet. Bedeckt mit Tonnengewölben, an den Kreuzungsstellen in exakter Durchdringung, ..." [OSWALD/SCHAEFER/SENNHAUSER, 321]

"Im Jahre 1073 schickte das Kloster Lorsch einige Mönche nach Michelstadt, die im jetzigen Stadtteil Steinbach eine Propstei gründeten;..." [LUDWIG, 24]

Umbauten und Erweiterungen erfolgten im 12. Jh. Am Anfang des 13. Jh. erfolgte Umwandlung in ein Benediktinerinnenkloster. "Über die Bautätigkeit der Nonnen ist kaum etwas bekannt." [LUDWIG, 24] Im 16. Jh. wurde das Kloster aufgehoben.

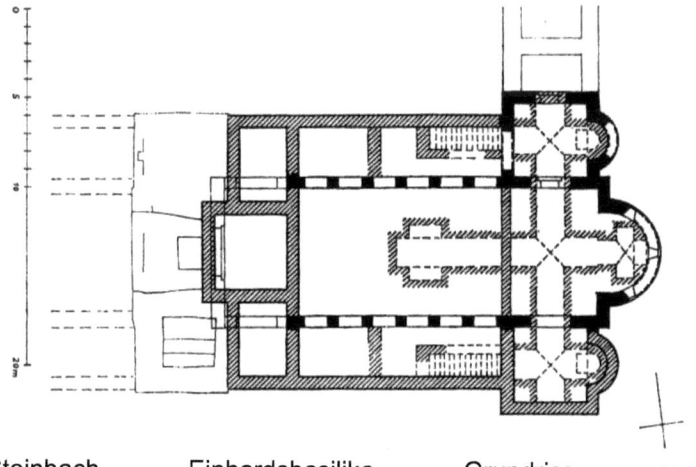

Steinbach, Einhardsbasilika, Grundriss aus [OSWALD/SCHAEFER/SENNHAUSER, 321]

Die Gründungsgeschichte und die karolingischen Datierungen helfen wieder nicht weiter, da konstruiert.

209

Der Grundriss folgt noch nicht dem quadratischen Schematismus, womit eine Erbauung vor 1100 wahrscheinlich ist. Die Besetzung durch Mönche des Klosters Lorsch im Jahr 1073, die eventuell mit einer Errichtung in der 2. Hälfte des 11. Jh. korrelieren würde, erachte ich jedoch für konstruiert. Nach meiner Auffassung erfolgte die Klostergründung in Lorsch erst im 12. Jh. (siehe dort).

Die Gangkrypta ist zwar grundsätzlich von archaischer Erscheinung, jedoch sind die Altarstellen unter den Querarmen und die exakte Durchdringung an den Kreuzungsstellen Hinweise auf eine spätere Entstehung. Die Öffnung ins Freie im Osten des Mittelstollens halte ich für problematisch. Sollte hier vielleicht eine Gruftanbau für die Bestattung des Eigenkirchenherrn ähnlich der Michaelskirche in Rohr vorhanden gewesen bzw. geplant gewesen sein?

Die Annahme, dass die westlichen Seitennischen als geplante Grabstellen für Einhard und Imma gedacht waren, würde ich als überbordende Phantasie zurückweisen.
Vielleicht wurde hier ein sicherer Aufbewahrungsort für wertvolle Reliquiare, etc. geschaffen, sozusagen ein Vorläufer der späteren Schatzkammern. Aber auch das ist nur Spekulation. Den tatsächlichen Zweck kennen wir nicht.
Die Beziehung der Nischen zum Kreuzaltar, wie sie OSWALD in Erwägung zieht, sehe ich nicht. Wenn die Chorschranke an der Westgrenze der Vierung war, müsste der Kreuzaltar weiter östlich gestanden haben.
Den Mittelbau im Westen würde ich als Vorhalle interpretieren. Für ein Obergeschoss gibt es keinen Beleg, auch keine Treppen. Die seitlichen Räume, die dieselbe Höhe wie die Seitenschiffe hatten, organisierten den Zugang in die Seitenschiffe.
Ende des 12. Jh. wurde der alte Westabschluss aufgegeben, indem westlich vor dem bestehenden Bau eine anscheinend recht massive Doppelturmfassade errichtet, danach der alte Westbau abgebrochen und der Bereich des alten Westbaus dem Langhaus zugeschlagen wurde. In diesem Zusammenhang erhielt das Mittelschiff ein neues Dachwerk.

Literatur

Ludwig, Thomas (1989): Michelstadt - Steinbach. Einhardsbasilika. Amtlicher Führer. Verwaltung der staatlichen Schlösser und Gärten Hessen, Bad Homburg

Oswald, Friedrich / Schaefer, Leo / Sennhauser, Hans Rudolf (1966-1971): Vorromanische Kirchenbauten. Katalog der Denkmäler bis zum Ausgang der Ottonen. München

Unterregenbach - Kein Rätsel von Regenbach

Der kleine Ort Unterregenbach ist in der Archäologie als "Rätsel von Regenbach" bekannt. Rätsel deshalb, weil es zu den umfangreichen, archäologisch erschlossenen Resten zweier früher Kirchenbauten in den überlieferten Schriftquellen nirgendwo eine einzige entsprechende Erwähnung zu finden ist. Noch mehr zur Verwirrung trug bei, dass zu Unterregenbach eine Urkunde aus dem Jahr 1033 existiert, aus der zu entnehmen ist, dass es 1033 in Unterregenbach keinen Kirchenbau gab.

Unverständlich ist, dass noch niemand die inhaltliche Richtigkeit der in der Urkunde von 1033 enthaltenen Nachricht in Zweifel gezogen hat.

Dazu KÜBLER: "Bei ihr handelt es sich um eine Traditionsurkunde des Kaiserpaares Konrad und Gisela, die einen Teil eines Immunitätsbezirkes, den die Kaiserin durch Erbrecht als Allod innehatte und der Regenbach genannt wurde, an den Würzburger Bischof schenkte. ... Allerdings hat bereits Wiebel, der Bearbeiter der MGH Edition darauf hingewiesen, dass es sich bei unserer Urkunde vermutlich lediglich um eine später angefertigte Traditionsurkunde handelt, die erst eine gewisse Zeit nach der eigentlichen Schenkung ausgestellt wurde." [KÜBLER, 5]

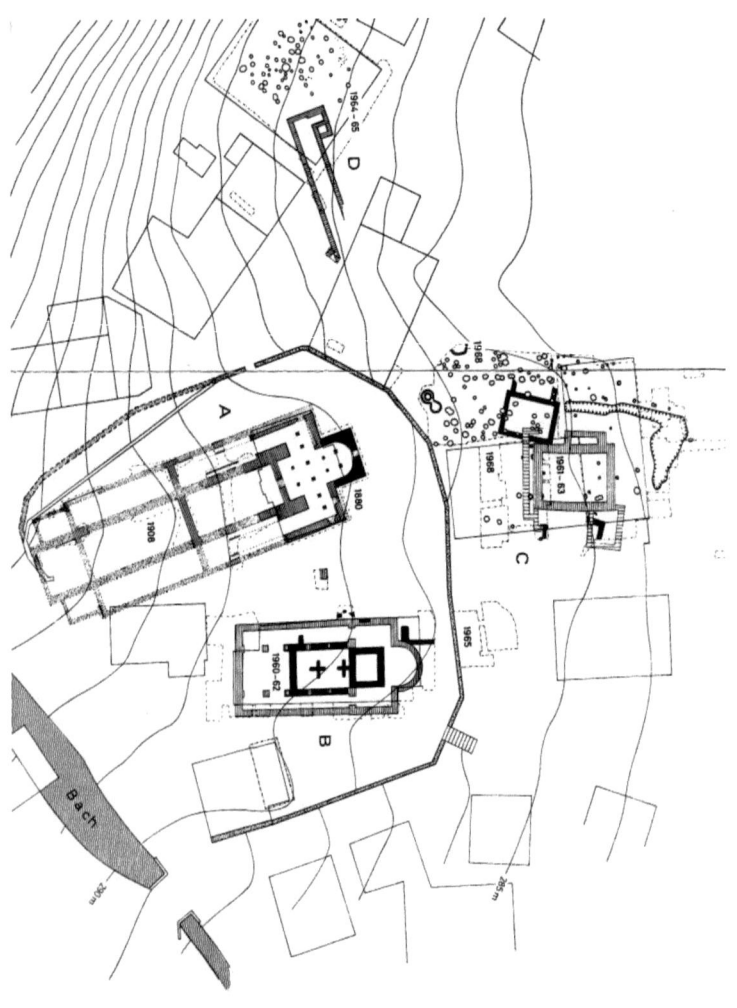

Lageplan mit Eintragung der Ausgrabungen. Entnommen aus
[FEHRING, Beilage 2], Auszug

Die Urkunde dürfte eine spätere Fälschung sein, vielleicht des 13. Jh. oder sogar noch später. Sie diente möglicherweise dazu, Besitzansprüche des Würzburger Bischofs in Unterregenbach zu begründen. Ich sehe die Gründung des Bistums Würzburg erst im 12. Jh. Das traditionelle Gründungsjahr 741/43 ist m. E. spätantik (merowingisch) datiert und entspricht dem Jahr 1159/61. Zur spätantiken/merowingischen Datierung siehe [MEISEGEIER 2017,12ff].

St. Veit

Die heutige Pfarrkirche St. Veit hat erst seit 1487 das Patrozinium des Hl. Vitus. Früher war sie der Hl. Maria geweiht (Wikipedia).
Das heutige Erscheinungsbild der Kirche ist maßgeblich auf den letzten großen Umbau im 15. Jh. und die innere Umgestaltung von 1581 zurückzuführen. Der Bau weist jedoch noch bauliche Reste und Malerei des ausgehenden 13. Jh. auf. Im Kern geht die heutige Kirche sogar auf einen romanischen Bau zurück. Bei archäologischen Untersuchungen 1961/62 wurde ein noch älterer Vorgängerbau ergraben.
Dieser Vorgängerbau (Bau I) war eine kleine Saalkirche mit eingezogenem Rechteckchor. Bemerkenswert zwei kreuzförmige Vertiefungen im Langhaus. Mit der Deutung dieser Kreuzkanäle tut sich die Forschung schwer. FEHRING hält diese für Reliquiengräber. KÜBLER und JACOBSEN lehnen diese Deutung ab. Andere Deutungen als Taufanlage, piscina sacra kommen offensichtlich ebenfalls nicht in Frage.

"Vielleicht muss man viel eher von einem profanerem Nutzen der Kreuzkanäle ausgehen. Denkbar wäre etwa eine Anlage, die zur Verbesserung des Schalls oder einer Erhöhung der Temperatur gedient haben könnte. Dies sind aber reine Spekulationen, ..." [KÜBLER, 13f]

Ich sehe ebenfalls einen rein profanen Zweck und halte die Kreuzkanäle für Aussparungen zur Aufnahme von hölzernen Schwellen zur Verlagerung von Innenstützen vermutlich für eine Empore. Nach KOTTMANN wurden die Kreuzkanäle in einem jüngeren Fußmaß als die übrige Kirche errichtet, das nach KÜBLER [14] für eine spätere Errichtung spricht, also eher für die Stützen einer nachträglichen Empore als für Stützen des Dachtragwerks.

Die Funktion der Kreuzkanäle als "Fundamentschuhe hölzener Deckenstützen" hat FEHRING [46, Fußnote 24] für sich ausgeschlossen. Ich halte sie trotzdem für weitaus plausibler als alle anderen bisher vorgetragenen Deutungen.

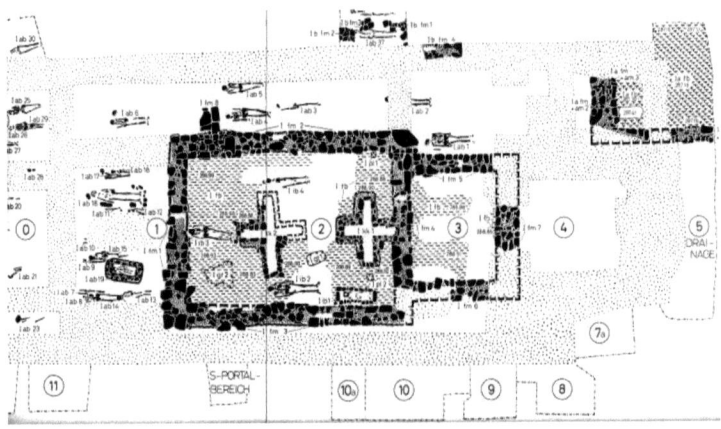

Grundriss Bau I. Entnommen aus [FEHRING, Beilage 7], Auszug

Dieser Saalbau Bau I wurde in romanischer Zeit durch einen Neubau (Bau II) ersetzt, der in dem heutigen Bau im Kern noch erhalten ist. Dieser Nachfolgebau war nach FEHRING "eine dreischiffige Basilika mit einem Querhaus, das nicht über die Seitenschiffsfluchten vorspringt, und an das unmittelbar eine Apsis angefügt ist." [54] Bis auf die westlichen Vierungspfeiler, die Vorlagen in Arkadenrichtung, d. h. nach

214

Westen, aufwiesen, waren die Vierungspfeiler sonst ohne Vorlagen. Der Haupteingang lag axial angeordnet im Westen. Ein Nebeneingang befand sich in der Nordwand des Querhauses. Dieser Bau II wird in der Literatur als "Kleine Basilika" bezeichnet.

FEHRING rekonstruiert aufgrund zweier in situ vorgefundenen Pfeilerbasen fünf Arkaden und möchte dennoch einen Stützenwechsel wegen eines außerhalb des Baus aufgefundenen Würfelkapitells nicht ausschließen [54]. Einem Stützenwechsel widerspricht KÜBLER vehement, da das Würfelkapitell auch von einem anderen Bau stammen könnte [KÜBLER, 9].

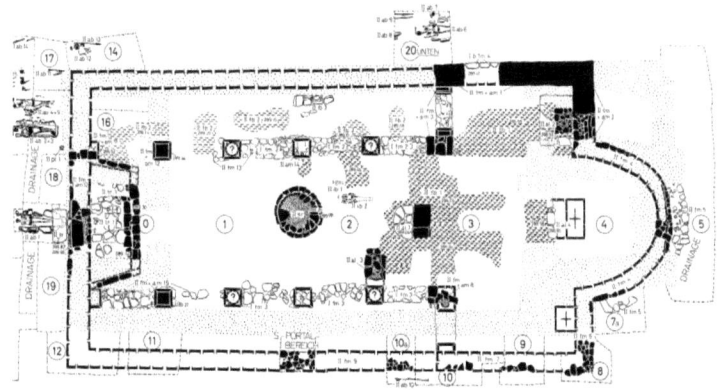

Grundriss Bau II. Entnommen aus [FEHRING, Beilage 8], Auszug

Der Neubau verwendete offensichtlich z. T. die Fundamente der Nord- und Südwand des Saalbaus für die Gründung der Mittelschiffsarkaden.
FEHRING [55f] fand bei den Ausgrabungen mehrere Altäre bzw. Altarvortritte, so neben dem Hochaltar vor der Apsis einen weiteren Altar im Mittelschiff unmittelbar westlich der Vierung, den er als Kreuzaltar identifiziert. Weitere Altäre

215

wurde an der Ostwand des nördlichen Querarms und im Mittelschiff am östlichen Arkadenpfeiler der Südarkaden nachgewiesen. Im Mittelschiff, westlich des Kreuzaltars, wurde das so genannte Stufenrondell ergraben, das als Postament einer romanischen Taufanlage gesehen wird.

Nach einem Brand (nach FEHRING vielleicht Ende des 12. Jh., aber vor 1280) erfolgte die Wiederherstellung mit einigen Umbauten (Bau IIa). So wurde im nördlichen Querhausflügel eine zweigeschossige Kapelle errichtet sowie das Querhaus im Mittelschiff und im südlichen Seitenschiff durch einen Lettner (ohne Durchgänge zum Mittelschiff) abgetrennt.

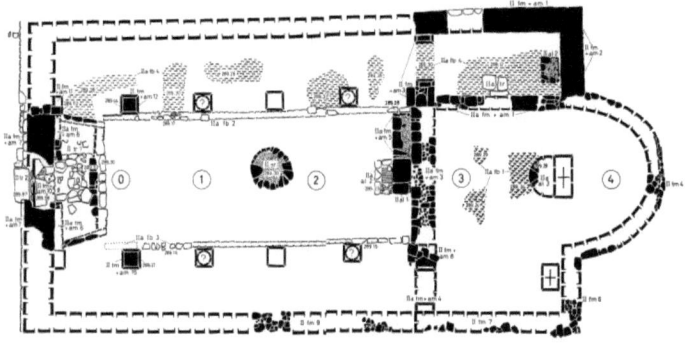

Grundriss Bau IIa. Entnommen aus [FEHRING, Beilage 9], Auszug

Es folgten weitere Umbauten, bevor im 15. Jh. die "Kleine Basilika" in eine Saalkirche (Bau III) umgebaut wurde, i. W. der heutige Bau.

Zur Datierung von Bau I und Bau II:

Bau I datieren die Forscher in das 8./9. Jh., Bau II aufgrund des oben erwähnten Würfelkapitells etwa um die Mitte des 11. Jh.
Für mich erstaunlich ist, dass die karolingische Errichtung von Bau I offenbar nie angezweifelt wurde.

[FEHRING, 47] äußert sich zur Datierung von St. Veit (Bau I) ins 8./9. Jahrh. wie folgt:
- absolute Datierung schwierig
- bestimmbare Kleinfunde aus der Erbauungszeit fehlen ganz oder gehören einer keramischen Ware an, die vorerst nur auf den großen Zeitraum vom 7. bis 10., spätestens dem 11. Jahrh. eingegrenzt werden kann
- aufgrund der Besiedlungsgeschichte und des Ortsnamen sowie des indirekten Hinweises auf einen noch älteren Steinbau kommt das 7. Jahrh. kaum in Frage
- 1967 durchgeführte C14-Bestimmung zweier Skelette ergab A.D. 630-830 bzw. 910-1020 und 1969 durchgeführte ergab sogar noch frühere Zeiträume
Der vermeintliche "indirekte Hinweis" auf einen noch älteren Steinbau, den FEHRING für einen weiteren, noch älteren Vorgängerbau hält [FEHRING, 31], resultiert aus Fundstücken mit Malcireresten in der Kulturschicht A ks, in der Bau I gegründet war. Er schließt daraus, dass die Kulturschicht "vor der Errichtung von Saalkirche I unter Beimengung von Bauschutt umgesetzt" wurde [FEHRING, 31].

Vielleicht ist diese Kulturschicht das eigentliche Rätsel in Unterregenbach. In dieser wurden Keramikreste gefunden, die KIMMIG in die späte Hallstatt- bzw. frühe Latène-Zeit datiert, d. h. in das 6. und 5. Jh. vor Chr. [FEHRING, 153]. Merkwürdig sind jedoch folgende Fundstücke in derselben Schicht: Hohlziegel, Hüttenlehm, Wandputz mit Malereiresten, Mörtel, Eisen, Bronzeschlacke, Glasschlacke, Holzkohle und Tierknochen [FEHRING, 31]. FEHRING geht deshalb davon aus, dass die Schicht vor Errichtung der Kirche umgesetzt wurde, wobei die jüngeren Beimengungen von dem Abbruch eines noch älteren Vorgängerbaus in diese Schicht gelangten [FEHRING, 31].

Die Beschreibung der prähistorischen Keramik durch KIMMIG: "Wo die zu den Scherben gehörige Siedlung gelegen hat, läßt sich nicht mit Sicherheit bestimmen. Am ehesten kommt wohl der Schuttkegel des Seitenbachs in Frage, was auch die starke Zerstreuung des Scherbenmaterials erklären würde. Das Fundgut macht einen recht homogenen Eindruck. Die Scherben sind ausgesprochen kleinstückig, Oberfläche und Kanten zeigen nicht selten deutliche Einwirkungen von Wasser. ... Es handelt sich um ausgesprochene Siedlungskeramik." [FEHRING,153]

KIMMIG an anderer Stelle "Diese Kulturschicht war offensichtlich gestört, da sich in ihr auch Dachziegelstücke und Reste von Wandverputz eines in der Nähe der Kirche gelegenen Bauwerks fanden, das mit Sicherheit älter als der bisher ergrabene älteste Kirchenbau gewesen sein muß." [FEHRING,153]

Auch KIMMIG hat keine andere Erklärung für die jüngeren Beimengungen in der Kulturschicht.

Dass die Gründung von Bau I in einer umgesetzten Schicht erfolgte, kann m. E. ausgeschlossen werden. Die Kulturschicht hatte nur eine Mächtigkeit von bis zu 0,65 m [FEHRING, 31]. Eine Gründung in einer Auffüllung von so geringer Schichtdicke macht bautechnisch überhaupt keinen Sinn. Eine Gründung auf der nur wenig tiefer liegenden, gewachsenen Schicht (Bachgerölluntergrund) wäre kaum aufwendiger und fachlich richtig gewesen. Wir sollten den Bauleuten von damals schon etwas mehr Fachverstand zutrauen. Sie wussten sicher, dass sie ihre Bauwerke im gewachsenen Boden zu gründen hatten.

Ich denke, es gibt eine andere Erklärung. Diese Schicht war vermutlich zur Zeit der Errichtung des Kirchenbaus eine scheinbar ungestörte, "gewachsene" Schicht, die für die Gebäudegründung durchaus geeignet erschien.

Ich sehe in der Kulturschicht A ks die Ablagerungsschicht einer größeren Naturkatastrophe, vermutlich einer Flutkatastrophe im Bereich der Jagst, bei der zufällig ein flussaufwärts gelegener Spät-Hallstatt/Früh-La-Tène-Siedlungsplatz und eine vermutlich deutlich jüngere Siedlung mit einem oder mehreren Steingebäuden in der Umgebung weggespült wurden. Beider Reste finden sich zwangsläufig in der Ablagerungsschicht. Noch der heutige Flussverlauf der Jagst lässt bei einem extremen Hochwasser eine Überflutung des Ortes Unterregenbach als durchaus möglich erscheinen.

Wann passierte das? Da die übrigen Reste jünger sind, muss die Katastrophe eher später als früher stattgefunden haben.

Nach meiner Meinung ist diese Ablagerungsschicht auf die globale Naturkatastrophe um 940 zurückzuführen.

Damit erledigt sich der so genannte Hinweis auf einen noch älteren Vorgängerbau. Archäologisch gibt es bisher keine Spuren eines solchen.

Ergänzend zur Siedlungsentwicklung: Wikipedia (Unterregenbach): "Erste Spuren menschlicher Siedlungsbestrebungen werden auf die spätkeltische La-Tène-Zeit datiert. Darauf folgt eine Besiedlungslücke bis ins 8. Jahrhundert, die bis heute nicht erschlossen werden konnte."

Die angebliche Besiedlungslücke ist natürlich keine. Die Hallstatt- und La-Tène-Funde in der Schicht A ks sind für Unterregenbach selbst ohne siedlungsgeschichtliche Bedeutung.

Die Besiedlung in Unterregenbach dürfte erst nach der Katastrophe von 940 (Grubenhaus, Pfostenlöcher) erfolgt sein. Die weitere Entwicklung zu einer Handwerkersiedlung und möglicherweise einem Herrensitz sehe ich bis in das 11. Jh.

Die ergrabenen Steinbauten, deren Bestimmung bis auf die beiden Kirchenbauten unklar ist, dürften alle frühestens im 11. Jh. errichtet worden sein. "Die Steinbauten lassen sich bisher jedenfalls nur sehr vage auf den Zeitraum vor 1100 datieren" [KÜBLER, 19].

Die einzige Unterstützung erhält die karolingische Datierung von Bau I durch die C14-Bestimmung eines der untersuchten Skelette. Jedoch habe ich grundsätzliche Zweifel an der Richtigkeit von Untersuchungsergebnissen, welche mit der Radiokarbonmethode gewonnen wurden. Offensichtlich sind die Untersuchungsergebnisse nicht wirklich reproduzierbar, sonst hätte die Untersuchung von 1969 nicht andere Ergebnisse liefern können als die von 1967. Ich verweise auch auf die offensichtlich falschen C14-Untersuchungsergebnisse in Magdeburg (Editha) und in St. Cyriakus in Gernrode (Bestattung in der Vorkammer des Hl. Grabes). Möglicherweise sorgt auch die hinterlegte traditionelle, falsche Chronologie für die unzutreffende Zuordnung.

Ich sehe die Errichtung dieser ersten Kirche in der 1. H. des 11. Jh., möglicherweise mehr um die Mitte des 11. Jh. Es ist m. E. eher Zufall, dass mit dem Nichtvorhandensein eines Kirchenbaus bis 1033 die "Urkunde von 1033" Recht haben könnte.
Die erste Kirche in Unterregenbach war mit Sicherheit eine Eigenkirche des Grundherrn. Da wir es mit einer Eigenkirche zu tun haben, dürfte die Empore dem Aufenthalt des Eigenkirchenherrn und seiner Familie gedient haben.

Wann erfolgte der Neubau der dreischiffigen Anlage, der so genannten "kleinen Basilika" (= Bau II)?. Wie oben bereits angeführt, sieht die Forschung diesen aufgrund des aufgefundenen Würfelkapitells um die Mitte des 11. Jh. Wie KÜBLER ausführt, kann das Würfelkapitell für die Datierung von Bau II nicht herangezogen werden. "Das Würfelkapitell wurde als Spolie in einer, der Westmauer von St. Veit vorgelagerten, Steinsetzung verwendet. Die Westmauer selber aber datiert in das 13. Jahrhundert. Das Würfelkapitell wurde also nicht in der Bauphase II, ja nicht einmal innerhalb der Basilika selber aufgefunden." [KÜBLER, 9]
"Von Bauphase drei wissen wir, dass sie aufgrund eines Brandschadens nötig wurde, es ist also anzunehmen, dass die Kirche irgendwann zerstört war und erst wieder Ende des 12. Jahrhunderts errichtet worden ist. Schwierig wird es allerdings, denjenigen Zeitraum zu bestimmen, wann die Saalkirche (Bauphase I) in eine Basilika (Bauphase II) umgewandelt wurde und wann diese letztlich zerstört worden ist. Unsere Urkunde von 1033 können wir hier sicherlich als terminus ante quem ansetzen." [KÜBLER, 9]

Im Gegensatz zu KÜBLER sehe ich keineswegs die Urkunde als Datierungshilfe, schon gar nicht als spätestmöglichen Termin.

Nach meiner Auffassung wurde Bau II im 12. Jh. errichtet. Ich sehe einen kausalen Zusammenhang mit dem zweiten Kirchenbau in Unterregenbach, der so genannten "großen Basilika" unmittelbar nördlich von St. Veit.

Interessant ist sicher die Unterteilung in den Chorbereich und Laienbereich mit gesonderten Altären. Ob diese Kirche noch als Eigenkirche errichtet wurde, was ich für wahrscheinlicher halte, oder bei Errichtung vielleicht schon dem Patronatsrecht unterstand, ist nicht festzustellen. Das Eigenkirchenrecht wurde 1179 in das Patronatsrecht umgewandelt. Das Patronatsrecht in Unterregenbach ist durch eine Urkunde von 1226 belegt. Da in Unterregenbach weder ein Konvent noch ein Stift bekannt sind, dürfte der Chorbereich dem Eigenkirchenherrn oder dem Inhaber des Patronatsrechts vorbehalten gewesen sein. Die spätere Abtrennung durch einen Lettner dürfte unter diesem Gesichtspunkt zu sehen sein.

Große Basilika

Nur ca. 20 m Meter nördlich von St. Veit existieren die Reste eines dreischiffigen Kirchenbaus, von dem die Krypta weitestgehend erhalten und zu besichtigen ist. Die Oberkirche wurde erst Anfang der 80er Jahre des vorigen Jahrhunderts durch SCHÄFER ergraben.

SCHÄFER konnte in Auswertung der Grabungen die Baugeschichte rekonstruieren.

Phase I:
Errichtung einer dreischiffigen Anlage mit einem Querschiff im Westen. Das Mittelschiff endete im Osten in einer Apsis. Unter dem Ostabschluss eine Krypta. SCHÄFER rekonstruiert auch im Osten ein gleiches Querschiff. Das Mittelschiff war vermutlich im Osten (bis in Höhe der Krypteneingänge) zu den Seitenschiffen durch Wände geschlossen, westlich davon

221

vermutlich Arkaden. Anzahl und Ausbildung dieser ist unbekannt.

Phase II:
Anbau eines "Westwerks" (zwei Treppentürme mit dazwischen liegender schmaler, offener Eingangshalle)

Phase III:
Erneuerung der westlichen Teile der Basilika nach einer erheblichen Beschädigung. Spuren eines größeren Brandes. Wiederaufbau in veränderter Struktur und grober Ausführung.

Phase IV:
Aufgabe des Westteiles der Basilika. Dieser verblieb als Ruine. Neue Abschlusswand unmittelbar westlich der Kryptenabgänge, diese jedoch nicht solide gegründet, sondern auf den Fußboden gesetzt. Anfügung eines kleinen, rechteckigen Baukörpers, vermutlich eines Turmes (Glockenturm?) im Westen. Datierung um 1200. Abbruch der Restbasilika (bis auf die Krypta) nach Mitte des 13. Jh.

Die Phasen III und IV kennzeichnen für ihn den offensichtlichen Niedergang der Gründung. Er erteilte auch der früheren Datierung der Krypta in die Karolingerzeit eine eindeutige Absage [SCHÄFER/STACHEL, 26].

Da bis auf die Krypta mit ihren Zugängen und geringen Resten des nördlichen Treppenturmes keine aufgehenden Bauteile der Kirche mehr vorhanden waren, konnte SCHÄFER die Oberkirche nur aufgrund der vorgefundenen Fundamentsituation rekonstruieren. So versieht JACOBSEN SCHÄFERs Annahme eines östlichen Querhauses mit einem Fragezeichen [JACOBSEN/SCHAEFER/SENNHAUSER, 428ff].
Ich halte die Rekonstruktion eines östlichen Querhauses von SCHÄFER für falsch. Es gibt keinerlei Veranlassung noch irgendeinen archäologischen Beleg für diese Annahme.
Der Bau lässt sich auch ohne östliches Querhaus einigermaßen rekonstruieren. Ein dreischiffiges Langhaus,

dem im Westen ein durchgehendes Querhaus vorgelagert ist. Beispiele sind St. Emmeram in Regensburg, aber auch St. Remigius in Büdingen. Beide Westquerhäuser werden um 1050 datiert.

Durch die Kryptenzugänge in den Seitenschiffen war der Durchgang bis in den Chorbereich versperrt. Vermutlich sollte der östliche Bereich der Seitenschiffe als Chornebenräume genutzt werden (Sakristei, Schatzkammer?). SCHÄFERs Rekonstruktion einer durchgehenden Wand im Osten des Mittelschiffs (bis in Höhe der Krypteneingänge in den Seitenschiffen) mit Durchgängen zu den Chornebenräumen ist sicher zuzustimmen. Dieser Bercich wäre als Sanktuarium zu deuten.

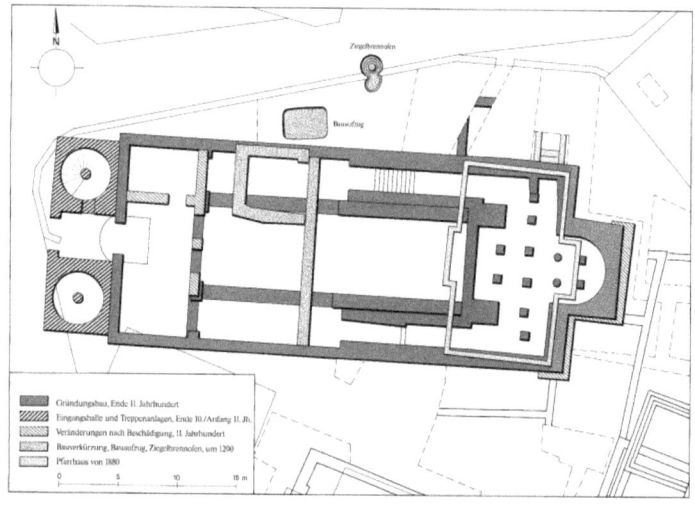

Große Basilika. Grundriss mit Bauphasen. Entnommen aus [SCHÄFER, 29] (Hinweis: Druckfehler in Abb. Es muss richtig heißen: Gründungsbau, Ende 10. Jahrhundert)

Die Phasen II und III dürften zusammengehören. Die Phase III sehe ich eher als Umbau oder Planänderung des

223

Westabschlusses, wobei ein vorheriger Brand nicht auszuschließen ist. Ob der Bau überhaupt schon so weit fortgeschritten war, dass man von einem Umbau sprechen kann, erachte ich für unklar. Während das ursprünglich vorgesehene Westquerhaus als eingeschossige Halle zu rekonstruieren ist, deuten die Umbauten/Planänderung der Phase III auf den Einbau eines Obergeschosses. Dem entsprechen natürlich auch die Treppentürme. Über einen ähnlichen Westabschluss, d. h. zwei Treppentürme mit dazwischen liegender Eingangssituation verfügt die Damenstiftskirche in Gandersheim. Die Einzelformen dort weisen auf das späte 11. Jh. und jünger [OSWALD/SCHAEFER/SENNHAUSER, 89f].

Auf die weitgehend erhaltene Krypta lohnt ein genauerer Blick. In der Literatur wird die Krypta beschrieben als

- hallenartige, durch Pfeiler in Joche gegliederte Konstruktion die gesamte Kirchenbreite in Anspruch nehmend mit östlicher Apsis (SCHÄFER)

- Krypta unter den gesamten Ostteilen, siebenschiffig über Pfeilern (JACOBSEN)

- Hallenkrypta unter dem Ost-Querhaus (Wikipedia)

- "zwölfstützige, groß dimensionierte Hallenkrypta auf kreuzförmigem Grundriß, gebildet aus der Durchdringung eines schmalen, "zweischiffigen" Querriegels und einer breiteren, "dreischiffigen" Längshalle mit halbrundem Ostabschluß. Die Längsachse im Raumgefüge dominierend, keine Ausbildung regelrechter Schiffe, unklare Raumgrenzen." [ROSNER, 354]

Ich denke, dass alle o. a. Beschreibungen nicht den Kern treffen. Ich sehe in der Krypta im Ursprung eine leicht modifizierte Winkelgangkrypta. Entgegen den bekannten, vielleicht etwas früheren Winkelgangkrypten sind die Zugangsstollen, die von Norden und Süden in den Hauptraum einmünden verbreitert (mit Mittelstütze, d. h. "zweischiffig"). Der Hauptraum ist ein einfacher Vierstützenraum. Die Erweiterung der Krypta auf die Apsis ist vermutlich etwas später erfolgt. Die Krypta war ursprünglich, wie schon SCHÄFER annahm, für die Aufnahme eines Heiligengrabes konzipiert. Potentieller Standort eines Heiligensarkophags oder größeren Reliquienschreins dürfte der Bereich vor der Westwand mittig zwischen den Stützen des Vierstützenraumes gewesen sein.

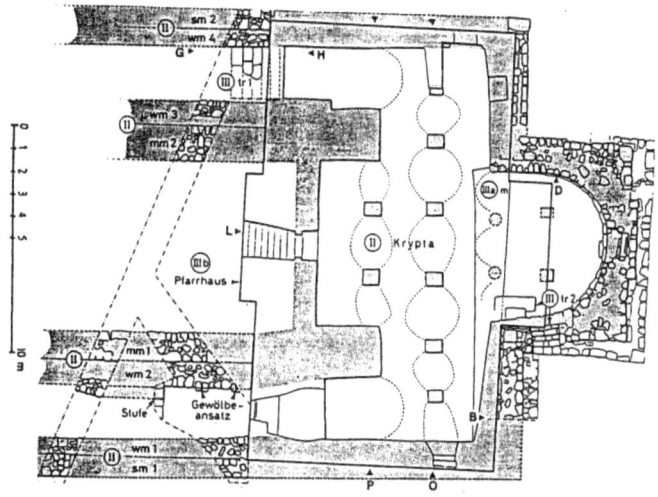

Große Basilika. Grundriss der Krypta. Entnommen aus [ROSNER, 259]

"Ob die Krypta über ein Heiligengrab oder ein Sepulkrum für Reliquien verfügte, ist bis heute ungewiß." [SCHÄFER, 31] Mit großer Wahrscheinlichkeit barg die Krypta nie ein Heiligengrab. In der 2. Hälfte des 11. Jh. waren Ganzkörperreliquien einfach nicht mehr verfügbar. Für die Präsentation von kleineren Reliquien war der gesonderte

Raum einfach nicht geeignet. Die Präsentation von örtlichen "Heiligen" war auch keine wirkliche Option und in den seltensten Fällen erfolgreich (Ausnahme Hildesheim, St. Michael, das Grab von Bernward in der eigens dafür erbauten Westkrypta).

Dieses Schicksal teilte Unterregenbach mit anderen, sogar bekannteren Kirchen wie St. Cyriakus in Gernrode und St. Wiperti in Quedlinburg. Auch dort waren Krypten zur Präsentation eines Heiligengrabes errichtet worden, in denen jedoch nie ein Heiliger bestattet war.

Zur Datierung:

Im Gegensatz zu Bau I unter St. Veit ist die Datierung der so genannten "großen Basilika" in der Forschung umstritten. Ursprünglich einmal als karolingisch angesprochen, später bei Ende des 10. Jh. (z. B. FEHRING), wird der Bau heute eher nach 1033 datiert, wobei diese Datierung der o. a. Urkunde geschuldet ist. Diese Kirche ist offensichtlich jünger als Bau I (St. Veit), da sie Bestattungen eines zu St. Veit gehörenden Friedhofs überlagert.

"Die Datierung der Kirche (in das Ende des 10. Jh. - MM) basiert einmal auf der stilkritischen Analyse der Kapitelle durch Kummer und findet ihre Bestätigung im Fundmaterial, das bei den systematischen Grabungen zutage trat." [SCHÄFER, 26]

"Wir stellen somit fest, dass auch die bisherige Datierung der großen Basilika ebenfalls auf wackeligen Füßen steht." [KÜBLER, 11]

Die traditionelle Datierung der Anlage in das ausgehende 10. Jh. ist deutlich zu früh. Die Datierung nach 1033 ist der gefälschten Urkunde geschuldet und damit auch nicht wirklich überzeugend.

Ich sehe diese Anlage frühestens in der 2. H. des 11. Jh., vielleicht um 1100 wurde das Westquerhaus zum Westbau umgebaut.

Wie kam es zur Einstellung des Baus und zum fast vollständigen Abbruch?

Entwicklung des Kirchenstandorts in Unterregenbach

Ich möchte folgendes Szenario entwickeln:
Wie oben bereits ausgeführt wurde vielleicht Ende der
1. Hälfte des 11. Jh. ein erster Kirchenbau in Unterregenbach
errichtet. Bauherr der Eigenkirche war der Grundherr des sich
seit Mitte des 10. Jh. entwickelnden Wirtschaftshofs und
Herrensitzes.
Aufgrund der lukrativen Einnahmen aus der bestehenden
Eigenkirche und spekulierend auf die Anziehungskraft eines
Heiligengrabes und damit auf die Generierung größerer
Einnahmen wurde nur relativ kurze Zeit später, m. E. in der
2. Hälfte des 11. Jh., ein größeren Bau ca. 20 m nördlich der
bestehenden Kirche begonnen, die Große Basilika.
Erste Baumaßnahme an der Großen Basilika war das
Planieren des Baugeländes und das Errichten der
Fundamente. Danach begann man die Errichtung der
Oberkirche, und zwar im Osten mit der Krypta und dem Chor
und im Westen mit dem Westquerhaus. Für die Krypta wurde
die natürliche Hanglage ausgenutzt. Das Langhaus sollte
sicher als letzter Bauteil dazwischen gesetzt werden.
Auch dieser Bau zweifellos eine Eigenkirche. Hauptbestandteil
des Baus war die unter dem Chor angeordnete Krypta, die
einzig und allein für die Aufnahme eines Heiligengrabes
konzipiert war.
Vermutlich sollte sie als Pilgerkirche fungieren. Da die
Pilgerkirche für den privaten Gottesdienst erstens noch nicht
zur Verfügung stand, da im Bau, und zweitens aufgrund der
vorgesehenen Nutzung nicht geeignet war, musste die
bestehende Saalkirche Bau I (St. Veit) repräsentiv umgebaut
werden. Sie wurde umgebaut zur so genannten Kleinen
Basilika Bau II (siehe oben).
Ich sehe die Errichtung von Bau II (St. Veit) zu Beginn des
12. Jh., parallel zu den laufenden Baumaßnahmen an der
Großen Basilika.

Sicher war schon während der Errichtung der Großen Basilika
klar geworden, dass die Beschaffung von Reliquien eines
Heiligen für die Krypta nicht klappen wird. Mit dieser

Gewissheit umfunktionierte man die Krypta zu einem normalen Kultraum, z. B. für private Messen, und erweiterte diese auf den Apsisbereich zur späteren Aufstellung eines Altars. Damit erhellt sich auch die Funktion der heute vermauerten Türöffnung in der Nordwand der Kryptenhalle, zu der SCHÄFER nicht klären konnte, ob sie zum ursprünglichen Baubestand gehört [28]. Mit der Funktionsänderung der Krypta war ein direkter Zugang zwischen Sakristei, die ich im nördlichen Chornebenraum verorte, und der Krypta erforderlich. Der von SCHÄFER in seiner Baugestalt nur unzureichend bestimmbare Anbau nördlich der Krypta dürfte den Treppenabgang enthalten haben.

Die Kämpfer und Kapitelle der Krypta - sofern sie überhaupt ursprünglich zur Krypta gehörten - sind durchaus auch in das beginnende 12. Jh. datierbar. Dass sie für die Oberkirche Verwendung finden sollten, glaube ich nicht. Dort sehe ich eher das im Außenbereich bei St. Veit aufgefundene Würfelkapitell, das ebenso im beginnenden 12. Jh. untergebracht werden kann.

Die Datierung von Bauornamentik und -skulptur mittels der Stilkritik leidet gravierend unter der Verschiebung von solchen Objekten in die nicht existente Karolinger- und Ottonenzeit; Objekte, die eigentlich in das 11. und 12. Jh. gehören [MEISEGEIER 2017, 211ff]. Genauso ordnet m. E. die etablierte Forschung die Entwicklung des Würfelkaitells deutlich zu früh ein, was möglicherweise an der Falschdatierung von St. Michael in Hildesheim und des Speyerer Doms (Speyer I) liegt. Siehe dazu [MEISEGEIER 2017, 254ff und 269ff].

Spätere Krypten, die von vorn herein ohne Heiligengrab konzipiert worden waren, wurden für Privatmessen genutzt. Sie besaßen ausnahmslos einen Kryptenaltar, der in den frühen Krypten, die allein der Verehrung eines Heiligengrabes dienten, nicht vorhanden war.

Der Bedarf solcher separaten Räume war offensichtlich begrenzt. Am ehesten noch bei größeren Kirchen, z. B. Bischofskirchen. Die Reformorden verzichteten übrigens ganz auf die Errichtung von Krypten. Im 13. Jh., mit dem Ende der Romanik, endet auch allgemein die Errichtung von Krypten.

Wie weit die Fertigstellung der Oberkirche vorangeschritten war, kann heute nicht mehr ermittelt werden. M. E. wurde der Bau nicht fertiggestellt. Vermutlich erfolgte auch keine Teilnutzung, z. B. der Ostteile.

Schon [KÜBLER, 19] bemerkt: "Wir wollen sogar so weit gehen zu behaupten, dass der Bau der großen Basilika niemals richtig vollendet wurde, denn weder wurden Ziegel in größerer Anzahl gefunden (zumindest geht davon nichts aus Schäfers Bericht hervor) noch gibt es eine vernünftige Erklärung dafür, wo die ganzen Trümmer eines so großen Baus geblieben sein sollen."

Mit der Unmöglichkeit, einen Wunder wirkenden Heiligen in der Krypta präsentieren zu können, der Gläubige auch aus der weiteren Umgebung anlockte, sanken die Chancen für eine profitable Einnahmequelle erheblich.

Ich mache noch einen weiteren Umstand dafür verantwortlich, dass der Bau letztendlich aufgegeben wurde: In der zweiten Hälfte des 12. Jh. (1179 - Wikipedia) wurde das Eigenkirchenrecht in das Patronatsrecht umgewandelt, welches für Unterregenbach 1226 belegt ist. Das nahm dem Eigenkirchenherrn einen wesentlichen Teil der Einnahmen aus dem Zehnten, womit die Errichtung und "Betreiben" einer Kirche für den Grundherrn finanziell unattraktiv wurde. Ihm blieb nur noch den Anteil für den angestellten Geistlichen und für den Erhalt des Kirchenbaus, darüber hinaus nichts. Für diesen Zusammenhang spricht die Datierung SCHÄFERs, dass der Westteil der Kirche um 1200 aufgegeben wurde.

Die Zerstörung durch eine Naturkatastrophe (Hochwasser), welche KÜBLER für möglich hält, sehe ich auf keinen Fall, auch wenn entsprechend einer Nachricht von MÜRDEL der Nordwestbereich des Baus einschließlich der Fundamente von einer Geröllschicht überlagert war [KÜBLER, 15]. CARLÉ, der die geologische Situation von Unterregenbach beurteilte, hält jedoch eine Zerstörung der Kirchen durch Hochwasser des angrenzenden Bachs für ausgeschlossen [FEHRING, 21]. Die

Überflutung der Reste des Baus dürfte nach dessen Aufgabe erfolgt sein.

Der Bau blieb unvollendet stehen und diente vermutlich in der Folgezeit als Baustoffquelle für die Baumaßnahmen in der Umgebung bis er Mitte des 13. Jh. bis auf die Krypta gänzlich verschwunden war.

Ob der so genannte Turmbau der Phase IV wirklich noch zum Kirchenbau gehört, ist anzuzweifeln. Seine Gründung ohne Nutzung der Altfundamente spricht eher dagegen. Rätselhaft für mich auch die so genannte Abschlussmauer, wobei eher KÜBLER Recht gegeben werden muss, der diese als Provisorium sieht, wobei ich eine kirchliche Nutzung des Rumpfbaus ausschließe.

Und was ist nun mit dem "Rätsel von Regenbach"? Es gab m. E. nie ein "Rätsel von Regenbach". Das Unverständnis der vorgefundenen Situation ist allein den falschen Erwartungen und Annahmen der Historiker und Archäologen geschuldet. Da die Große Basilika nie in Nutzung ging, konnte sie auch nicht in späteren Quellen erwähnt werden.

"Vermutet wird, dass der Ort an Bedeutung verlor, als das in Unterregenbach ansässige Geschlecht von Edelfreien bereits vor 1200 seinen Sitz von Unterregenbach auf den strategisch günstigeren *langen Berg*, das heutige Langenburg, verlegte. In der Folge benannte sich das Geschlecht nach seinem Sitz. Burg und Stadt Langenburg wurden 1226 zum ersten Mal als *Langenberg Castrum et oppidum* in einer Urkunde des Bischofs von Würzburg erwähnt. Die kleine Basilika wurde anschließend Pfarrkirche ... Unterregenbach blieb in der Folgezeit ein unbedeutender Weiler" (Wikipedia).

Literatur

Fehring, Günter P. (1972): Unterregenbach. Kirchen-Herrensitz-Siedlungsbereiche. Die Untersuchungen der Jahre 1960-1963 mit einem Vorbericht über die Grabungen der Jahre 1964-1968. Forschungen und Berichte der Archäologie des Mittelalters in Baden-Württemberg. Stuttgart

Jacobson, Werner / Schaefer, Leo / Sennhauser, Hans Rudolf (1991): Vorromanische Kirchenbauten. Katalog der Denkmäler bis zum Ausgang der Ottonen. München, Nachtragsband

Kübler, Christian (2014): Noch einmal – Das Rätsel von Regenbach. Wirklich ein Rätsel? https://publikationen.uni-tuebingen.de/xmlui/bitstream/handle/10900/57131/Unterregen bach%20Abschlussversion.pdf?sequence=3&isAllowed=y http://hdl.handle.net/10900/57131
Aufsatz, Erscheinungsdatum: 21.10.2014 (Universität Tübingen/5 Philosophische Fakultät/ Fachbereich Geschichte)

Meisegeier, Michael (2017): Der frühchristliche Kirchenbau - das Produkt eines Chronologiefehlers. Versuch einer Neueinordnung mit Hilfe der HEINSOHN-These. BoD Norderstedt

Oswald, Friedrich / Schaefer, Leo / Sennhauser, Hans Rudolf (1966-1971): Vorromanische Kirchenbauten. Katalog der Denkmäler bis zum Ausgang der Ottonen. München

Rosner, Ulrich (1991): Die ottonische Krypta. Köln

Schäfer, Hartmut / Stachel, Günter (1989): Unterregenbach Archäologische Forschungen 1960 - 1988. Archäologische Informationen aus Baden-Württemberg 9, Stuttgart

Anhang

Exkurs: Schweizer Beispiele

Frühe Kirchen in Chur: Kathedrale, St. Stephan, St. Luzi, St. Martin - alle romanisch

Chur ist hinsichtlich der kirchenbaulichen Entwicklung zweifellos interessant. Historisch als auch archäologisch sind mehrere Kirchen bezeugt, die in das 8. Jh. und früher zurückreichen sollen.
Eingangs möchte ich die Geschichte des Bistums Chur etwas erhellen.

Die Geschichte des Bistums Chur

"Sowohl die Anfänge des Christentums in Rätien als auch die Errichtung des Bistums Chur liegen weitgehend im Dunkeln. Der erst 451 nachweisbare Bischofssitz Chur am strategisch wichtigen nördlichen Ausgangspunkt zu den Bündner Alpenübergängen Julier, Septimer und Splügen gehörte nach der Eroberung durch die Römer 15 v. Chr. zuerst zur Provinz Raetia. Bei der Neueinteilung der römischen Provinzen im 4. Jahrhundert wurde Chur römischer Verwaltungssitz und Hauptort der «Raetia prima». Als erster historisch nachweisbarer Bischof von Chur gilt Asinio (bezeugt 451). ... Mit der Eroberung Venetiens durch den Merowingerkönig Theutebert kam Rätien um 536/539 unter fränkische Oberhoheit; die Verfassungs- und Verwaltungsstrukturen aus römischer Zeit blieben daselbst jedoch bestehen." [http://www.bistumsarchiv-chur.ch/bistumsgeschichte.htm]

Die o. a. Datierungen sind alle spätantik und müssen korrigiert werden. So entspricht das Jahr 451 dem weströmisch-antiken Jahr 167 und die Neueinteilung der römischen Provinzen erfolgte im 1. Jh. Das Bistum Chur ist damit ein frühchristliches Bistum. Diese frühchristlichen Bistümer dürfen nicht verwechselt werden mit den späteren Bistümern, die durch die römische Reichskirche bzw. durch die Merowinger

235

gegründet wurden. Die frühchristlichen Bischöfe besaßen keine Oberhoheit über ein bestimmtes Territorium, sondern waren nur Vorsteher ihrer Gemeinde.

Auch die Datierung der Eroberung Venetiens durch Theudebert 536/539 ist zu korrigieren. Korrigiert in die weströmisch-antike Datierung gehört sie in die Jahre 252/255. Die nachkatastrophischen spätantiken Datierungen datiere ich jedoch in u. Z., womit sie in die Jahre 954/957 gelangen. Der Begründung der römischen Reichskirche durch Justinian I. folgend, begründeten die Merowinger gegen Ende des 10. Jh. ihrerseits die fränkische Landeskirche. Kirchenverwaltungs-technisch teilten sie ihr Herrschaftsgebiet in Bistümer auf, wobei sie als Bistumssitze vielfach die zuvor bestehenden antiken Bischofssitze übernahmen. Das neue Bistum Chur hatte jetzt aber die Oberaufsicht über ein festgelegtes Territorium, i. d. R. der herrschaftlichen Struktur folgend.

Kirchenbauten dieser fränkischen Landeskirche kann es darum kaum vor dem Jahr 1000 geben.

Die Kathedrale

"Wichtigster Bau aus der Zeit Karls des Großen ist ... die Kathedrale. Sie war um 750/60 unter Bischof Tello neu errichtet worden. ... Die heutige Kathedrale ist romanisch-frühgotisch." [IMHOF/WINTERER, 141]
Die Chorweihe des heutigen Baus 1178, Schlussweihe 1272 [OSWALD/SCHAEFER/SENNHAUSER, 50].

Im Bereich der Kirche wurden nur spärliche Reste von zwei Vorgängerbauten aufgedeckt.
Bau I , ein "Saal (?) mit breiten, querschiffartigen Ausbauten Genau halbkreisförmige Apsis und Südflügel eines Querhauses oder südlicher Annex eines Saalbaues als einzige Überreste ergraben. ... Westmauer der heutigen Kirche parallel mit den Ost-Mauern der ersten Kirche." [ebd., 51].
Datiert wird dieser Bau von SENNHAUSER in die erste Hälfte des 5. Jh.

Bau II, "Typus unbekannt
Vollständiger Neubau. Gefunden nur eine hufeisenförmig
eingezogene Apsis. ... Die Apsis überschneidet jene der
Anlage I." [ebd., 51]
Bau II ordnet SENNHAUSER Bischof Tello zu und datiert
diesen damit in das dritte Viertel des 8. Jh.

Der Standort der Kathedrale befindet sich innerhalb des
spätrömischen Castrums, in der südöstlichen Ecke unmittelbar
an der römischen Ummauerung. Wikipedia: "Dort (in Chur -
MM) existierte spätestens in spätrömischer Zeit (3.–5.
Jahrhundert) ein Kastell – ob dieses bereits während der
Kaiserzeit bestand, ist nicht sicher." Doch, die Datierung
3.-5. Jh. entspricht korrigiert dem 1. Jh. v. Chr.- 2. Jh. Die
Römer eroberten Rätien 15 v. Chr. und gründeten die Provinz
Raetia. (Wikipedia)

Die Datierung von Bau I in das 5. Jh. wurde offensichtlich von
der Bistumsgeschichte hergeleitet. "Seit dem 4. Jahrhundert
hat die Churer Kathedrale ihren Standort nie aufgegeben."
[SENNHAUSER, 193]
Die archäologischen Befunde geben diese Datierung nicht
annähernd her. Genauso ist die Datierung von Bau II nur der
konstruierten Geschichte geschuldet.

Bau II werden von SENNHAUSER "zahlreiche Bruchstücke
von Schrankenplatten und Reste eines Altares in zweiter
Verwendung" und "zum Teil figürliche Stuckreste mit
Farbspuren" zugeordnet. [OSWALD/SCHAEFER/
SENNHAUSER, 51].
Wikipedia: "Die älteste erhaltene Plastik der Kathedrale
stammt wahrscheinlich aus dem Vorgängerbau, der
sogenannten Tello-Kathedrale. Es sind Reliefplatten aus
weissem Laaser Marmor. Sie stammen aus dem
8. Jahrhundert und gelten als Meisterwerk langobardischer
Plastik. Sie zeigen Flechtwerkornamente mit Tieren (Löwen u.
a.) oder Spiralranken mit Blättern und Trauben. Heute
verkleiden die Platten die Mensa des Laurentius-Altars von
1545."

Leider taugt die Stilkritik nicht für eine zeitliche Einordnung frühmittelalterlicher Kunstobjekte, da sämtliche Referenzobjekte entsprechend der konstruierten Geschichte und Kunstgeschichte falsch datiert sind.

Die Vorgängerbauten der Churer Kathedrale sind dem 11. Jh. zuzuordnen. Mit der Gründung des Bistums Chur um die Jahrtausendwende muss sicher von einem anschließend errichteten Kirchenbau ausgegangen werden, der damit schon in der ersten Hälfte des 11. Jh. bestanden haben könnte.

Die skulptierten Stücke gehören sicher eher in die zweite Hälfte bzw. an das Ende des 11. Jh. Mit dem Gründungsbau haben sie sicher nichts zu tun; evtl. mit dem Nachfolgebau. Sie könnten durchaus auch spätere Ausstattung gewesen sein.

St. Stephan

Als ältestes christliches Zeugnis in Chur gilt St. Stephan, ein traditionell um 440 datiertes tonnengewölbtes Mausoleum, "wahrscheinlich die Grablege der Bischöfe" [IMHOF/WINTERER, 138], gelegen am nördlichen Rand eines ehemaligen römischen Friedhofs.

"An den Seitenwänden dekorative Malerei mit Marmorinkrustations-Nachbildungen in geometrischer Aufteilung, darüber Weinranken und Tauben. An der Schildwand eine apsidiolenförmige, ursprünglich ausgemalte Nische, darin Reste eines später angebrachten Mosaiks mit den Paradiesesströmen; unter der Bodenplatte Reliquiengrab; beidseits der Nische Bildfragmente von je sechs schreitenden Aposteln." ["Kunstführer durch die Schweiz, Hg. Gesellschaft für Schweizerische Kunstgeschichte, Band 2, Bern 2005", http://baukultur.gr.ch/de_DE/address/ehemalige_kirche_st_ste phan.24650]

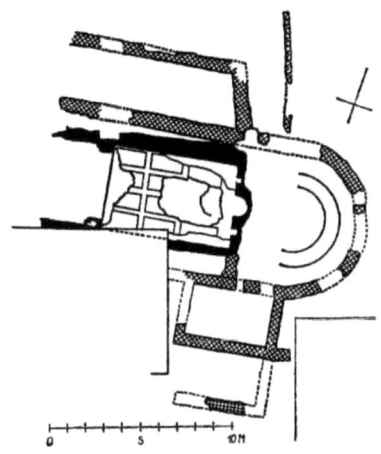

Chur, St. Stephan. Grundriss nach SULSER und CLAUSSEN.
Entnommen aus [OSWALD/SCHAEFER/SENNHAUSER, 53]

Die Datierung 440 ist wieder spätantik und entspricht dem
Jahr 156. Die Malereien der Seitenwände haben noch keinen
wirklichen christlichen Bezug. Für eine Grablege der Bischöfe
gibt es keinen Beleg.

Erst die m. E. jüngere Malerei der Ostwand und das ebenfalls
spätere Mosaik der mittleren Nische zeigen christliche
Bezüge.
Die christliche Umnutzung sehe ich in späterer Zeit,
Der antike Grabbau mit einem kleinen Saal mit einer nicht
eingezogenen Apsis überbaut, wobei der Grabbau als
Untergeschoss beibehalten wurde.
Die Forschung sieht darin eine um 500 errichtete Saalkirche.

Diese ebenfalls spätantike Datierung wäre korrigiert in die
weströmisch-antike Datierung um 216 bzw. in u. Z. um 918
und damit deutlich zu früh für einen Kirchenbau.

Ältester Beleg für eine Kirchennutzung ist eine Kirchenweihnotiz aus der zweiten Hälfte des 12. Jh. [OSWALD/SCHAEFER/SENNHAUSER, 53].

Der Bau selbst mit der nicht eingezogenen Apsis und der ergrabenen, von der Apsiswand abgerückten "Priesterbank" scheint jedoch älter zu sein.

Ich halte die Überbauung für eine Erweiterung des antiken Grabbaus durch einen Andachtsraum für die Totenfeier, die erst später, um die Mitte des 12. Jh., als Kirche umgenutzt wurde. Die Malereien der Ostwand, das Mosaik der Nische, das Reliquiengrab und das Patrozinium St. Stephan gehören in diese spätere Zeit.

St. Luzi

Auf demselben ehemaligen römischen Friedhof wie St. Stephan, nur wenig weiter südlich, befindet sich eine weitere, offenbar alte Kirche, St. Luzi. Die angeblich karolingische Kirche St. Luzi soll in der ersten Hälfte des 8. Jh. (um 730?) errichtet worden sein.

Auch sie soll über einer älteren Memorie, einer Andreasmemorie, errichtet worden sein, die SENNHAUSER dem ausgehenden 4. Jh. zuordnet [SENNHAUSER, 195].

An dieser Stelle soll das Fragment der Grabinschrift des Churer Bischofs Valentian (†548) entdeckt worden sein. Bauliche Zeugnisse sind jedoch aufgrund des Neubaus nicht erhalten. [IMHOF/WINTERER, 139f]

Das korrigierte Sterbedatum von Valentian ist 966 u. Z. Er kann damit kaum etwas mit einer antiken Memorie aus dem Anfang des 2. Jh. zu tun haben.

Die Kirche St. Luzi war ein Dreiapsidensaal, wobei die drei hufeisenförmigen und gestelzten Apsiden von einer etwa halbrunden Apsis umschlossen waren. Unter dem Chor eine Ringkrypta mit polygonal gebrochenem, tonnengewölbten Umgang und mit am Scheitel nach Westen abzweigendem Mittelstollen (sog. Grabstollen). Im Gewölbe des Grabstollens heute vermauerte Öffnung zum Hochaltar. Der Westabschluss

240

des Grabstollens soll ursprünglich einen geraden Abschluss mit einer Fenestella besessen haben.

Im Scheitel im Osten anschließend tonnengewölbter Querraum (sog. Emeritakapelle), vom Ringgang zugänglich. Nach SENNHAUSER [195] gehörte dieser Querraum zu der früheren Andreasmemorie. Später hat sich SENNHAUSER offenbar korrigiert und sieht in dem Querraum einen nachträglichen Anbau [OSWALD/SCHAEFER/ SENNHAUSER, 52].

SENNHAUSER rekonstruiert unmittelbar westlich der Ringkrypta einen so genannten Krypten-Vorraum, ein ca. 0,70 m gegenüber der Krypta und ca. 1,65 m gegenüber dem Schiff vertiefter Bereich zwischen Krypta und Schiff mit Fenstern in der Südmauer und einer Tür in der Nordwand zu einem evtl. älterem Raum.

Der Fußboden im Schiff war ursprünglich ca. 0,30 m tiefer. [ebd., 52]

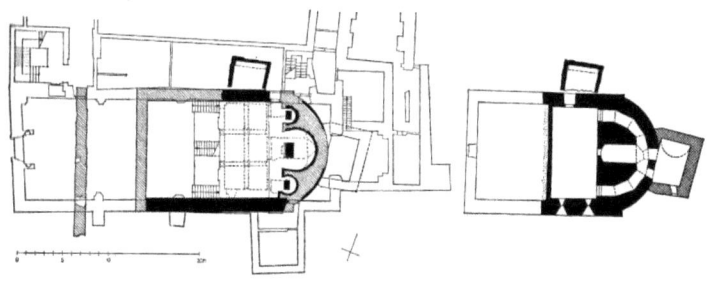

Chur, St. Luzi. Grundriss nach SULSER. Entnommen aus [OSWALD/SCHAEFER/SENNHAUSER, 51]

SENNHAUSERs Rekonstruktion des so genannten Grabstollens als auch des so genannten Krypten-Vorraumes erachte ich für problematisch. Nach meiner Auffassung kann das nicht der ursprüngliche Zustand gewesen sein.

Die Öffnung im Gewölbe des Mittelstollen zum Stipes des darüber befindlichen Hauptaltars dürfte ein Hinweis auf ein ehemals an dieser Stelle existierendes Altargrab sein. Solche Altargräber waren ausschließlich in unzugänglichen Grabkammern untergebracht. Der darüber befindliche Raum, die Vorkammer oder auch Confessio, besaß eine Öffnung (Fenestella), die jedoch ausschließlich vom Ringgang über den Mittelstollen zugänglich war. Ansonsten hätte die Ringkrypta keinen Sinn.

Auch den vertieften Bereich vor der Chorabschlusswand, von SENNHAUSER als Krypten-Vorraum bezeichnet, halte ich für eine Fehlrekonstruktion. Was sollte die Vertiefung vor der Chorabschlusswand für einen Sinn haben?

Die im Scheitel, östlich vor der Apsis angeblich nachträglich angebaute so genannte Emeritakapelle, könnte durchaus ein vor dem Kirchenbau vorhandener Raum (Grabgruft des römischen Friedhofes?) gewesen sein, der beim Hineinsetzen des Kirchenbaus in den Friedhof beibehalten wurde, analog dem im Norden noch vorhandenem Raum. Bei einem nachträglichen Anbau würde ich eher eine Ausrichtung nach dem Kirchenbau erwarten. Möglicherweise wurde der Raum für die Aufstellung eines Sarkophags in der Nähe des Heiligengrabs genutzt.

Der von SENNHAUSER beschriebene Zustand ist m. E. schon Teil des späteren Umbaus. Im ursprünglichen Zustand dürfte es den vertieften Krypten-Vorraum und die Einblicköffnung in den ehemaligen Grabraum nicht gegeben haben.

Auch befand sich die Chorabschlusswand weiter westlich. Die genaue Stelle wird kaum mehr festzustellen sein, da alle Spuren durch die nachfolgenden Veränderungen beseitigt sein dürften. Bei der von SULSER angenommenen Lage der Chorabschlusswand verblieb so gut wie kein Platz vor dem Altar, der jedoch für die liturgischen Handlungen zwingend war.

Erst im Zusammenhang mit dem Bau der romanischen Hallenkrypta unmittelbar vor der Ringkrypta wurde die

Chorabschlusswand soweit wie möglich nach Osten verschoben, womit die Einblicköffnung möglich wurde.

Das Altargrab war zu dieser Zeit nicht mehr vorhanden. Der Hauptaltar hatte sein eigenes Sepulcrum unabhängig von der Ringkrypta. Der Mittelstollen wurde umgebaut und zum Standort, vermutlich eines Sarkophags.. Die in der Westwand des Mittelstollens angeordnete Einblicköffnung erlaubte vom Schiff bzw. der Hallenkrypta den Blick auf den Sarkophag des Heiligen.

Die Fenster auf der Südseite sind sicher erst mit der Hallenkrypta eingefügt worden. Die Türöffnung zu dem Raum im Norden dürfte zum ursprünglichen Zustand gehören. Sie war entweder vom Ringgang zugänglich oder befand sich im Zugangsbereich der Ringkrypta.

Die Aufgänge zum ca. 2,30-2,40 m über dem Niveau des Schiffes gelegenen Chor lagen vermutlich unmittelbar neben den an der nördlichen bzw. südlichen Außenwand angeordneten Kryptenzugängen.

Die romanische Hallenkrypta sieht DURST im Zusammenhang mit der Umwandlung zu einem Prämonstratenserkloster um 1140. In dieser Phase soll die Vorkrypta um 30 cm tiefer gelegt und um ca. 2,4 m nach Westen erweitert worden sein [DURST, 8f]. Diese Maßnahmen ordne ich einer Planänderung beim Bau der Hallenkrypta zu. Vermutlich empfand man die anfangs geplante lichte Höhe der Hallenkrypta als nicht ausreichend. Offenbar waren die Säulen bereits gefertigt, weswegen die Höhendifferenz durch eine trommelartige Unterfütterung im Bereich der Basen ausgeglichen wurde. Durch die Tieferlegung verlängerten sich zwangsläufig die Zugangstreppen zum Chor und zur Hallenkrypta, womit eine Erweiterung nach Westen erforderlich wurde.

Die Datierung des Gründungsbaus ist noch offen. Es gibt keine stichhaltigen Anhaltspunkte für eine Datierung. Ringkrypten wurden bis in das fortgeschrittene 12. Jh. errichtet, womit diese für die Datierung des Gründungsbaus nicht herangezogen werden kann. Meine Rekonstruktion des

Heiligengrabes als Altargrab des Hauptaltars könnte für eine frühere Entstehung sprechen, da bei allen späteren Ring- bzw. Umgangskrypten das Heiligengrab vom Sepulcrum des Hauptaltars unabhängig war, wie beim späteren Umbau von St. Luzi ebenfalls.

Auch könnten die drei durch eine Apsis ummantelten, hufeisenförmigen Apsiden für eine frühere Entstehung sprechen. Die klassischen Dreiapsidensäle wie in Müstair (siehe dort) oder auch in Mistail sehe ich frühestens ab 1100 bzw. in der ersten Hälfte des 12. Jh.

St. Luzi würde ich etwas früher einordnen. Ihre Errichtung gehört noch in das 11. Jh., frühestens jedoch um die Mitte des 11. Jh.

Der Verweis von DURST auf Alt-St.Peter in Rom als Vorbild für die Krypta von St. Luzi (und für alle anderen Ringkrypten - MM) ist vermutlich zutreffend.

Die Errichtung der Krypta von Alt-St.Peter sehe ich abweichend von der traditionellen Auffassung in der ersten Hälfte des 11. Jh., die Fertigstellung von Alt-St.Peter sogar erst nach der Mitte des 11. Jh. (siehe [MEISEGEIER 2017, 33ff]).

Eine Frage bleibt noch. Wer errichtete die Kirche zu welchem Zweck?

Die Errichtung direkt auf einem römischen Friedhof legt die Verehrung eines Heiligengrabes nahe. Vermutlich angeregt durch das Beispiel Alt-St.Peter in Rom, ebenfalls auf einem römischen Friedhof über einem Grab (Petrus-Memorie) errichtet, beabsichtigte man auch in Chur einen eigenen Heiligenkult zu installieren. Im nicht allzu weit entfernten St. Maurice im Wallis war ein gleiches Vorhaben um den hl. Mauritius im Gange (siehe dort).

Als Initiator in Chur sehe ich nur den Bischof von Chur. Im 11. Jh. waren sowohl die Bischofskirche sowie alle seine anderen Gründungen bischöfliche Eigenkirchen. Die Einkünfte aus den Kirchen kamen ihm allein zugute. Vermutlich glaubte er, dass der hl. Luzius genügend Anziehungskraft besaß, die Gläubigen zur Wallfahrt nach Chur zu bewegen, womit lukrative Einkünfte in Aussicht waren.

Die Gründung von St. Stephan sehe ich jedoch in einem anderen Kontext, da der hl. Stephan kein örtlicher Heiliger war und somit sein Heiligengrab hier nicht verehrt werden konnte. Um die Mitte des 12. Jh., wo ich die Umnutzung zur Kirche zeitlich verorte, war m. E. die Präsentation eines noch unbekannten regionalen Heiligen nicht mehr erfolgversprechend.

St. Martin

Die heute reformierte Pfarrkirche soll bedeutende Bauteile aus der Zeit Karls des Großen besitzen. So ist die Südwand mit einer bis zur ursprünglichen Dachhöhe reichenden Blendengliederung , wie sie u. a. vom "zeitgleichen" Müstair bekannt ist, erhalten. Die erstmalige Erwähnung zwischen 769 und 800. 958 wurde sie dem Churer Bischof geschenkt (von Otto I., siehe [OSWALD/SCHAEFER/SENNHAUSER, 53]). Nach einem Brand 1464 spätgotisch vergrößert bzw. neu gebaut. [IMHOF/WINTERER, 140f]

Der Ursprungsbau war ein Dreiapsidensaal mit gestelzten, jedoch nicht hufeisenförmigen Apsiden. Die Datierung von SENNHAUSER in Analogie zu Müstair in die zweite Hälfte des 8. Jh. [OSWALD/SCHAEFER/SENNHAUSER, 53]

"Von dem karolingischen Dreiapsidensaal ... sind neben der Südwand auch Reste der ehemaligen Nordwand hinter dem romanischen Turm erhalten." [IMHOF/WINTERER, 141]

Die Nachrichten in den karolingischen und ottonischen Quellen sind konstruiert und unbrauchbar.
Den Bezug hinsichtlich der Blendengliederung als auch der Datierung auf Müstair würde ich bestätigen, jedoch datiere ich Müstair abweichend nach 1100 und in die erste Hälfte des 12. Jh. (siehe dort).

Nach meiner Auffassung ist St. Martin im 12. Jh. als Pfarrkirche für die ältere Siedlung errichtet worden. Der romanische Turmbau gehört unmittelbar zu diesem Bau.

Literatur

Durst, Michael (2002): St. Luzius in Chur. Hrsg. Priesterseminar St. Luzi, Kunstverlag Josef Fink, Lindenberg

Imhof, Michael / Winterer, Christoph (2013): Karl der Große. Leben und Wirkung, Kunst und Architektur. Michael Imhof Verlag Petersberg

Oswald, Friedrich / Schaefer, Leo / Sennhauser, Hans Rudolf (1966-1971): Vorromanische Kirchenbauten. Katalog der Denkmäler bis zum Ausgang der Ottonen. München

Meisegeier, Michael (2017): Der frühchristliche Kirchenbau - das Produkt eines Chronologiefehlers. Versuch einer Neueinordnung mit Hilfe der HEINSOHN-These. BoD Norderstedt

Sennhauser, Hans Rudolf (1979): Spätantike und frühmittelalterliche Kirchen Churrätiens. In: Vorträge und Forschungen Bd. 25 (1979), Hrsg. vom Konstanzer Arbeitskreis für mittelalterliche Geschichte e. V., S. 193-218 (https://journals.ub.uni-heidelberg.de/index.php/vuf/article/view/16074/9933)

Müstair, St. Johann - Welterbe fehldatiert

Das Kloster St. Johann - vermutlich das meistbesuchte Kulturdenkmal der Schweiz.
Die Gründung des Klosters, ursprünglich ein Männerkloster, wohl gegen Ende des 8. Jh. Nach der Tradition soll es eine Stiftung Karls des Großen sein. 1163 Frauenkloster. [OSWALD/SCHAEFER/SENNHAUSER, 227]
Die Stiftung durch Karl den Großen wird in der jüngeren Darstellung etwas relativiert. "Die Einrichtung des Klosters mag jedoch vom Bischof von Chur als Vertrautem des Kaisers umgesetzt worden sein." [Wikipedia] Nach MÜLLER war das Kloster bischöfliches Eigenkloster des Churer Bischofs Constantius, der von Karl dem Großen zum weltlichen Verwalter von Churrätien gemacht wurde [MÜLLER, 2].

"Nachdem das benediktinische Männerkloster um 1100 irgendwie seine Kraft verloren hatte, sorgten Konrad I. von Biberegg (1123-1145) und die Herren von Tarasp, ... daß Benediktinerinnen in die Gebäude einzogen." [MÜLLER, 2]

Die Klosterkirche war ursprünglich ein Dreiapsidensaal, dem sowohl im Norden als auch im Süden nur wenig später apsidial geschlossene Annexe angefügt worden sind, wovon der nördliche noch heute erhalten ist. Die Kirche war vollständig ausgemalt.
Zwischen 1157 und 1170 neue Ausmalung der Kirche. 1487-1492 Umgestaltung zur gewölbten Hallenkirche. [OSWALD/SCHAEFER/SENNHAUSER, 227]

Eine dendrochronologische Untersuchung von mehreren verkohlten Hölzern aus den Giebelfronten der Kirche ergab die Datierung 775/776 [IMHOF/WINTERER, 194].

Berühmt wurde St. Johann durch die großenteils erhaltenen, angeblich karolingischen Wandmalereien, die unter einer romanischen Bemalung (nach Wikipedia um 1200) und einer Übertünchung des 15. Jh. freigelegt wurden.

Die bauzeitliche Klausur mit Kreuzgang lag südwestlich der Kirche. Die heutige Klausur mit ihrem Kreuzgang liegt unmittelbar westlich der Kirche und wurde später errichtet. Sie wird "meist der Zeit Bischofs Norbert (11. Jh.) zugewiesen" [MÜLLER, 5].

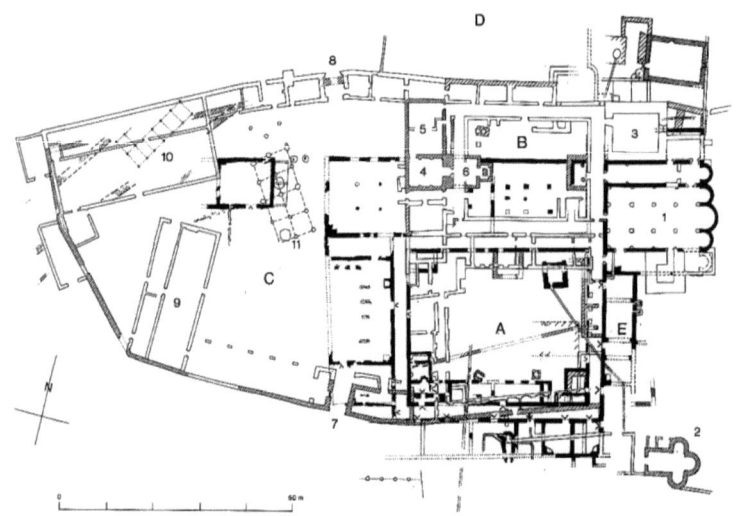

Müstair, Kloster St. Johann. Übersichtsplan nach SENNHAUSER. entnommen aus [MÜLLER, 3]

Die karolingische Gründungsgeschichte ist konstruiert und entbehrt jeder Realität.
Eher könnte die Umwandlung in ein Benediktinerinnenkloster um 1100 die Gründung des Klosters markieren. Die dendrochronologische Untersuchung ist infolge der Eichung des "naturwissenschaftlichen Verfahrens" an der heute gültigen, jedoch falschen Chronologie des Frühmittelalters unbrauchbar. Das gilt auch für das dendrochronologische Ergebnis (8. Jh.) der Holzbalkendecke in der so genannten Heiligkreuzkapelle, die damit die älteste Holzbalkendecke Europas wurde [Wikipedia].

Vielleicht ein weiteres Indiz für die spätere Datierung der Wandmalereien: Die angeblich karolingischen Malereien verarbeiteten Bildquellen verschiedener Herkunft, so byzantinische und apokryphe, spätrömische und frühmittelalterliche, jedoch keine irischen und merowingischen [ebd., 5]. Bei einer Gründung um 1100 dürfte die Hauptbauzeit in der ersten Hälfte des 12. Jh. gelegen haben, die Ausmalung der Kirche dann eher um die Mitte des 12. Jh. Zu dieser Zeit sind byzantinische Einflüsse über die Kreuzfahrer nachvollziehbar.

Zu der so genannten "Statue Karls des Großen" habe ich bereits im Abschnitt *Wann wurde die Karolingerlegende erschaffen?* ausgeführt.

Ende des 12. Jh. wurde die erste Ausmalung der Kirche übermalt. Vermutlich entsprach sie nicht mehr den inhaltlichen oder qualitativen Anforderungen der späteren Klostereigentümer.

Offenbar hat allein die karolingische Gründungsgeschichte die Einordnung des Baus und der Wandmalereien in die Zeit um 800 begründet. Mit der späteren Einordnung der Klosterkirche sind auch die zu frühen Datierungen der Heiligkreuzkapelle, des Plantaturms, des Norbertsaals, etc. in jüngere Zeit zu korrigieren.

Die frühe Einordnung von Müstair hat vermutlich zur Frühdatierung weiterer Dreiapsidensäle geführt, wie z. B. St. Peter in Mistail und St. Benedikt in Mals.

Literatur

Imhof, Michael / Winterer, Christoph (2013): Karl der Große. Leben und Wirkung, Kunst und Architektur. Michael Imhof Verlag Petersberg

Müller, Iso (1997): Müstair. Kloster St. Johann. Weltkulturgut der UNESCO. Schnell Kunstführer Nr. 601, 24., veränderte Auflage, Regensburg

Oswald, Friedrich / Schaefer, Leo / Sennhauser, Hans Rudolf (1966-1971): Vorromanische Kirchenbauten. Katalog der Denkmäler bis zum Ausgang der Ottonen. München

Sankt Gallen, Abteikirche St. Maria und Gallus - ein archäologisches Trauerspiel

Das Kloster wurde angeblich 719 am Grab des hl. Gallus (gest. um 650) von Otmar (gest. 759) gegründet. Zuvor soll nach der Tradition ein von Gallus errichtetes, hölzernes Oratorium an dieser Stelle bestanden haben, in dem dieser bestattet wurde. Otmar erbaute eine erste Steinkirche mit einer Krypta, die durch zeitgenössische Schriftquellen bezeugt sein soll.

Diese erste Steinkirche wurde unter Abt Gozbert (816-837) durch einen großen Neubau 830-837 ersetzt.

Westlich des Gozbert-Baus wurden 864-867 das zweigeschossige "Helmhaus" und die Kirche St. Otmar angefügt.

Rekonstruktion von SENNHAUSER/JACOBSEN

Grabungen wurden in den Jahren 1964-66 unter der Leitung von SENNHAUSER durchgeführt. Die Ergebnisse sind noch nicht endgültig publiziert. Für die erste Ausgabe des Katalogs der vorromanischen Kirchenbauten von 1966/71, an dem SENNHAUSER als Mitautor beteiligt war, standen die Ausgrabungsergebnisse offenbar noch nicht zur Verfügung.

In den Nachtragsband, an dem SENNHAUSER wieder als Mitautor beteiligt war, wurde nur der Abt Gozbert zugeschriebene Bau aufgenommen. Leider waren zum Zeitpunkt der Veröffentlichung des Nachtragsbandes (1991)

sowohl die älteren als auch die jüngeren Bauphasen noch nicht bearbeitet. (Das nach fast 30 Jahren!)

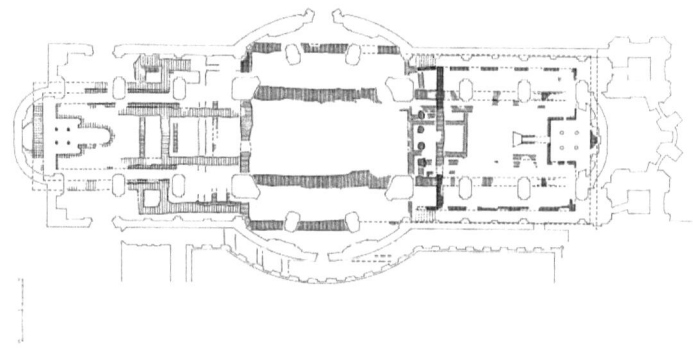

St. Gallen, Stiftskirche, Grabungsplan. Nach SENNHAUSER. Entnommen aus [JACOBSEN, 181]

Im Katalog von 1966/71 sind folgende Angaben zu finden: Die Abteikirche war "nach der Schrift- und Bildüberlieferung"(!) eine geostete dreischiffige Basilika mit einem zweigeschossigen Westbau und einer nach Westen ausgerichteten Westkirche, der so genannten Otmarskirche, wahrscheinlich eine Hallenkirche, unmittelbar an den Westbau angefügt. Winkelgangkrypten im Osten und im Westen, von denen Teile erhalten sind.
Datierung: Hauptkirche zw. 837/839, die Otmarskirche 867 fertiggestellt, die Westkrypta von Abt Immo (976-984) [OSWALD/SCHAEFER/SENNHAUSER, 295]

Im Nachtragsband gibt es von SENNHAUSER nur detailliertere Informationen zur Hauptkirche. Diese war eine dreischiffige Basilika mit geradem Ost- und Westschluss. Die Stützenreihen waren von Osten bis Westen durchlaufend, Das Mittelschiff war in der Hälfte unterbrochen durch eine Schranke auf vier Einzelstützen (Trabesschranke). In ihrer Flucht setzen in den Seitenschiffen, unmittelbar an den

251

Außenwänden, die Treppen des tonnengewölbten Winkelganges an, der unter dem Chor hindurch zur querrechteckigen Kryptakammer unter dem Hochaltar führt. In der Westwand der Krypta Fenestella und Sichtstollen zum Gallusgrab, das oben, im Chor, auf der Längsachse vor dem Chorpodium stand. Ein eingezogener Triumphbogen hinter der Schranke trennte Chor und Schiff. Die Seitenschiffe waren gerade geschlossen..
Datierung: Der von Abt Gozbert 830 begonnene Bau.

Auf der Basis der bisher bereits in die wissenschaftliche Diskussion gelangten Informationen hat JACOBSEN eine Rekonstruktion der Gozbert-Kirche versucht.

Rekonstruktion nach [JACOBSEN, 176ff]:
Die Reste der karolingischen Abteikirche Gozberts befinden sich über den Spuren der ersten Holzkirche des Einsiedlers Gallus sowie zweier weiterer Bauphasen der Steinkirche des 8. Jh.
Der Gozbert-Bau war eine dreischiffige, im Osten als auch im Westen wahrscheinlich gerade geschlossene Kirche von der Breite der heutigen, barocken Kirche, da diese auf den alten Fundamenten errichtet wurde. Ein apsidialer Schluss des Mittelschiffs kann jedoch nicht ausgeschlossen werden, da in diesem Bereich nicht gegraben werden konnte.
Im Osten, unter dem Chor, eine weitläufige Winkelstollenkrypta, deren Gänge entlang den Seitenschiffswänden und der Chorwand in einen etwa quadratischen Vierstützenraum.
Im Westen des Vierstützenraums eine hochgelegene, unter dem Kryptagewölbe gerade noch sichtbare Confessio und das ca. 0,8 x 2,0 m große Gallus-Sepulcrum. Im Osten eine zentrale Nische von wenigstens 1,10 m Tiefe, welche als Kryptafenster gedeutet wird. Der in den Stützenraum mündende Querstollen war 2,40 m, die Längsstollen ca. 2,0 m breit. Die in Ost-West-Richtung verlaufenden Gänge im östlichen Bereich der Seitenschiffe waren 26 m lang. An ihren Westenden Treppen von 10 Stufen aus 2,60 m Tiefe in die Seitenschiffe der Gozbert-Basilika.

Die dreischiffige Oberkirche war durch geschlossene Quermauern in den Seitenschiffen und Mauerzungen im Mittelschiff sichtbar in zwei Bereiche geteilt, einen etwa quadratischen östlichen und einen wenig längeren westlichen Teil. In dem östlichen Teil sieht JACOBSEN den Chor, in dem westlichen das damit auffallend kurze Langhaus. Die Säulenstellungen des Langhauses waren nicht mehrfeststellbar, konnten jedoch gemäß einem alten Plan (Bauzustand um 1725) rekonstruiert werden. Der lichte Stützenabstand wurde mit 3,90 m erschlossen.

Zwischen den Mauerzungen im Mittelschiff rekonstruiert er einen noch weiter westlich in das Mittelschiff hineingezogenen Lettner.

Im Chorbereich waren die Mittelschiffswände zumindest im östlichen Teil geschlossen, im westlichen Teil vielleicht Arkaden auf Spannfundamenten.

Damit ergibt sich eine auf drei Seiten geschlossener, rechteckiger Altarraum. Das Chorniveau war gegenüber dem übrigen Fußboden erhöht, zugänglich durch seitliche Stufen. An seiner Westgrenze, in der Mitte, befand sich das Heiligengrab (Tumba), davor eine trapezförmige Platte (accessus ad confessionem), mit einer Einblicköffnung (Fenestella) auf den Sarkophag.

Den Mittelschiffsabschnitt des Chors westlich des Altarraums hält JACOBSEN für eine Art "Vierung". Nach seiner Auffassung erweckt die "Vierung" gemeinsam mit den längsrechteckigen Flügelräumen den Eindruck eines eingezogenen dreiteiligen Querhauses (ähnlich Halberstadt u. Reichenau-Oberzell).

Die Flankenräume nördlich und südlich des Altarraums waren zu den Flügelräumen des "Querhauses" vermutlich komplett geöffnet, da an dieser Stelle keine Fundamente ergraben wurden.

Nur kurz äußert sich JACOBSEN zu dem Westbau, bei ihm das so genannte "Helmhaus", und zur so genannten Otmarskirche. Letztere war eine nach Westen ausgerichtete, an das "Helmhaus" im Westen angebaute, kleine, dreischiffige

Anlage, deren Mittelschiff in einer regelrechten Apsis schloss und deren Seitenschiffe in Apsiden endeten, die in die geraden Chorwände eingetieft waren. Auch die Otmarskirche besaß eine Winkelgangkrypta ähnlich dem Gozbert-Bau, deren Zugänge noch vor der Ostwand der Otmarskirche, nämlich im Helmhaus begannen, deren unterirdische Stollen sich entlang den Außenwänden der Seitenschiffe bis zur Westwand zogen und dort unter dem Chor in einen Vierstützenraum mündeten, von welchem nach Osten eine Confessio und beiderseits flankierende Apsidiolen abzweigten. Zwischen dem Gozbert-Bau und der Otmarskirche Reste des "Helmhauses", eines querrechteckigen Baus, breiter als die Otmarskirche.

Im Lapidarium sind drei große Kapitelle ausgestellt, die vom Gozbert-Bau stammen sollen. Sie waren in den Fundamenten des gotischen Hallenchors vermauert [JACOBSEN, 184]. Nach JACOBSEN können sie nur aus den Ostteilen stammen, da das Langhaus bei Errichtung des gotischen Hallenchors noch komplett aufrecht stand. Da JACOBSEN im Chor die Weiterführung der Langhausarkaden ausschließt, verortet er diese auf Säulen vor den anzunehmenden Mauerzungen der "Vierung" oder den Lettnerstützen zugehörig.

Versuch einer alternativen Rekonstruktion

Sowohl SENNHAUSER als auch JACOBSEN basieren ihre Rekonstruktionen auf der Überlieferung der Schriftquellen. Schon mit ihren Bezeichnungen "Gozbert-Bau" und "Otmarskirche" dokumentieren sie diese "Voreinstellung".
Sämtliche karolingischen Datierungen um die Abteikirche in St. Gallen erachte ich für konstruiert und für die Ermittlung der Baugeschichte unbrauchbar, ebenso die Äbte Gozbert und Otmar. Trotzdem verwende ich im Folgenden die Bezeichnungen "Gozbert-Bau" und "Otmarskirche" zum besseren Verständnis weiter.

Leider sind die frühen als auch die späteren Bauphasen archäologisch noch immer nicht aufgearbeitet; ein wirkliches Drama, bedenkt man, dass die Grabungen seit mehr als 50 Jahren abgeschlossen sind.

Ich stimme mit SENNHAUSER und JACOBSEN überein, dass der so genannte Gozbert-Bau nicht der Gründungsbau ist. Auch wenn ich die Holzkirche für äußerst fraglich erachte, dürfte wenigstens noch ein Vorgängerbau bestanden haben.

Dass der Westbau (nach SENNHAUSER) bzw. das so genannte Helmhaus (bei JACOBSEN), ein Anbau an den Gozbert-Bau sein soll, glaube ich nicht. Auffällig ist, dass dieser Bauteil deutlich schmaler ist als das dreischiffige Langhaus des Gozbert-Baus - eine nach meiner Auffassung zumindest äußerst ungewöhnliche Lösung. In der Regel sind die Westbauten etwa gleich breit bzw. übertreffen sogar das Langhaus in der Breite.
JACOBSEN beschreibt das Helmhaus nur als querrechteckigen Bau, breiter als die Otmarskirche. Er sieht darin einen Eingangs- und Verbindungsbau beider Kirchen, dessen Untergeschoss als gräfliche Grablege und dessen Obergeschoss als Michaelskapelle genutzt wurde.
In [OSWALD/SCHAEFER/SENNHAUSER, 295] wird der Westbau nur als zweigeschossiger Bauteil erwähnt. Leider sind das alle verfügbaren Informationen zu dem Westbau.

Falls ich SENNHAUSERs Grabungsplan nicht falsch interpretiere, scheint die Fundamentanordnung am Westende des Westbaus auf zwei einen Mittelbau flankierende Treppentürme hinzuweisen, wobei der Westabschluss nicht eindeutig zu identifizieren ist. Die Treppentürme könnten auf ein ursprünglich vorhandenes Obergeschoss hinweisen.
Der Grabungsplan suggeriert, dass das Untergeschoss des Westbaus in drei etwa gleich breite Schiffe unterteilt war. Diese Lösung war sicher nicht die ursprüngliche. Sie wurde vermutlich erst im Zusammenhang mit dem Anbau der Otmarskirche geschaffen.

Die gräfliche Grablege im Untergeschoss und die Michaelskapelle im Obergeschoss erachte ich für zweifelhaft.

Denkbar ist, dass der Westbau/das Helmhaus einem Vorgängerbau angehört, der vermutlich kleiner war. Erst mit der Errichtung des Gozbert-Baus ergab sich diese etwas unpassende Lösung. Offenbar wurden jedoch keine eindeutigen Grundmauern eines Vorgängerbaus bei den Grabungen entdeckt.

Könnte es sein, dass der Gozbert-Bau die Fundamente des Vorgängerbaus wiederverwendet hat? Z. B. die Fundamente der späteren Mittelschiffsarkaden? War der Vorgängerbau vielleicht ein Saalbau mit der Breite des späteren Mittelschiffs? (Die Quermauer des späteren Triumphbogens oder die westlich davor verlaufende Quermauer könnte der frühere Ostschluss gewesen sein.) Hat man den Gozbert-Bau um den Vorgängerbau herum errichtet, wobei der alte Westbau noch bestehen blieb? Ich weiß natürlich, dass es für diese Fragen z. Z. keine endgültige Antwort geben kann.

Unabhängig davon erachte ich ein solches Szenario für einigermaßen plausibel, zumal es die Frage des Vorgängerbaus beantworten würde.

Die Otmarskirche wird von JACOBSEN als kleine dreischiffige, nach Westen ausgerichtete Anlage rekonstruiert. Das Mittelschiff endete in einer Apsis. Unter dem Chor war wie im Gozbert-Bau eine Winkelgangkrypta angeordnet, deren Zugänge bereits im alten Westbau (Helmhaus) begannen und unter den Seitenschiffen verliefen. Sie mündeten über einen Querstollen wie im Gozbert-Bau in einem Vierstützenraum, von dem nach Osten ein Sepulkralraum, vermutlich für ein Heiligengrab, abzweigte.

Ich denke, dass hier JACOBSEN irrt. Nach meiner Auffassung war die so genannte Otmarskirche nur Teil eines neuen Westchores, der die Funktion eines Stifterchors erfüllen sollte. Für diesen Westchor wurde der alte Westbau einbezogen und entsprechend umgebaut. Die angeblich kleine dreischiffige Otmarskirche war nur das Untergeschoss des neuen Chorschlusses. Ich rekonstruiere die Otmarskirche mit einem

Obergeschoss, das zusammen mit dem Obergeschoss des alten Westbaus den eigentlichen Westchor bzw. Stifterchor bildete. In diesem Zusammenhang erhielt der alte Westbau eine neue Geschossdecke, womit die dreischiffige Halle entstand, deren Mittelschiff sich in der Otmarskirche fortsetzte. Das Gallusgrab wurde jetzt vom Ostchor in den neuen Westchor verlegt, wofür die westliche Winkelganganlage, fast identisch mit der östlichen Winkelganganlage, errichtet wurde. Vermutlich wurde im Westchor-Obergeschoss für das Gedenken an den Stifter eine Tumba errichtet oder auch nur eine Grabplatte verlegt.

Zur Datierung: Die wenigen Informationen und das Fehlen jeglichen Bauschmucks (bis auf die Kapitelle im Lapidarium) machen die Datierung einigermaßen schwierig. Wenn man die kirchliche Entwicklung wie ich sie im Abschnitt *Die Kirche* beschrieben habe, zu Grunde legt, kann es einen Kirchenbau vor der Jahrtausendwende kaum gegeben haben. Damit sind alle kirchenbaulichen Aktivitäten auch in St. Gallen frühestens im 11. Jh. zu verorten. Damit sind natürlich alle karolingischen und ottonischen Datierungen hinfällig.

Wenn man der Legende um den hl. Gallus folgen will, ergibt sich nachstehender Ansatz: Der Columbanschüler Gallus soll 612 im Steinachtal eine Zelle gegründet haben, wo unter ihm etwas später eine erste Holzkirche erbaut wurde. Wie ich bereits in [MEISEGEIER 2017, 207] ausgeführt habe, erachte ich die frühe iro-schottische Mission für ein Konstrukt und sehe die tatsächliche "iro-schottische Mission" im 11./12. Jh. im Zusammenhang mit den Schottenklöstern des späten 11. Jh. bzw. 12. Jh. Falls die Legende um Gallus einen historischen Kern besitzt, könnte seine Datierung spätantik sein. Das Jahr 612 entspräche in diesem Fall dem Jahr 1030, der Bau der ersten Kirche also frühestens nach 1030. Um das Jahr 650 soll Gallus in dieser Kirche bestattet worden sein, was der Zeit um 1068 entspräche.

257

Danach wäre die Errichtung einer ersten Kirche irgendwo zwischen 1030 und 1068 anzusetzen. Einer solchen Zeitstellung könnte der m. E. von einem Vorgängerbau stammende Westbau durchaus entsprechen. Den Westbau ordne ich einem für die Zeit von ca. 1050 bis etwa 1100 häufig vorkommenden Westbautyp zu (z. B. Köln St. Pantaleon, Freckenhorst, Gernrode).

Den so genannten Gozbert-Bau halte ich für etwas jünger. Der quadratische Schematismus ist zwar in Ansätzen bereits vorhanden (Seitenschiffe mit der halben Breite des Mittelschiffs, Länge der Gozbert-Kirche etwa vier Mittelschiffsquadrate), jedoch noch nicht konsequent umgesetzt. Das spricht für einen Baubeginn um 1080/1100.
Auch die drei Kapitelle im Lapidarium dürften der Zeit um 1100 angehören. Sie könnten - entgegen JACOBSEN - doch im Chor angeordnet gewesen sein, da nach JACOBSEN nur der östliche Bereich, d. h. der reine Altarraum, geschlossene Wände hatte. Für den westlichen Bereich des Chors hat auch JACOBSEN Arkadenstützen für möglich erachtet.

Die Winkelgangkrypten für die Datierung heranzuziehen, erachte ich für schwierig. Ob die Rekonstruktion der Grabanlage im Ostchor mit einer Tumba und einer Einblicköffnung vom Chor auf den Sarkophag, wie von JACOBSEN beschrieben, zutreffend ist, möchte ich anzweifeln. Insbesondere die Tumba betreffend, würde ich hier eher einen späteren Zustand sehen. Oder war die von JACOBSEN als Tumba angesehene Ausstattung vielleicht der Hauptaltar?
Vermutlich war die Heiliggrabanlage in St.Gallen keine originäre Confessioanlage mit Bodengrab, Confessio und Fenestella. Offenbar gab es keine kultische Verbindung zwischen Heiligengrab und Hochaltar, der sein eigenes Sepulcrum hatte, womit die St. Gallener Anlage nicht zu den ganz frühen Anlagen zu zählen ist. Die heiligen Gebeine, in einem Sarkophag gebettet, waren von der Umgangskrypta (Ringkrypta, Winkelgangkrypta) aus direkt zugänglich. Eine Confessio und eine Fenestella gab es nicht.

Einblicköffnungen, wie von JACOBSEN beschrieben, gab es verschiedentlich, so z. B. in Gernrode (siehe [MEISEGEIER 2019, 202ff]) und Solnhofen (siehe oben). Sie dürfte jedoch später hinzugefügt worden sein.

Umgangskrypten, wie Ringkrypten und Winkelgangkrypten, gehören sicher zu den frühen Kryptenanlagen, entgegen den späteren Hallenkrypten, deren Errichtung ich frühestens ab der zweiten Hälfte des 11. Jh. sehe.
Wie Ringkrypten vereinzelt bis in das 12. Jh. hinein errichtet wurden (S. Apollinare in Classe, Dom zu Halberstadt), so gab es vermutlich auch bei den Winkelganganlagen solche späteren Anlagen. Generell sehe ich in den Umgangskrypten keine Stufe der Entwicklung der Krypta. Ihre Errichtung setzte nur das Vorhandensein von entsprechenden Ganzkörperreliquien und den Wunsch der Zugänglichkeit voraus, was in St. Gallen auf jeden Fall gegeben war.

Bei beiden Krypten in St. Gallen war offenbar nicht allein der Zugang zum Heiligengrab maßgebend, sondern auch das Verweilen vor dem Grab in einem Andachtsraum, dem Vierstützenraum. Ich gehe davon aus, dass in beiden Krypten ursprünglich Altäre vorhanden waren. Die von der Forschung als Fenster gedeutete Nische in der Galluskrypta (Gozbert-Bau) könnte auch als Altarnische gedeutet werden.
Ich denke nicht, dass der Bau gleichzeitig über zwei Heiligengräber verfügte, sondern sehe eher eine spätere Verlegung des Heiligengrabes in einen extra errichteten Westchor, einen Stifterchor. Solche Westchorlösungen wurden i. d. R. erst im 12. Jh. errichtet. Von der Forschung in frühere Zeit datierte Doppelchoranlagen sind Fehlinterpretationen (siehe Dom zu Köln).
Ob die Annahme eines Lettners zwischen Chor und Langhaus zutrifft, ist ebenso fraglich. Wirkliche Lettner sind kaum vor Mitte des 12. Jh. denkbar. SENNHAUSER spricht nicht von einem Lettner, sondern glaubhafter von einer Trabesschranke.

Im Ergebnis sehe ich einen ersten Kirchenbau, errichtet um die Mitte des 11. Jh., vielleicht ein Saalbau mit einem für die

Zeit typischen Westbau. Diese Kirche wurde um 1080/1100 umfassend zu einer dreischiffigen Anlage umgebaut, wobei der alte Westbau zunächst unverändert beibehalten wurde. Veranlassung für die Erweiterung war möglicherweise die Gründung des Benediktinerklosters und die Raumanforderungen für den Klosterbetrieb.

Vielleicht um die Mitte des 12. Jh. wurde das Heiligengrab in einen eigens dafür errichteten Westchor (Stifterchor), die so genannte Otmarskirche, verlegt. Vermutlich wurde in diesem Zusammenhang der ursprüngliche Westbau in die Stifterchoranlage einbezogen, indem das ehemalige Obergeschoss dem Stifterchor zugeschlagen und das Erdgeschoss zu einer dreischiffigen Halle ausgebaut wurde.

Der Klosterplan von St. Gallen

"Der St. Gallener Klosterplan gilt als Idealplan eines Klosters nach der Regel des hl. Benedikt von Nursia (um 480-547). Er wurde im Kloster auf der Reichenau gezeichnet und dem St. Gallener Abt Gozbert (816-37) gewidmet ... JACOBSEN datiert dagegen den Plan erst in die Zeit kurz vor 830." [IMHOF/WINTERER, 225]

Nun dürfte aus meinen vorigen Ausführungen klar sein, das der Plan keinesfalls im 9. Jh. erstellt worden sein kann.

Bezugnehmend auf JACOBSEN sehen IMHOF/WINTERER in dem Plan einen "Diskussionsvorschlag für die Neu- und Umgestaltung der St. Galler Klosteranlage und insbesondere der neuen St. Galler Abteikirche" [ebd. 226]. Dem stimme ich durchaus zu. Der Plan diente offenbar als Bauvorschlag für den so genannten Gozbert-Bau. Den Baubeginn des Gozbert-Baus datiere ich um 1080/1100, d. h. dass auch der Plan in diese Zeit gehört.

Die Umsetzung folgte jedoch nicht konsequent dem Bauvorschlag. Die größte Ähnlichkeit ist im Osten vorhanden, auch wenn auf das Querhaus verzichtet wurde und der Chor entgegen dem Plan dreischiffig errichtet wurde, wobei die Mittelschiffswände - zumindest im Osten - offenbar geschlossen waren. So ist die eingezeichnete

Winkelgangkrypta fast mit der ergrabenen Anlage identisch (bis auf die östliche Nische). Ob das Mittelschiff in einer Ostapsis endete - wie der Plan angibt -, konnte bei den Grabungen nicht erkundet werden. Die Ausgräber nahmen einen geraden Schluss an, da sie die östliche Nische als Fenster interpretierten. Ich habe diese Interpretation angezweifelt, indem ich in der Nische eher ein Altarstelle sehe, ggf. später hergestellt. Damit könnte die Frage der Ostapsis wieder aktuell sein, was die Übereinstimmung mit dem Plan erhöhen würde.

Im westlichen Bereich konnte dem Plan nicht mehr gefolgt werden, da man sich entschloss, den alten Westbau (Helmhaus) in den Neubau einzubeziehen.

Literatur

Jacobsen, Werner / Schaefer, Leo / Sennhauser, Hans Rudolf (1991): Vorromanische Kirchenbauten. Katalog der Denkmäler bis zum Ausgang der Ottonen. Nachtragsband., München

Jacobsen, Werner (1992): Die von Abt Gozbert errichtete Abteikirche St. Maria und Gallus in St. Gallen (830-835). In: Der Klosterplan von St. Gallen und die karolingische Architektur. 7. Exkurs, Berlin, 176-185

Meisegeier, Michael (2019): Frühe Kirchenbauten in Mitteldeutschland. Alternative Rekonstruktionen der Baugeschichten. 2. überarbeitete und ergänzte Auflage. BoD Norderstedt

Oswald, Friedrich / Schaefer, Leo / Sennhauser, Hans Rudolf (1990): Vorromanische Kirchenbauten. Katalog der Denkmäler bis zum Ausgang der Ottonen, München (unveränderter Nachdruck der Ausgabe von 1966-1971)

St. Maurice d'Agaune - eine 500 Jahre zu lange Klostergeschichte

Im Jahr 2015 feierte die Abtei Saint-Maurice, im schweizerischen Wallis gelegen, ihren 1500. Geburtstag. Sie gilt als ältestes Kloster des Abendlandes, das ohne Unterbrechung bis heute besteht.

Im Jahr 515 soll König Sigismund von Burgund über der Grabstätte des hl. Mauritius und seiner Gefährten die Abtei Saint-Maurice d'Agaune gegründet haben. So die Legende. Wikipedia (Mauritius): "Die älteste bekannte Überlieferung der Legende stammt von Eucherius, der zwischen 428 und 450 in Lyon als Bischof wirkte. Dieser habe sich auf mündliche Berichte von Gewährsleuten gestützt, die ihrerseits die Geschichte von Bischof Isaak von Genf erfahren hätten. Der Bericht stammt also (mindestens) aus dritter Hand. ... Die Reliquien der Thebäer wurden vom Bischof von Octodurum, dem später heiliggesprochenen Theodorus, in Agaunum aufgefunden, dem heutigen St-Maurice im Wallis in der Schweiz. Er setzte sie zwischen 386 und 392 in der Cour du Martolet wieder bei und erbaute an dem Ort eine Grabkirche *(basilica)*."

Die erste Nachricht über Auffindung der Märtyrer von Agaunum und Errichtung einer Basilika durch Bischof Theodor von Octodurus / Martigny gibt es in einem Brief des Eucherius von Lyon (†449) an Salvius. Eucherius hatte die Nachrichten von Bischof Isaak von Genf (381 erwähnt) erhalten. Gegen 480 soll eine Überschwemmung das Grab des hl. Innocentius freigelegt haben, der danach *infra ambitum basilicae* beigesetzt wurde. Bei den Gräbern soll sich eine Eremitengemeinschaft gebildet haben. [OSWALD/SCHAEFER/SENNHAUSER, 297ff]

Weiter die Überlieferung:
Unter dem zweiten Abt Ambrosius (516-520) erfolgte der Bau einer neuen, vom Felsen abgerückten Basilika. Diese wird

durch einen Brand 523 beschädigt, durch langobardische Truppen 574 in Mitleidenschaft gezogen und dann gegen 580 erneuert. Nach später Tradition erfolgte gegen 787 der Neubau unter Abt-Bischof Altheus, angeblich ein Verwandter Karls des Großen. Im 9. Jh. soll Saint-Maurice vorübergehend Chorherrenstift gewesen sein. Nach 937 Zerstörung durch die Sarazenen. Nach der Tradition erfolgte die Wiederherstellung unter Abt Burkard I. (1001-1030/31).

Ausgrabungen von 1898-1920 und 1944-45 sowie neuere Untersuchungen 1994-1996 sowie 2001-2006 deckten umfangreiche archäologische Zeugnisse auf, die die o. a. Legende zu bestätigen scheinen. So wenigstens die "Experten".
2013 wurden bei der Instandsetzung der Avenue d'Agaune die Reste einer weiteren Kirche sowie eines großen Saals entdeckt.

Nunmehr ergibt sich folgende Situation: Neben der eigentlichen Märtyrerkirche, der so genannten Martolet-Kirche, einschließlich ihrer Vorgängerbauten gab es in unmittelbarer Nähe dieser eine östlich auf derselben Achse liegende weitere Kirche, die so genannte Parvis-Kirche, ein südöstlich der Märtyrerkirche liegendes so genanntes Baptisterium sowie ein östlich davon gelegener Saalbau mit einer Westapsis.
Auffällig die völlig abweichende Ausrichtung des so genannten Baptisteriums und seiner angrenzenden Baureste.

Der Standort der so genannten Märtyrerkirche befand sich nah an der überhängenden Felswand auf einer ehemaligen römischen Nekropole, die sich entlang der Felswand erstreckte.
Die freigelegten Fundamente der übereinander liegenden Bauten sind heute zu besichtigen.

A Eglise du Martolet
B Eglise du Parvis
C Baptistère
D Aula de abbé · evêque
E Couloirs funéraires et de procession

Saint-Maurice d'Agaune – archaeological excavations 2013
[www.medieval.eu/archaeological-excavations-saint-maurice/]

Bisherige Rekonstruktionen

Die etwas ältere Literatur wie OSWALD/SCHAEFER/ SENNHAUSER befasst sich zwar mit der Märtyrerkirche sowie dem Baptisterium, kennt aber die erst später ergrabene zweite Kirche und den Saalbau nicht.
MARIAUX, 2016 erschienen, erwähnt die neuen Funde zwar, bewertet sie jedoch nicht im Zusammenhang mit der Baugeschichte.

SENNHAUSER [OSWALD/SCHAEFER/SENNHAUSER, 297ff] sieht bis Mitte des 10. Jh. für die Märtyrerkirche fünf Bauphasen. Offenbar bezieht er sich hauptsächlich auf die

Interpretation der Grabungsergebnisse durch BLONDEL, der 1944/46 ergänzende Grabungen vorgenommen hatte.

Die einzelnen Bauphasen der *Märtyrerkirche* nach SENNHAUSER:

Bau I:
Unter überhängendem Felsen Rechtecksaal über den zwei größten von sechs gemauerten Grabgrüften (*formae*) errichtet. Entlang des Felsens, aus dem eine Bank herausgearbeitet war, führte ein Gang von Westen her in die Kapelle. Heutiger Bestand und Dokumentation erlauben kein Urteil.
Datierung: vor Ende 4. Jh., um 360/70 durch Bischof Theodor errichtet.

Bau II:
Kurzer Saal mit dreiseitigem Schluss. Dem Felsen entlang an die Breitseite von Bau I gebaut. Bisherige Kapelle nun Vorraum, vom Neubau abgetrennt durch Säulenstellung. Niveau ca. 0,80 m unter dem von Bau I. Altar an der Ostwand. Südwand mit Lisenen gegliedert. Chor im 14./15. Jh. neu gebaut. Niveau damals dem Vorraum angeglichen.
Das Diversorium (Hospiz) bestand bis zum Neubau des 6. Jh. (unklar!)
Datierung: 1. H. 5. Jh.

Bau III:
Querschifflose dreischiffige Basilika mit Apsis. Langhaus verbreitert sich nach Osten. Im Westen Vorhalle. Südmauer und Apsis außen mit Lisenengliederung. Apsis tief gestelzt. Im Osten vor den Seitenschiffen langrechteckige Kammern (Sakristei). Unter dem Altar vermutlich Confessio-Anlage.
Zugang zur Kirche vom im Osten gelegenen Dorf durch zwei parallele Korridore entlang der Kirchensüdmauer. Der südliche Korridor durch römische Torbögen abgeschlossen. Von seinem Westende führt ein geschlossenes Treppenhaus zum Eingang der Kirche am Nordende des Narthex. Der nördliche Gang (gleichzeitig?) steigt kontinuierlich von Osten nach Westen bis auf das Niveau des Kirchenschiffs an. Er ist

überwölbt und durch kleine Fenster zum südlichen Korridor belichtet. Vor der Südwand gemauerte Bank. Er führt durch eine Tür direkt in den Narthex. Der Gang diente als Grablege. Zugangskorridor zu Bau I entlang dem Felsen zu Begräbniskapelle mit flacher Apsis umgestaltet. Evtl. im Winkel zwischen Vorraum (Bau I) und Südmauer von Bau II Baptisterium.
Datierung: unter Abt Ambrosius (516-520)

Bau IIIa:
Verlängerung der Kirche nach Osten um ein Binnenquerschiff, gestelzte, innen halbrunde, außen polygonale Apsis. Apsis mehrere Stufen über Schiff erhöht, darunter Untergeschoss, das nicht als Krypta ausgebaut war.
Confessio-Anlage Bau III wird gewölbt und als Krypta ausgebaut.
Datierung: Nach Zerstörung durch Langobarden im Jahr 574

Bau IV:
Dreischiffige Basilika mit Ostapsis und Ringkrypta. Langhaus mit 7 Jochen. Neue, nach Osten gerückte Apsis mit Kalotte, innen gestelzt halbrund, außen polygonal mit Streben. Ringkrypta mit Zentralstollen vor Heiligengrab (Innocentius), zugänglich zunächst aus dem südlichen Korridor, später direkt aus dem Seitenschiff. Kryptengang mündet im Norden in die Märtyrerkapelle. Über dem nun gewölbten unteren Gang wird das südliche Seitenschiff angelegt.

Bau IVa:
Westapsis auf rechteckigem Sockel, polygonaler Aufbau mit Streben, innen gestelzt halbrund. Apsis mit weiter Arkade zum Schiff (Binnenquerschiff?) geöffnet. Anlage der Westapsis über Märtyrergrab des hl. Mauritius errichtet, das bisher außerhalb der Kirche gelegen hat. Ringkrypta zugänglich aus dem eingewölbten südlichen Korridor. Sie folgt der inneren Apsisrundung, führt am Stollen mit Arkosolium und gegenüberliegender Altarnische vorbei und mündet im Norden über Treppen in einen quadratischen Raum, von dem aus das nördliche Seitenschiff und der schmale Gang zwischen Kirche

und Felsen zu erreichen sind. Aufgang in den Westchor über zwei seitliche Treppen vom Querschiff aus.
Datierung: Baubeginn unter Abt Willicar (762-782), zweite Etappe (IVa) unter Abt Altheus gegen 787.

Bau V:
Aufgabe der Ostkrypta, vielleicht als Confessio weiterbestehend. Absenkung des Chors auf 2-3 Stufen über Langhausniveau. Ostapsis neu aufgeführt mit schwächeren Mauern. An die polygonale Außenwand Anbau von drei Kapellen. Chorumgang aus dünneren Mauern erschlossen, aber nicht zwingend. Evtl. außen Strebepfeiler.
Datierung: nach Verwüstungen um 920/40. Mitte 10. Jh.

Baptisterium nach SENNHAUSER:

Bau I:
Umgangsbaptisterium. Kernbau mit quadratischem Grundriss. Dreiseitig von Galerie umzogen (0,50 m unter Baptisteriumboden). Schmaler Vorplatz auf Südseite. Nördlicher Umgangsarm auf Osttor des die Basiliken begleitenden Gangs ausgerichtet. Taufbecken im Zentrum des Taufhauses in rundem Mauerklotz (Ziborium?). Rundes Ablaufloch im Südteil des Beckens.
Datierung: 2. H. 6. Jh.

Bau Ia:
Anbau einer Apsis, gerade hintermauerte, hufeisenförmig gestelzte Rundung. Kein Altar nachgewiesen. Verkleinerung des Taufbeckens.
Datierung: nach Mauerwerk und Apsisform 8./9. Jh., über röm. Bauresten, in Gräberfeld (seit 5. Jh. belegt)

Nach MARIAUX [5] entwickelte sich die Nekropole rund um ein besonderes Grab. Im 2. Viertel des 4. Jh. wurde ein Mausoleum über diesem Grab errichtet.

Erste Basilika um 380 durch Bischof Theodor zu Ehren der thebäischen Märtyrer. Um das Gebäude führte im Süden ein gedeckter Zugang, der im Westen ein paar Stufen aufwies

Zweite größere Kirche folgte nur kurze Zeit später. Der Zugang, der eine Zeit lang als Grabraum diente, wurde durch eine gewölbte, schräge Rampe ersetzt, die an ihrer Südseite mit Steinbänken ausgestattet war.

Gründung des Klosters 515. Im frühen 6. Jh. wurde die Apsis dieser Kirche durch ein größeres Chorhaupt ersetzt.

Ende des 6. Jh. errichtete man auf einem Grundriss, der jenem des Vorgängerbaus glich, eine wiederum größere, vierte Kirche.

Zudem erneuerte man den gewölbten Zugang - den heutigen Katakombengang -,der durch schmale Fenster eine schwache Belichtung erhielt; im Osten wurde er durch ein wiederverwendetes römisches Portal geöffnet, im Westen durch einen Bogen abgeschlossen, dessen profilierte Blöcke von verschiedenen antiken Bauten stammten.

Um 775 erhielt das Chorhaupt eine halbrunde Umgangskrypta, in der das Reliquiengrab des hl. Mauritius Aufstellung fand.

Hundert Jahre später wurde bei einem Neubau die Ausrichtung des Baus umgekehrt, um das Schiff zu verlängern und zu verbreitern und den Zugang für die Gläubigen zu erleichtern: Die ehemalige Apsis diente nun als Eingangshalle, während am westlichen Ende ein neuer Hochchor über einer Umgangskrypta entstand.

Im 12. Jh. Errichtung des Ostturmes.

Im Gegensatz zu SENNHAUSER sieht MARIAUX die beiden ersten Kirchen bereits Ende des 4./Anfang des 5. Jh. Bei SENNHAUSER startet der Kirchenbau insgesamt erst im 6. Jh.

Abweichend hält MARIAUX die Ringkrypten generell dem Grab des hl. Mauritius zugehörig, d. h. mit Anordnung der Ringkrypta im Westen wurde nach ihm das Grab umverlegt. Der hl. Innocentius wird von MARIAUX nicht erwähnt.

Darüber hinaus erwähnt MARIAUX die erst später ergrabene so genannte Parvis-Kirche, ohne sie jedoch im direkten Zusammenhang mit der so genannten Martolet-Kirche zu bringen. Er sieht diese offensichtlich als Bestandteil eines "Heiligtums von Agaune", zu dem neben der Martolet-Kirche das im Osten in derselben Achse wie die Märtyrerkirche gelegene weitere Grabkirche von ähnlicher Größe (Parvis-Kirche) und im Süden eine auf das Baptisterium ausgerichtete Aula, die wohl zum Abtspalast gehörte und als Versammlungsraum diente, gehörten. Dieser Saal wies im Westen einen besonderen Raumteil mit einem Podium auf, der etwas später durch eine Apsis erweitert wurde.

Alternative Rekonstruktion

Die Auffindung der Reliquien und die Kirchengründung ist eindeutig eine fromme Legende und von Anfang bis Ende konstruiert. Nach dem Ende des Burgunderreichs am Rhein (trad. 436) wurden die Burgunder trad. 443 als *foederati* in der heutigen Westschweiz angesiedelt. Mit ihrer späteren Reichsgründung kamen sie in Konflikt mit den Merowingern. Ihr erster König soll Gundobad (trad. 480-516) gewesen sein. Nach seinem Tod 516 soll er das Reich an seinen Sohn Sigismund vererbt haben.

Das Königreich Burgund wurde trad. 534 von den Merowingern beseitigt und dem Merowingerreich eingegliedert (Das Königreich Burgund wurde unter den drei regierenden fränkischen Königen Chlothar I., seinem Bruder Childebert I. und beider Neffen Theudebert I. aufgeteilt. Nachdem Theudeberts Sohn und Childebert ohne männliche Nachkommen starben, fiel das Gesamtreich einschließlich Burgund 558 an Chlothar I. Erst nach seinem Tod bei der Aufteilung des Reichs unter seinen Söhnen entstand das fränkische Teilreich Burgund neu, das sein Sohn Guntram I. bis 592 regierte. Seit der Alleinherrschaft von Dagobert I. verblieb Burgund im Teilreich Neustrien, behielt aber seine Eigenständigkeit.).

Sigismund geriet in Geißelhaft der Franken und wurde 524 durch den Frankenkönig Chlodomer getötet. Im folgte auf den Thron des Burgunderreichs Godomar II., ein weiterer Sohn Gundobads.

Die Erhebung des Katholizismus zur Reichsreligion und die Begründung der römischen Reichskirche und damit der Beginn des monumentalen Kirchenbaus erfolgte erst unter dem oströmischen Kaiser Justinian I. (trad. 527-565). In der Nachfolge wurden die fränkische als auch die sächsische Landeskirchen begründet.
Damit ist eine Klostergründung durch Sigismund 515 schlicht unmöglich.

Die vorgenannten Datierungen sind sämtlich spätantik und müssen korrigiert werden.

Zur besseren Einordnung in den historischen Kontext habe ich generell die Umrechnung in die heutige gültige Zeitrechnung (u. Z.) vorgenommen, obwohl nach meinem Korrekturvorschlag (siehe [MEISEGEIER 2017, 15]) die spätantiken Jahreszahlen vor 522 eigentlich in die weströmische/antike Zeitrechnung zu korrigieren sind. Die richtige weströmische/antike Datierung ist in Klammern angegeben.

So ergeben sich folgende neue Datierungen:
854 (152)   Ende des Burgunderreiches am Rhein
861 (159)   Ansiedlung der Burgunder in der Westschweiz
898-934 (196-232) König Gundobad
934-942   König Sigismund
942-952   König Godomar II.
952   Beseitigung des Königreichs Burgund durch
         die Merowinger
945-983   Kaiser Justinian I.

Zu beachten wäre noch, dass in das o. a. Zeitfenster die globale Naturkatastrophe von 940 fällt, die ich für eine überregionale Überschwemmungskatastrophe ansehe. Die unmittelbare Nähe zum Oberlauf der Rhone in St. Maurice macht ein Zerstörungspotential durchaus wahrscheinlich, zumal der Ort unmittelbar vor dem Engpass zum oberen Rhonetal liegt.

Da der Aufbau der römischen Reichskirche eher an das Ende als am Anfang der Herrschaft Justinians I. einzuordnen ist, dürften die fränkische und sächsische Landeskirchen kaum vor der Jahrtausendwende begründet worden sein. Damit ist der Beginn des Kirchenbaus im Frankenreich bzw. in Sachsen kaum vor dem Jahr 1000 anzusetzen. Da sämtliche bisherigen Rekonstruktionen vor diesem *terminus post quem* eingeordnet sind, ist eine Neubetrachtung zwingend erforderlich.

Mit der Merowingerherrschaft im Wallis kam St. Maurice kirchenpolitisch zur fränkischen Landeskirche. Die Kirchenorganisation des Frankenreichs war das Eigenkirchenwesen, d. h. jeder Grundherr durfte auf seinem Grund eine Kirche errichten. Die Einnahmen kamen dem Eigenkirchenherrn zu.

Die Märtyrerkirche wurde auf einem teils natürlichen und teils neu geschaffenen Plateau nah an der überhängenden Felswand auf einer ehemaligen römischen Nekropole errichtet, die sich unterhalb dieser Felswand erstreckte. Diese gehörte zum römischen Agaunum, ursprünglich einem römischen Militärposten und einer Zollstation, um die sich eine römische Siedlung entwickelte.

Die Ausrichtung der Nekropole und der späteren Kirche folgt der Lage der Felswand. Das Gelände der ehemaligen Nekropole fiel ursprünglich stark nach Süden/Südosten ab und wurde im Süden durch den südlichen der beiden von SENNHAUSER beschriebenen Korridore (heutiger Katakombengang) begrenzt.
Ich halte den südlichen Korridor sowie das von SENNHAUSER erwähnte, angeblich geschlossene Treppenhaus für antik und zur ehemaligen Nekropole zugehörig. Der östliche Torbogen war vielleicht der Eingang

zur Nekropole. Der westliche Torbogen, zusammengesetzt aus Blöcken verschiedener antiker Bauten, wurde vermutlich erst nach der Katastrophe errichtet.

Ich denke, dass sowohl der Korridor als auch das Treppenhaus ursprünglich noch nicht überwölbt waren, sondern offene Zuwegungen zur Nekropole, wobei der südliche "Korridor" die Nekropole südlich begrenzte. Das sogenannte Treppenhaus war m. E. der ehemalige Aufgang zu den höher gelegenen Bereichen der Nekropole.

Die Überwölbungen des südlichen Korridors und des Treppenhauses erfolgten erst im Zuge der späteren Überbauung.

Vermutlich wurde die Nekropole um 940 durch die Naturkatastrophe weitgehend zerstört und war seitdem nicht mehr als Friedhof genutzt.

Die von SENNHAUSER als Bau I und II bezeichneten Bauten sind m. E. ursprünglich keine Kirchenbauten. Bau I wird von ihm als Kapelle interpretiert. Dieser Bau wurde über zwei antiken Gräbern errichtet. Ich halte diesen rechteckigen Raum nicht für eine Kapelle, sondern für einen antiken Grabbau, möglicherweise wiedererrichtet nach der Katastrophe. Bau II war ein Anbau an Bau I., ursprünglich sicher nur eine Erweiterung des Grabbaus, vielleicht ein Raum zur Abhaltung des Totengedächtnisses. Eine spätere Nutzung als Kapelle ist denkbar. Im 14./15. Jh. erhielt dieser Raum einen dreiseitigen Ostschluss.

Die erste so genannte Martoletkirche, bei SENNHAUSER Bau III, wurde mitten in der durch die globale Naturkatastrophe vermutlich stark in Mitleidenschaft gezogenen, römischen Nekropole errichtet. Die Frage ergibt sich, wieso?

Ich stelle mir folgendes Szenario vor:

Bau A1:
Der Grundherr der benachbarten Siedlung, dessen Familie dort vielleicht seit langer Zeit in einem römischen Grabbau

bestattet war, wollte die Erinnerung an seine Verstorbenen wachhalten und errichtete jetzt eine Eigenkirche an der Stelle des ehemaligen Familien-Grabbaus (Bau A1). Diese Kirche sollte der Familie des Grundherrn als Gotteshaus und als Familiengrab- und -gedächtnisstätte dienen.

Damit komme ich der Argumentation von MARIAUX nahe, der annimmt, dass die Verehrung eines besonderen Grabes Veranlassung für den Kirchenbau war. MARIAUX hat dabei offensichtlich nicht das Grab des hl. Mauritius im Sinn. Er lässt sich darüber nicht weiter aus. Das kann es auch nicht gewesen sein, sonst hätte man die Kirche gleich über dem Grab des Märtyrers errichtet, wie z. B. Alt-St.Peter über dem vermeintlichen Grab des Petrus oder St. Paul vor den Mauern über dem vermeintlichen Grab des hl. Paulus.

Möglicherweise wählte er für seine Eigenkirche auch nur einen erhöhten Standort, um bei einer erneuten Flutkatastrophe besser geschützt zu sein. Vielleicht bot sich der erhöhte Bereich der Nekropole an, weil dort die römischen Grabbauten die große Naturkatastrophe relativ unbeschädigt überstanden hatten. Mehr als Vermutungen bleiben uns leider nicht. Die tatsächliche Gründungsgeschichte wurde durch die Legende um die Thebäische Legion komplett überdeckt.

Offenbar wurde die Kirche, vermutlich eine Saalkirche mit Apsis im Osten und evtl. Narthex im Westen, so angeordnet, dass die antike Treppenanlage der Nekropole von der noch intakten antiken Römerstraße hangaufwärts unmittelbar als Zugang zum Westeingang genutzt werden konnte. Für die Kirche schuf er ein Plateau innerhalb der ehemaligen Nekropole, dem die dort befindlichen Gräber zum Opfer fielen.

Für eine Dreischiffigkeit dieser Kirche, wie sie SENNHAUSER rekonstruiert, scheint es keine Belege zu geben, zumindest zeigt die vor Ort präsentierte Rekonstruktion nur einen Saalbau. Nördlich und südlich der tiefgestelzten Apsis, in Verlängerung der Seitenschiffe offenbar nachträglich angebaute, längsrechteckige Nebenräume.

Durch die Hanglage musste die Kirchensüdwand relativ tief gegründet werden. Der schmale Zwischenraum zwischen der

Kirchensüdwand und der antiken Straße, der sogenannte "nördliche Korridor", ergab sich damit zwangsläufig. Dass dieser Zwischenraum von Anfang an als zweiter Zugang genutzt wurde, würde ich anzweifeln. Wahrscheinlich blieben beim Bau der ersten Kirche die antike Straße und der Treppenaufgang auf die Nekropole noch unberührt (abgesehen von notwendigen Reparaturen infolge der Naturkatastrophe).

Den Kapellenbau in dem verbliebenen schmalen Zwischenraum nördlich der Kirche entlang der Felswand datiere ich später.

Die von SENNHAUSER (nach BLONDEL) unter dem Altar vermutete unzugängliche Confessio-Anlage unklar. Sie würde ein Bodengrab mit Reliquien voraussetzen, was ich für die erste Kirche eher bezweifle.

Diese Kirche kannte m. E. den Mauritiuskult noch nicht. Ich datiere diesen Bau nach der Mitte des 11. Jh.

Bau B:

Parallel oder nur wenig später ließ der Grundherr für die seelsorgerischen Aufgaben von Gläubigen außerhalb seiner Familie, auf deren Einnahmen der Grundherr selbstverständlich nicht verzichten konnte, eine östlich auf derselben Achse liegende weitere Kirche, auch eine Saalkirche mit östlicher Apsis, die so genannte Parvis-Kirche errichten (Bau B). Auch diese Kirche datiere ich in die 2. Hälfte des 11. Jh.

Bau A2:

Der auf der Nekropole errichtete Bau A1 wurde nach Osten und vermutlich bereits jetzt auch nach Süden erweitert. SENNHAUSER spricht von der Erweiterung durch ein Binnenquerschiff, was im Zusammenhang mit der neuen Funktion (siehe unten) nicht unplausibel ist. Der Bau erhielt eine neue, größere, außen polygonale Ostapsis. Der Apsisbereich war vermutlich erhöht. Darunter soll sich nach BLONDEL ein nicht zur Krypta ausgebautes Untergeschoss befunden haben.

Die Erweiterung nach Süden wurde durch Überbauung des Zwischenraumes zwischen der Südwand Bau A1 und der nördlichen Begrenzung der antiken Straße, welche zunächst beibehalten wurde. Der Zwischenraum wurde nicht verfüllt sondern überwölbt und erhält jetzt die Rampe zum Westeingang und die an der Südwand festgestellte Steinbank. An der Stelle der ehemaligen Südwand wurden die Arkaden errichtet, die die Erweiterung als Südseitenschiff abtrennten. Ob eine nördliche Arkadenwand existierte und damit wirklich eine dreischiffige Anlage vorlag, wie SENNHAUSER annahm, muss hier offen bleiben. SENNHAUSER hatte bereits für den ersten Bau abweichend eine dreischiffige Basilika rekonstruiert. SENNHAUSER sieht die Überbauung des Zwischenraums zwischen der Südwand von Bau A1 erst später, d. h. im Zusammenhang mit dem Nachfolgebau von Bau A2. Dagegen sprechen aber die Fenster in der Südwand des durch die Überbauung entstandenen Gangs, da beim Nachfolgebau auch die antike Straße überbaut wurde und die Fenster damit in den ebenfalls dunklen so genannten Katakombengang öffneten - eine sicher sinnwidrige Lösung.

Dass in dieser Phase die von SENNHAUSER vermutete Confessio-Anlage des Baus A1 zu einer Krypta umgebaut wurde, erachte ich eher für problematisch.

Diese erhebliche Erweiterung der Kirche sehe ich im Zusammenhang mit der Umwandlung der Kirche zu einem Kloster. Möglicherweise erfolgte die Ansiedlung der Mönche noch durch den Eigenkirchenherrn, der damit seine Gründung weiter stärken wollte. Vielleicht nutzte er seine jüngere Gründung, die so genannte Parvis-Kirche, für seine privaten Belange und als Familiengrablege. Vielleicht wurde die so genannte Parvis-Kirche als Ausweichobjekt für den Eigenkirchenherrn auch jetzt erst erbaut. Möglicherweise wurden die Familien-Bestattungen in diese umverlegt. Im Grundriss sind mehrere Bestattungen im nördlichen Bereich des Langhauses eingetragen.

Die Klostergründung sehe ich im ausgehenden 11. Jh.

Bemerkenswert ist, dass bis zu diesem Zeitpunkt im Zusammenhang mit dem Kirchenbau vom Grab des hl.

Mauritius keine Rede ist. Dieses so genannte Mauritius-Martyrion (eine rechteckige Grabkammer mit Arkosolgrab) soll damals außerhalb der Kirche gelegen haben. Ich halte das so genannte Mauritius-Martyrion einfach für eine antike Grabkammer mit einem antiken Arkosolgrab. Irgendwelche Hinweise, dass diese Grabstätte Mauritius zugeordnet werden kann, gibt es nicht.

Bau A3:
Vermutlich nur wenig später erfolgte ein erneuter Umbau, der fast einem Neubau glich. Mit diesem Neubau wurde der Bau sowohl nach Osten, nach Westen als auch nach Süden erweitert. Die westliche Erweiterung überbaute den antiken Treppenaufgang. Abweichend von SENNHAUSER dürfte dieser Bau keine doppelchörige Anlage gewesen sein. Ich sehe die Errichtung des Westchores erst später, wobei ich MARIAUX folge.
Die südliche Erweiterung überbaute die ehemals antike Straße, womit der heute noch zu begehende Katakombengang entstand. Auf der Nordwand des Katakombengangs wurde die südliche Mittelschiffs-arkadenwand errichtet. Der Katakombengang lag damit unter dem neuen Südseitenschiff.
Damit verschob sich die Kirchenachse nach Süden. Im Osten wurde eine größere, wieder außen polygonale Ostapsis mit Streben errichtet, die entsprechend der neuen Achslage nach Süden gerückt ist. Diese erhielt eine Ringkrypta mit innenliegendem Umgang und Zentralstollen zu einem Heiligengrab. Der Zugang zur Krypta erfolgte auf der Südseite vom so genannten Katakombengang, später direkt aus dem Seitenschiff. Der Kryptenumgang mündete im Norden in die so genannte Märtyrerkapelle, ein später umgebauter antiker Grabbau der ehemaligen römischen Nekropole (Bau II bei SENNHAUSER).

Die Ringkrypta könnte für die Präsentation des Grabes des hl. Innocentius, des Gefährten des hl. Mauritius, errichtet worden sein. Ich denke, dass zu dieser Zeit die Legende um den Märtyrertod der Thebäischen Legion geformt wurde.

276

MARIAUX negiert offenbar die Verehrung des Innocentius in St. Maurice, zumindest erwähnt er diesen nicht. Er sieht die östliche Ringkrypta als ersten Präsentationsort der Reliquien des hl. Mauritius, der später im Zusammenhang mit der Errichtung des Westchors nach Westen verlegt wurde. Damit hätte es jedoch keine Notwendigkeit gegeben, im Westen ein bestimmtes Grab zum Zentrum des Westchors werden zu lassen. Mit der Umverlegung hätte man durchaus eine neue Ringkrypta errichten können, womit die Verziehung der Kirchenachse bei Bau A4 vermieden werden konnte.

Ich datiere diesen Umbau um 1100 bzw. in den Anfang des 12. Jh.

Bau A4:

Offensichtlich hatte die Wirkung der Innocentius-Reliquien nur geringe Wirkung, vielleicht war auch die PR-Kampagne nicht ausreichend. Nun war Innocentius nur ein einfacher Soldat in der Thebäischen Legion. Eine Steigerung war durchaus drin. Jetzt trumpfte man mit dem Anführer der Thebäischen Legion, dem hl. Mauritius.

Bemerkenswert erscheint mir, dass bis zu diesem Zeitpunkt im Zusammenhang mit dem Kirchenbau vom Grab des hl. Mauritius keine Rede war.

Das angebliche Mauritiusgrab, das so genannte Mauritius-Martyrion (eine rechteckige Grabkammer mit Arkosolgrab), soll zu dieser Zeit noch außerhalb des Kirchengrundrisses gelegen haben und zwar westlich der Kirche. Ich sehe in dem so genannten Mauritius-Martyrion einfach eine antike Grabkammer mit einem antiken Arkosolgrab - in einer römischen Nekropole sicher keine überraschende Entdeckung. (Offenbar hat man damals ein vorhandenes antikes Grab zur Grabstätte des Mauritius erklärt. Es war sicher nicht schwer, auf der römischen Nekropole ein antikes Grab zu finden, das für den "heiligen Zweck" geeignet war.)

Man entschied sich für einen nochmaligen Umbau der Kirche durch eine Erweiterung nach Westen. Die Erweiterung beabsichtigte, das vermeintliche Mauritiusgrab in den Kirchenbau einzubeziehen. Man errichtet über dem angeblichen Mauritiusgrab eine neue Westapsis, wie die

Ostapsis außen polygonal mit Streben. Auf die Verwendung eines vorhandenen Grabes weist auch der Versatz der Westapsis, die gegenüber der eigentlichen Kirchenachse nach Süden verschoben ist, weswegen es zu dem eigenartig verzogenen Grundriss kam.

Zur Präsentation der Heiligenreliquien wurde wieder eine Ringkrypta errichtet. Der Zentralstollen führt auf das antike Arkosolium, das angebliche Grab des hl. Mauritius. Das Arkosolgrab wurde das Zentrum der Ringkrypta der neuen Westapsis.

Der Zugang zur Rindkrypta erfolgte von Süden aus dem südlichen überwölbten Korridor (Katakombengang), von Norden über einen Treppenabgang aus dem nördlichen Seitenschiff.

Mit diesem Umbau wurde der Bau doppelchörig.

Datieren möchte ich diesen Umbau in die 1. Hälfte des 12. Jh.

Bau A4a:

SENNHAUSER sieht danach noch einen weiteren Umbau, jedoch nur der Ostapsis. Diese erhielt jetzt einen Chorumgang mit Kapellenkranz. Die Ostkrypta wurde in diesem Zusammenhang aufgegeben. Ich sehe diese Baumaßnahme ebenfalls in der 1. Hälfte des 12. Jh., möglicherweise im Zusammenhang mit der Besetzung des Konvents mit Augustiner-Chorherren (1128). Für 1148 ist eine Weihe überliefert.

Bau A5:

Unter Abt Rudolf (1153-1169) soll der Bau des Ostturmes erfolgt sein. In diesem Zusammenhang wurde die Ostapsis inklusive dem erst kurz zuvor errichteten Chorumgang mit Kapellenkranz niedergelegt. Der Bau wurde nach Westen erweitert und der mittige Turm als Haupteingang in die Kirche errichtet.

Der Bau erscheint jetzt als gewestete Kirche.

Die im Osten in der Abteiwand zu sehenden Pfeilerarkaden der südlichen Mittelschiffswand gehörten zu diesem Bau.

Ob vielleicht die überlieferte Weihe von 1196 zu diesem Bau gehört, muss hier offen bleiben.

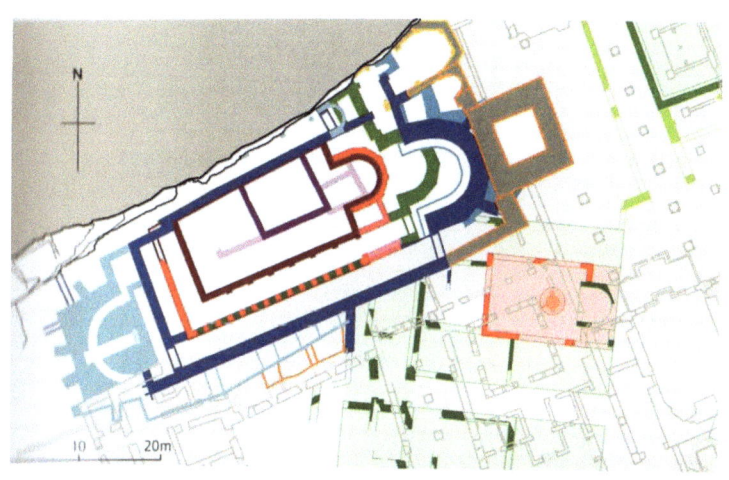

Grundriss aus [MARIAUX, 5]

Legende:

dunkelbraun	Bau A1	1. H. 11. Jh.
grün	Bau A2	nach Mitte 11. Jh.
dunkelblau	Bau A3	Ende 11. Jh.
hellblau	Bau A4	um 1100/ A. 12. Jh.
mittelblau	Bau A4a	1. H. 12. Jh.
graubraun	Bau A5	Mitte - Ende 12. Jh.

Zu beachten ist, dass mit dem Ende der Merowingerherrschaft (1057 - Tod König Dagobert I.) das Oberhaupt der fränkischen Landeskirche weggefallen war. In diese "Lücke" zwängte sich nun sukzessive die römische Kirche. Auch St. Maurice dürfte damit in die Obhut der römischen Kirche gelangt sein. Ich sehe diesen Übergang im ausgehenden 11. Jh., vielleicht im Zusammenhang mit der Klostergründung.
Die Vergabe der Mauritius-Reliquien z. B. an den Erzbischof von Magdeburg für dessen Dombau erfolgte mit Sicherheit durch das Papsttum, das offensichtlich die Verfügungsgewalt über diese hatte.

Baptisterium

SENNHAUSER sieht zwei Bauphasen:
Bau I:
Umgangsbaptisterium. Kernbau mit quadratischem Grundriss. Dreiseitig von Galerie umzogen (0,50 m unter Baptisteriumboden). Schmaler Vorplatz auf Südseite. Nördlicher Umgangsarm auf Osttor des die Basiliken begleitenden Gangs ausgerichtet. Taufbecken im Zentrum des Taufhauses in rundem Mauerklotz (Ziborium?). Rundes Ablaufloch im Südteil des Beckens.
Datierung: 2. H. 6. Jh.

Bau Ia:
Anbau einer Apsis, gerade hintermauerte, hufeisenförmig gestelzte Rundung. Kein Altar nachgewiesen. Verkleinerung des Taufbeckens.
Datierung: nach Mauerwerk und Apsisform 8./9. Jh., über röm. Bauresten, in Gräberfeld (seit 5. Jh. belegt)

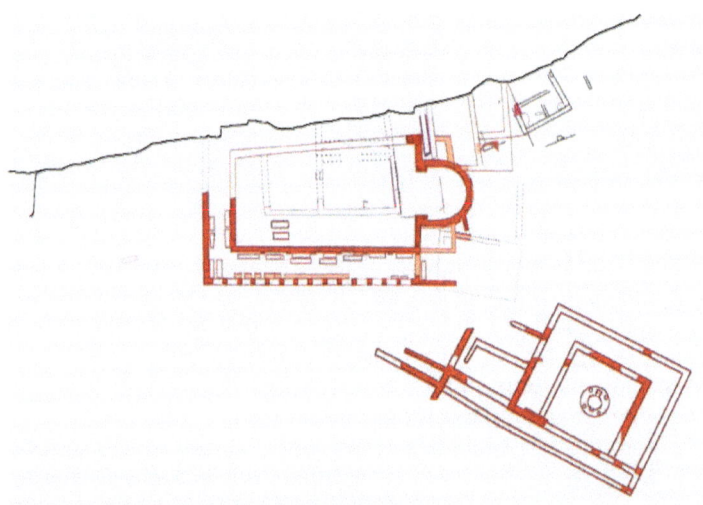

Grundriss Bau A1 und Baptisterium
[https://diogeneschilds.files.wordpress.com/2012/09/basilique-fin-4e-s.jpg]

Auffällig die abweichende Orientierung. Ich gehe davon aus, dass der Ursprungsbau, das Umgangsbaptisterium noch der römischen Centuriation, d. h. dem römischen Raster von Agaunum, folgt.

Möglicherweise war Bau I, also das Umgangsbaptisterium, eine vorkatastrophische, frühchristliche Tauf-Anlage.
Vermutlich nach der Katastrophe, im Zusammenhang mit der Errichtung der beiden Kirchenbauten, wurde das Baptisterium wiederhergestellt und zur Taufkapelle umgebaut und genutzt.
Ab dem 12. Jh. wurden gesonderte Taufkapellen/-kirchen nicht mehr benötigt. Die Taufe wurde in die Kirche verlegt und wurde Bestandteil der kirchlichen Betreuung der Seelsorge.

Zu dem 2013 ergrabenen großen Saal, in dem die Ausgräber/Historiker möglicherweise den Palast des Abt-Bischofs oder des Abt-Königs vermuten, wo mehrere bedeutende Beschlüsse von Bischöfen und sogar Päpsten unterzeichnet wurden, die für St. Maurice in den Quellen bezeugt sein sollen, ist auf der Basis der vorliegenden Informationen m. E. keine seriöse Aussage möglich. Für solche Spekulationen gibt es keine Grundlage. Die aufgefundene Bodenheizung legt eher die Vermutung nahe, dass dieser Bau zu der ehemaligen römischen Bebauung gehörte.

Zusammenfassend kann von einem "Heiligtum von Agaune" sicher keine Rede sein.
Außer in Magdeburg und in den von Magdeburg ausgegangenen Gründungen (Halle, Halberstadt) scheint Mauritius als Patrozinium kaum aufzutreten. Nur die Moritzkirche in Augsburg soll eine Gründung von 1019 sein, was auf jeden Fall anzuzweifeln ist. Das Mauritius- bzw. Moritzpatrozinium scheint erst im 12. Jh. aufzukommen.

Literatur

Mariaux, Pierre Alain (2016): Saint-Maurice d'Agaune. Abtei und Klosterschatz. Schweizerische Kunstführer Serie 100, Nr. 1000. Bern

Oswald, Friedrich / Schaefer, Leo / Sennhauser, Hans Rudolf (1990): Vorromanische Kirchenbauten. Katalog der Denkmäler bis zum Ausgang der Ottonen, München (unveränderter Nachdruck der Ausgabe von 1966-1971)

Literaturverzeichnis:

(Die Literatur zu den einzelnen Kirchenbauten siehe dort.)

Anwander, Gerhard (2004): Wibald von Stablo – Hans Constantin Faußner: Mutiger Forscher entlarvt genialen Fälscher. Langfassung zum Artikel der ZEITENSPRÜNGE 2003/3. Entwurf vom 10.03.2004

Arndt, Mario (2014): Wer war Karl der Große wirklich? HISTORY HACKING (Webseite von Mario Arndt) https://de.geschichte-chronologie.de/index.php?option=com_content&view=article&id=134%3Awer-war-karl-der-grosse-wirklich&catid=30%3A2008-11-15-18-07-26&Itemid=116

Arndt, Mario (2015): Die wohlstrukturierte Geschichte: Eine Analyse der Geschichte Alteuropas. BoD Norderstedt

Beaufort, Jan (2008): Arius und Ali. Über die iranischen Wurzeln des Christentums und die christlichen Wurzeln des Islam. In: ZEITENSPRÜNGE 20(2), 314-331

Franz, Dietmar (2009): Hans Constantin Faußner - Wibald von Stablo - Thietmar von Merseburg. In ZEITENSPRÜNGE 21(1), 231-249

Hubert, Jean / Porcher, Jean / Volbach, W. Fritz (1968): Universum der Kunst. Frühzeit des Mittelalters. Von der Völkerwanderung bis an die Schwelle der Karolingerzeit. Verlag C.H. Beck, München

Illig, Heribert (1996): Das erfundene Mittelalter. Die größte Zeitfälschung der Geschichte. ECON, 10. Auflage 2001

Illig, Heribert (2007): Arbeitsentlastung für Wibald. Eine Wandlung der These von Hans Constantin Faußner. In ZEITENSPRÜNGE 19(2), 407-412

Jantzen, Hans (1959): Ottonische Kunst. Neuausgabe 1990. Berlin

Meisegeier, Michael (2017): Der frühchristliche Kirchenbau - das Produkt eines Chronologiefehlers. Versuch einer Neueinordnung mit Hilfe der HEINSOHN-These. BoD Norderstedt

Meisegeier, Michael (2019): Frühe Kirchenbauten in Mitteldeutschland. Alternative Rekonstruktionen der Baugeschichten. 2. überarbeitete und ergänzte Auflage. BoD Norderstedt

Müller, Iso (1997): Weltkulturgut Kloster St. Johann Müstair. Schnell, Kunstführer Nr. 601, Regensburg

Untermann, Matthias (2006): Architektur im frühen Mittelalter. WBG Darmstadt